gao Jingdian Anli Pingxi

现代广告经典案例评析 ——

主 编 吕 晖

参 编 杜仕勇 张 冰

重庆大学出版社

图书在版编目（CIP）数据

现代广告经典案例评析／吕晖主编. —重庆：
重庆大学出版社，2016.5（2021.8重印）
影视传媒专业系列教材
ISBN 978-7-5624-9743-1

Ⅰ.①现…　Ⅱ.①吕…　Ⅲ.①广告—案例—高等学校
—教材　Ⅳ.①F713.8

中国版本图书馆CIP数据核字（2016）第085391号

现代广告经典案例评析

主　编　吕　晖
策划编辑：雷少波　陈　曦　唐启秀
责任编辑：李桂英　姜　凤　　版式设计：陈　曦
责任校对：邹　忌　　　　　　　责任印制：张　策

*

重庆大学出版社出版发行
出版人：饶帮华
社址：重庆市沙坪坝区大学城西路21号
邮编：401331
电话：（023）88617190　88617185（中小学）
传真：（023）88617186　88617166
网址：http://www.cqup.com.cn
邮箱：fxk@cqup.com.cn（营销中心）
全国新华书店经销
POD：重庆新生代彩印技术有限公司

*

开本：787mm×1092mm　1/16　印张：15.75　字数：326千
2016年5月第1版　2021年8月第3次印刷
ISBN 978-7-5624-9743-1　定价：39.00元

编写委员会

序　言
案例分析与广告人的思维方法

在市场经济日益发达、全球经济一体化的信息超载的时代，作为市场营销促销手段的广告活动，要产生良好的广告效果，实现广告主的目的意图，在业界实践运作的广告活动中把"以策划为核心，创意为灵魂"的本质特征更加清晰鲜明地体现出来。创意的本质是创造性的思维活动，其中案例分析法是培养广告人创造性思维的一种有效方法。其作用正如古人所说"以铜为镜，可以正衣冠；……以人为镜，可以明得失。""他山之石，可以攻玉。"

案例分析法源自哈佛大学，该教育实践方法于1880年开发完成，后被哈佛商学院用于培养高级经理和管理精英，特别是在市场营销的品牌管理层面被普遍应用，品牌形象的塑造则是广告活动的中心环节。在广告人才的培养过程中，案例分析法已被多年的实践证明是一种行之有效的教学方法。该方法的实质就是实际联系理论，启发思维，进行延伸扩展，从而达到解决问题的目的。对广告人而言，通过经典的案例分析，有助于培养广告人必备的五种思维能力，即理论思维、辩证思维、逻辑思维、发散思维和创新思维能力。

反映在案例分析中，理论思维即强调要上升到一定的理论高度来分析案例，弄清案例所涉及的广告原理规律，而不是就事论事；辩证思维则是重在强调坚持两点论和重点论的统一，具体问题具体分析，既防止偏颇，又抓住重点；逻辑思维即要求按照事物发展的逻辑来分析广告案例，例如，时间先后、空间排列、事物发展的过程、总分关系等；发散思维则要求从不同的角度、不同的侧面、不同的高度、不同的角色去分析阐释问题，其核心是多用"假设"或"如果"；创新思维的重点是强调从别人意想不到的角度回答问题。广告策划活动是一个系统工程，前期的广告调查，资料的归纳、分析，广告定位的确立，广告战略的选择，广告媒介策划提案等都离不开广告人的理论思维、辩证思维与逻辑思维能力，其中，重中之重的广告创意提案，更是离不开广告人建立在发散思维基础之上的创新思维能力。由美国创造学家A.F.奥斯本于1939年首次提出，1953年正式发表的头脑风暴法在广告界形成创意提案时被普遍采用，其本身就是一种创造性的思维方法，头脑风暴法的核心是在激励机制下的原形启发、自由联想、热情感染，不断产生新的形象、观念，实质上就是对个人发散思维能力的刺激和强化。广告人艰难的创意过程必定是自身已有的知识经验和相关专业资料相互碰撞、熔铸、契合的过程，在发散思维的过程中，经典广告案例的广泛涉猎，往往就是原形启发、创意思路、"魔岛浮现"[1]的突破口。

综上所述，案例分析法在广告学的教学中是一种培养学生多种思维方法，特别是创造性思维方法的有效手段。

本书在论述优秀广告衡量标准的基础上，以不同的广告媒介和表现形式将主要内容共分为三篇九章：上篇为平面广告，包括报纸广告、杂志广告、户外广告三章；中篇为电子媒介广告，包括广播广告、电视广告、微电影广告、网络广告四章；下篇为综合策划，包括广告策划、整合营销传播两章。每章精选经典案例 5～8 个，具体案例采用先案例概述，后评析的形式编写。案例的叙述力求做到客观、具体，脉络清晰，以便于读者进行思考分析；评析力求语言精练、一针见血，以广告案例的创意特色为重心，并且上升到理论高度，给读者以智慧的启迪。同时每章附有该章内容的专论，以达到通过广告案例分析从实务上升到理论的目的。在体例的安排上，需要特别说明的是在媒介融合、技术融合的全媒体时代，一些传统广告的类型本身已形成了"我中有你，你中有我"的局面，难以绝对分开，如微电影广告和网络广告，甚至和电视广告的关系；户外广告和平面广告的关系。教材在内容的编排上尽量将广告类型概括得丰富、全面，在案例的选择上则尽量避免重复类型的广告案例。

相比同类教材，本书突出三大特点，其一是案例经典性的特色，广告案例的选取力求做到经典、新颖、兼顾不同类型；其二是案例争鸣性的特色，广告案例的选取以优秀广告案例为主，同时选取具有一定影响力、带有争议性的广告案例进行评析；其三是案例前沿性的特色，案例的选取关注业界重视的新媒介广告形态，如网络广告中的病毒式营销广告、微电影广告等。

吕　晖

2015 年 5 月于成都理工大学砚湖

---

[1] 即灵感闪现——出自杰姆斯·韦伯·杨《创意法》。

目　录

绪论　优秀广告作品的衡量标准

　　本书所谓的"现代广告"是一个区别于传统广告的宽泛概念，二者在方式、目的等方面都有很大的区别，现代广告是广告主体利用具备现代科技因素的媒体传递各种信息、表达现代理念，从而有目的、有计划地影响广告受众的传播活动。从时间范畴而言，是指 1920 年以后即电子广告传播媒介开始出现并发展一直延续到今天的广告活动；从内容形式范畴而言，包括现代商业广告、社会广告和公益广告。

　　本书所谓的"经典案例"指具有典范性、代表性的最能表现广告行业精髓的优秀广告作品以及广告策划提案，同时也包括对行业、社会产生过较大影响，带有一定争议性的广告作品及策划提案。其中，优秀广告作品是本书的主要论及对象。

一、优秀广告作品的概念

　　所谓优秀广告作品是对广告作品质量的一种评价、认定。广告学者刘林清将其界定为"明确传达广告意图，具有一定的经济效益和社会效益，通过评选组织认定或公众舆论认可的广告成品。"[1] 由于广告作品的构成要素包括广告信息和广告媒介，是广告策划活动的集中表现，创意是广告作品质量的关键，广告主题的凝练和表现是创意的焦点，因此，优秀广告作品是指在广告活动中承载在广告媒介上的广告信息的出色表现形式，即具有准确传达广告意图的广告主题和创造性的广告表现，并产生了较好的传播效果，通过评选组织或公众舆论评选出的出色的广告成品。

二、优秀广告作品的特征

　　优秀广告作品通过媒介载体的传播，实现广告主与广告受众之间的信息沟通，不仅塑造品牌形象、推销商品和服务，帮助人们形成良好的公益生活秩序和基本的公共道德准则，还融知识性、科学性、艺术性于一体，使广告受众获得多方面知识，同时带来精神上的艺术享受。因此，优秀广告作品具有以下四个鲜明的特征。

（一）原创性

　　优秀广告作品是具有创新价值的广告作品。创意是广告作品的核心，原创性是指广告作品的创意要与众不同，突破常规，具有个性。广告没有原创性，就缺乏吸引力和生命力。益普索全球产品总监 John Hallward 先生认为："通过对创意在不同性质广告中的不同定位（如产品信息广告、品牌传播广告及与竞争对手的竞争广告等）会发现，有超过 75% 的广告在影响市场目标方面，其成败都取决于创意的好坏。"[2] 创新意味着

---

[1] 刘林清. 优秀广告作品评析 [M]. 北京：中央广播电视大学出版社，2002.

[2] 侯明廷. 一个成功的广告需要什么？——访益普索全球产品总监 John Hallward 先生 [J]. 市场观察，2004（4）.

产生、构想过去不曾有过的东西或观念。这主要体现在广告作品的主题提炼和表现两个方面，广告主题要提炼出一个"独特的销售主张"，所形成的广告概念和同行业竞争对手具有明显的区隔性；广告表现手法要独特，表现内容所呈现的形象、情节、场景要新颖，出乎人们的意料，又在情理之中，同时和广告主题相关联。

（二）实效性

优秀广告作品是可以产生实际广告效果和社会影响的广告作品。广告是一种有目的的信息传播活动，无论这种目的是商业性的还是社会公益性的，通过广告作品的传播才能实现广告主的目的和意图，而实际产生的效果可通过定量分析的科学手段加以检验。通常广告效果的衡量包括经济效益和社会效益两个方面，商业广告注重前者，公益广告则强调社会效益。经济效益具体表现为以知名度和美誉度指标衡量的传播效果和以市场占有率或销售额指标反映出来的销售效果，优秀广告作品追求最大的商业化价值。社会效益表现为在满足社会上人们日益增长的物质文化需求方面所产生的影响性效果，优秀广告作品应强调正能量的社会影响效果。

（三）艺术性

优秀广告作品是对广告信息的艺术化呈现，是具有艺术美的广告作品。广告作品的广告信息是由语言、文字、图案、形象、声响等要素构成的，艺术性是广告活动的生命。广告作品要通过绘画、文学、音乐、造型、摄影、表演等艺术表现形式塑造出生动而又富有创意的艺术形象来表现广告的内容，使受众在愉悦中认知和接受广告信息并从中获得艺术欣赏和美的享受。优秀广告作品体现艺术美的价值，并不是简单地通过艺术形式展现商品，而是通过艺术想象力实现艺术化的创意构思，并以综合性的艺术化表现方式使广告作品内容简洁、构图完整、和谐统一，以美的形象所产生的冲击力来展示商品，震撼人们的心灵，从而实现广告作品形式与内容的统一。

（四）公认性

优秀广告作品是得到社会公认的出色的广告作品，是通过具有权威性的组织机构或协会对其进行评选，或是社会舆论的公认而形成，不是广告创作人员内部自封的，也不是少数受众凭个人喜好所认定的。每年国内外广告界都有诸多著名的广告大奖，评选出该年度世界各地的优秀广告作品，促进广告界的交流，提高创作水平，推动行业发展。（参见附录：国内外著名广告奖）

三、优秀广告作品衡量标准

艺术性是优秀广告作品的重要特征，艺术本身受主观因素的影响，不同于科学具有确定性和真实性的量化衡量标准，因此，优秀广告作品的衡量标准不可能是唯一的，所谓"仁者见仁，智者见智"，站在不同的角度审视广告作品，就有不同的评价标准。这些衡量标准，有的比较简单，有的比较复杂。根据强调的侧重点不同，归纳起来主要有强调创意层面的衡量标准、强调实效层面的衡量标准、强调广告受众接受心理的衡量标准以及从整体策划层面衡量的综合标准。以下就是这些不同衡量标准的代表性观点。

（一）优秀广告作品的创意衡量标准

广告创意是介于广告策划和广告表现制作之间的一种创造性的艺术构思活动，是广告创作核心的活动，是广告作品质量的关键，也是评价一则广告的主要依据之一。关于优秀广告作品创意衡量标准的代表性观点有以下几点。

1. 大卫·伯恩斯坦的观点

大卫·伯恩斯坦认为，优秀广告作品可用四个词进行总结：

（1）显著：必须有一些内容能让广告脱颖而出。

（2）身份：显示广告主的身份。

（3）承诺：广告中的内在品质是对消费者的品牌承诺。

（4）简洁：主题清晰，有逻辑性。

例如，在1996戛纳广告节获得平面广告作品金狮大奖的沃尔沃汽车"安全别针"（见图 0.1）就是上述创意观点的杰出范例。

图 0.1　沃尔沃汽车平面广告——"安全别针"
（图片资料来源：百度网）

整个广告画面设计干净单纯，别出心裁的别针被弯成汽车的形状，直观形象地表达了广告所要诉求的内容：一部性能安全、生活中不可缺少的 VOLVO 汽车。该广告将生活中毫不起眼但用处很广的别针用来诉求沃尔沃汽车的安全性能。两者之间无论在体积、形态、价格，还是在用途等方面都有着"天壤之别"，一大一小、一重一轻、一贵一贱，强烈的反差和对比，将汽车品牌的灵魂"以人为本的安全性"和别针存在的价值融为一体，升华了 VOLVO 汽车的安全承诺，同时也表明了 VOLVO 汽车是你生活中代步不可短缺的交通工具。广告的标题"沃尔沃，令你信赖的汽车"和沃尔沃汽车一贯宣传的特点"车外壳钢特别好，碰车不变形，安全系数高"是相吻合的。这是要告诉受众：别针的钢一定坚韧，不易变形，即使针尖跳出扣槽之外，也很难因外力碰撞使之变形。美国评委 Gary Goldsmith 给予评价说："它是一幅仅有一句文案（一辆你可以信赖的车）的广告——纯粹的视觉化创意。我认为我们所看到过的一些最好的东西，都是传递信息快，并且无须费神去思考或阅读的。"

2. One Show 大奖对优秀广告创意的定义

国际知名大奖 One Show 获奖者认为优秀广告作品创意应包括以下四个特征：

（1）焦点：专业人士使用"单一想法"和"主要观念"来描述那些高度聚焦化的创新概念。

（2）独特性：创意的另一个特征就是前所未有。

（3）可移植性：一个好的创意有"腿"——它可以应用到其他相关的想法中，从而使得整个广告可以不断地前进发展。

（4）诚信：好的创意可体现"产品某方面的真实"，提高产品和受众的相关性和可靠性。

20 世纪 50 年代，著名广告大师罗瑟·里夫斯为 M&M's 巧克力豆品牌所设计的广告就完美地体现了以上优秀广告创意的特征。M&M's 巧克力是美国唯一用糖衣包裹的巧克力，罗瑟·里夫斯抓住 M&M's 巧克力豆这一与众不同的特点，想到了一个非常有表现力和说服力的口号"只溶在口，不溶在手"。因为糖衣的作用，马氏巧克力即使长时间握在手心，也不会像普通巧克力那样很快就溶化掉。为了表现这句独特的口号，M&M's 巧克力的电视广告画面中，出现了两只手，一只是脏手，一只是干净的手。让观众猜哪只手里有 M&M's 巧克力，然后张开手心让观众看，"不是这只脏手，而是这只干净手。因为，M&M's 巧克力——只溶在口，不溶在手。"（见图 0.2）罗瑟·里夫斯的广告创意是把重点落在产品之上，先找到产品的独有特点，然后再以展示性的手法告诉并说服观众理解、相信产品的这一特点，引起消费者的兴趣。2004 年，M&M's 被评为美国最受喜爱的广告标志。M&M's 的广告语"只溶在口，不溶在手"也被《广告周刊》评为 2004 全美第一广告名句。

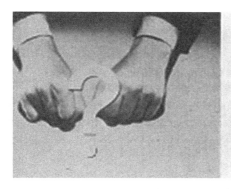
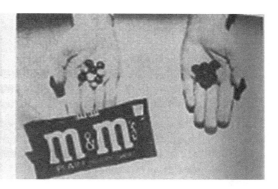

图 0.2　M&M's 巧克力的早期电视广告情节片段
（图片资料来源：百度网）

3.盛世长城的七点计划

盛世长城国际广告公司全球首席执行官凯文·罗伯茨认为，一则优秀广告的基本品质主要体现在：

（1）独创性：观众喜欢有差异、新鲜和独特的广告。

（2）聪明：观众喜欢精心思考过的广告。

（3）诚实：消费者愿意相信广告中的承诺，也会立即发现不诚实和夸张的许诺。观众更倾向于诱劝方式而不是硬性推销。

（4）关联性：广告、产品和观众之间一定要永远保持切实的联系。

（5）幽默：幽默让人放松、开放，被品牌打动，让品牌留住。

（6）攻势性：这是一个关键因素。在盛世，一个广告攻势不是一年的策划，是 5 年甚至 20 年的策划。制造攻势是客户投资价值反馈的最好方式。我们拒绝的是那种断断续续、砍掉又重改的合作模式。

图 0.3 万宝路的英俊牛仔　　　　图 0.4 哈撒韦衬衫的广告——戴眼罩的
　　（图片资料来源：百度网）　　　　　　　　　　男人
　　　　　　　　　　　　　　　　　　　（图片资料来源：百度网）

　　（7）音乐：音乐的确可以成为整个作品的灵魂。它往往是萦绕在你记忆中最难忘怀的"我怎么也忘不掉的那支曲子"。

　　一个成功的广告不一定具备所有成分，但具备得越多，成功的可能性就越大。

　　对比以上七大广告创意衡量标准，经典广告作品几乎都具备这些基本品质，并且将某些品质在创意中发挥得淋漓尽致。从家喻户晓的万宝路英俊牛仔（见图 0.3）到大卫·奥格威为哈撒韦衬衫所设计的戴眼罩的男人（见图 0.4），无不是将独特鲜明的人物形象与品牌的个性特征完美结合在一起，呈现出独创、聪明、诚实、关联、攻势性的广告品质；而芝加哥一家美容院的广告词"请不要向本院出来的姑娘调情，她或许就是你的外祖母"，该广告利用夸张的手法幽默地呈现出服务的特色；英特尔的所有影视广告最后标版中的音乐旋律让人萦绕在记忆之中，已成为 Intel 的标志形象之一。

国外广告界还提出过的成功广告必须具备的五个要素，即"5I"：Idea——明确的主题；Immediate Impact——直接的即时印象；Interest——生活的趣味；Information——完整的信息；Impulsion——强烈的推动力。这一评价标准与盛世长城的七点计划有异曲同工之效。

4. Leo Burnett 的结构化分析法

世界著名的 4A 广告公司 Leo Burnett 发展出一套分析创意战略逻辑的方法，这种方法使得广告工作的理性和感性得以结合，包括以下三个步骤：

（1）评估广告解说和情节（心灵）。

（2）评估广告中产品信息的比重（头脑）。

（3）考察两个方面是否得到很好的整合——广告故事是否使产品变得鲜活。

最理想的情况是两个方面得到完美结合，以至于很难区分广告的影响力究竟是由哪方面所引起的。例如，1996 年 4 月台新银行推出的"认真的女人最美丽"玫瑰卡主题系列广告：《女医师篇》，以女医师的专业与自信，展现属于女人的美丽；《天山农场篇》，以女主角钱怡伶在天山农场认真逐梦的真实故事，传达认真女人的美丽；《女摄影师篇》则以植物生态摄影师陈月霞对工作的执着，传达一种属于女人的认真美丽；主题篇《三个认真的女子》，以三个都市女子为主轴，带出女人认真生活、工作的感性面，由高慧君演唱的《认真的女人最美丽》，首创信用卡电视广告主题歌曲。广告通过职业女性生活方式的展现，把"认真的女人最美丽"这一个性特质附加在玫瑰卡这一职业女性专用信用卡上（见图 0.5），塑造出玫瑰卡的个性特征。玫瑰卡的个性特征就是职业女性的个性写真：她们喜欢煮咖啡，不喜欢煮饭；工作全力以赴，表现一流（男人开始习惯）；渴望有女强人成就，又渴望如小女人般受宠；热情、爱冒险，却又心思缜密；喜欢出国旅游，会赚钱，也会花钱，高兴就好；有自己的生活品味，有自己的消费主张，有专属于女人的信用卡——台新银行玫瑰卡。她们就生活在城市里。该系列广告的推出使台新银行玫瑰卡取得了到 1998 年 12 月累计有效卡为 550 000 张的辉煌成果；同时，"认真的女人最美丽"连续荣获三届广告金句奖，成为永恒金句，现在已是台湾耳熟能详的广告流行语。

（二）优秀广告作品的实效性衡量标准

广告是具有明显的商业化目的，这一广告主的意图是否实现，需要通过广告效果的评估来检测，广告的传播效果以及销售效果是主要的检测指标。因此，评价广告作品优秀与否，其实效性是考量的重要维度。广告界诸多的知名广告奖项都设有实效大奖，着重考察广告作品的实际效果。例如，艾菲奖就是美国营销协会为奖励每年度投放整体广告取得优秀成绩的美国广告主和广告公司而设立的。

图 0.5　台新银行"认真的女人最美丽"玫瑰卡平面广告
（图片资料来源：百度网）

被称为广告业中的"政治家"的广告大师雷蒙·罗必凯认为："上乘广告的最好标志是，它不仅能影响群众争购它所宣传的产品，而且它能使群众和广告界都把它作为一件可钦可佩的杰作而长记不忘。"[1]

广告业的创始人大卫·奥格威在《一个广告人的自白》中谈到：广告佳作是不引起公众注意就能把产品推销掉的作品，它应把广告诉求对象的注意力引向产品，诉求对象说的不是"多妙的广告啊！"而是说："我从来没有听说过这种产品，我一定要买它来试试。"当然，广告的实效性也必须通过广告创意来实现。

著名广告人凯文·沙利文的观点极具代表性。凯文·沙利文认为：

①广告本身必须能吸引消费者看它，它必须有喜爱度。

②所有有效广告的沟通和影响都是可视的，必须有明确的形象。

前者强调创意实现的传播指标，后者强调创意实现的销售指标。虽然我们都知道获奖广告并不等于实效广告，但优秀的创意是实现广告实效的前提。创意就是为销售而生，就是为实效广告而生，好的创意是做出实效广告的最有效方式。

"灵诺策划传播机构"及其旗下的"灵动制作"，从近十年的策划和制作经验中，总结出下列 13 条"实效广告片的基本法则"：

法则 1：创意必须服从营销策略。

法则 2：让受众感到真实可信。

法则 3：销售，销售，还是销售。卖货和品牌不但不是矛盾割裂的，而且是互为表里，紧密共生的。

---

[1] 大卫·奥格威. 怎样创作高水平的广告 [J]. 市场观察，2008（6）.

法则 4：给谁看？就要深入琢磨谁。

法则 5：重复品名至少三次。

法则 6：产品功用，诉求的重中之重。

法则 7：要有一个记忆点。

法则 8：购买引导，让受众动起来。

法则 9：看画说话？看话配图？广告片不能"看图说话"，而应当"看话配图"。这里的"话"，不是指旁白文案，而是指诉求的内容。

法则 10：一定要说人话。即强调广告文案的通俗易懂。

法则 11：制作班底，谁领导谁？客户或者策划公司的监制人员是绝对的领导。

法则 12：别指望一条片子包打天下。多种组合才能形成合力，达成策略目标。

法则 13：媒体投放，行百里者半九十。

例如，汉狮影视广告公司推出的"劲霸"男装系列广告，从"入选巴黎卢浮宫的中国男装品牌"到"专注夹克 30 年"，劲霸男装奠定了夹克第一品牌的地位，2010 年品牌价值飙升至 148.77 亿元。远山文化传播有限公司推出的"凡客诚品"系列广告帮助凡客诚品把广告战役从单一互联网媒体扩展到电视和户外媒体，扩增其媒介覆盖范围，巩固其在市场上的核心地位，引发了网络凡客体，品牌提及率居高不下，对"凡客诚品"的品牌塑造和推广起到巨大作用。这些系列广告作品都是中国实效广告的经典案例。

（三）优秀广告作品受众接受心理的衡量法则

营销理念从以生产厂家为中心转变为以顾客为中心，使得广告活动要素中广告受众这一要素得到空前的关注，著名的 4A 广告公司奥美为此提出了"消费者洞察"的观点，认为这是优秀广告作品必备的品质。实际上，就是强调从广告受众对广告信息的接受心理去考察广告作品是否能产生实效，获得成功。美国广告学家 E.S. 刘易斯早在 1898 年就提出消费者从接触到信息到最后达成购买，会分别经历几个阶段：A——Attention（引起注意）、I——Interest（引起兴趣）、D——Desire（唤起欲望）、A——Action（购买行动）的 AIDA 法则，后来广告学者在此基础上，又加进去一项要素 Memory（记忆），使之成为 AIDMA 法则，该法则成为业界评价广告受众接受广告信息心理过程的基本准则。冲击性是引起注意的核心元素，将直接影响人们对于广告内容的接受与否。优秀广告作品应具备足够的视觉、听觉冲击力，这样才能使得消费者在接触到广告的瞬间，受到广告画面、声音的强烈刺激，吸引人们稍纵即逝的注意力。要做到广告作品具有冲击力，必须保持内容的简洁，这要求广告创作人员运用智慧和灵感，浓缩、精选广告内容，言简意赅，给受众留下非常深刻的印象，从而产生购买行为。

例如，当年获戛纳奖的经典公益电视广告《禁止猎杀动物》（见图 0.6），该广告讲述的是：摄影师正在争相拍摄 T 台上的模特们，她们身着皮草，令坐在台下的观众兴奋异常，很多人流露出异常艳羡、渴望的眼神，观众们惊叫、鼓掌。此时模特开始转动衣摆，突然，观众发现有液体溅到了脸上，用手一抹才发现是鲜血。被溅到鲜血的人越来越多。特写镜头展现了人们的恐惧，和先前的兴奋场面形成鲜明对比。镜头回到台上，模特拖着皮草大衣走过 T 台，留下一道鲜红的血印。字幕出现："制作一件皮大衣需要屠杀 40 头动物，却只有一个女人能穿。"广告，无论是商业的还是公益的，其中的价值观念在某种程度上都会对公众产生影响。其作用机制在于从公众情绪和情感出发，争取注意，获得认同，从而实现记忆以及对行为的影响，达到其"润物细无声"的文化整合功能，使社会个体在共同的情感体验中结合成社会整体。观众在收看广告时，往往对其情节或人物进行认同后，才能产生心理共鸣。当人们处于注意状态时，其心理活动将有选择地朝向与当前活动相一致的有关刺激。被人们注意的事物，保持在脑中的印象就比较清晰，且可以控制公众的心理活动向一定的目标或方向前进；而当这种注意进入记忆层面，这种影响便具有了长久性。广告的主要作用方式便是利用这一心理机制，使公众产生意识记忆，最终影响其行为。

图 0.6　经典公益电视广告《禁止猎杀动物》情节片段
（资料来源：《中外电视广告精品赏析》北京思博科技发展有限公司）

（四）优秀广告作品整体策划层面的综合衡量标准

广告作品是广告整体策划活动的最终表现和最终成果，优秀广告作品的成功离不开前期广告策划过程中进行的广告调查、广告目标确定、广告定位、战略战术确定。正如广告大师威廉·伯恩巴克 20 世纪 60 年代提出的 ROI 理论指出：好的广告应具备三个基本特质，关联性（Relevance）、原创性（Originality）、震撼性（Impact）。更重要的是要达到 ROI 必须具体明确地解决以下五个问题：（1）广告的目的是什么？（2）广告做给谁看？（3）有什么竞争利益点可以做广告承诺？有什么支持点？（4）品牌有什么独特的个性？（5）选择什么媒体是合适的？受众的突破口或切入口在哪里？

从广告的整体策划层面衡量优秀广告作品的综合性标准，其较有代表性的是国际广告协会提出的衡量优秀广告的标准，该协会为优秀广告制定了五个条件，简称"5P"。

（1）Pleasure——要给消费者愉快的感觉。

（2）Progress——要有首创、革新、改进。

（3）Problem——突出商品或服务真实的优点，能为消费者解决问题。

（4）Promise——内容要重信誉和承诺。

（5）Potential——要有潜在的推销力。

例如，TBWA 广告公司策划的"绝对伏特加"系列广告就是广告传播的成功典范（见图 0.7），TBWA 广告公司的艺术指导海因斯在构想广告表现策略时，一反传统烈性酒使用硬汉、美女为广告诉求的套路，创造性地将平庸的酒瓶本身作为创意表现的生发点，在酒瓶的变换上巧做文章，并且力攻"ABSOLUT"（绝对）这个具有双重意思的字眼。其平面广告的创意要领都以怪状瓶子的特写为中心，下方加一行两个词的英文，是以"ABSOLUT"为首词，并以一个表示品质的词居次，如"完美"或"澄清"。与视觉关联的标题措辞和引发的奇想赋予了广告无穷的魅力和奥妙，从而产生出潜在的推销力。

"总是相同，却又总是不同"的广告创意哲学以幽默又高雅的方式诠释了品牌的核心价值：纯净、简单、完美。

图 0.7 "绝对伏特加"系列广告
（图片资料来源：百度网）

针对广告的主要类型——电视广告，国内的广告专家拟出了五条标准，以此衡量每一条电视广告作品的优劣：

1. 冲击力

所谓冲击力，就是引起注意的能力。一条电视广告最首要的就是具备视觉和听觉乃至心理上的冲击力。实验研究证明，一条 30 秒的电视广告开头的 5 秒特别重要，因为观众的注意力最为集中，如果不在三五秒钟内吸引住观众的视线，如果缺少冲击的力量，那么无论后面的内容多么精彩也很难再把观众的注意力拉回来。

2. 创意

创意即主意、构思、立意。它是一条电视广告的灵魂。单凭简单的生理刺激暂时把受众吸引过来是不能持久的，最主要的还是要靠巧妙的创意和构思。

3. 兴趣

兴趣就是指趣味，也就是是否有意思，观众是否愿意继续看下去。如果一则电视广告不能在情节上、画面上、音乐上、语言上、色彩上给观众留下点儿琢磨的趣味，让人喜欢，让人爱看，不能让观众保持兴奋点，观众是随时可能换频道的。

4. 信息

广告信息是否准确到位，是衡量电视广告最重要的标准。值得注意的是，广告为引人注意而采取的种种手段和技巧绝不是目的，广告中的各种艺术形式和手段都是为突出主讯息服务的，不能干扰主讯息的传达，更不能喧宾夺主。

5. 感染力

感染力就是唤起行动的能力。这条标准看似抽象，但实际上是完全可以感受到的，它也是一种持久的张力，内在的力量。广告配音是电视广告创作中的重要一环，同样需要遵循广告创作的基本规律，优秀广告作品的条件和标准同样是对广告配音的业务要求。

近年来，中国广告界涌现出越来越多的优秀电视广告作品，无不是通过整体策划体现了以上评价标准。李蔚然为耐克所创作的"随时"系列广告就是其中的代表作品。该广告通过平常生活中受众熟悉的生活场景标新立异地展现运动的精彩瞬间：迟到的学生拿着伞与拿着教鞭的老师击剑，地理课上前排的同学拿着地球仪玩花式篮球，赶公交车的孩子在接到后边传来的接力棒时毫不犹豫地向前跑……不论是哪一篇，最后画面上都会画龙点睛地出现"随时"两个字，以及耐克的简易 logo，幽默地呈现出耐克"Just do it"的品牌个性和运动精神。该作品曾获得美国 One Club 授予全球顶级广告创意人员的最高奖项 One Show 大奖，是中国电视广告走向国际的标志性作品。

附录

国内外著名广告奖

1. 中国广告节奖（China Advertising Festival）

中国广告业界创意最高奖项，共进行包括平面、影视、广播、户外四大类，26 个单项的评比。评出的年度全场大奖及各类金、银、铜奖及入围奖代表了中国广告行业年度创意制作的最高水平。要求参赛广告为媒体发布的广告。中国内地、香港、澳门、台湾及东南亚华文地区均可参加。

2. 时报广告奖（Times Awards）

时报广告金像奖 Times Advertising Awards

时报华文广告奖 Times International Chinese Advertising Awards

时报亚太广告奖 Times Asia–Pacific Advertising Awards

时报广告金犊奖 Young Times Advertising Awards

金手指网络广告奖 Click Awards

3. 龙玺广告奖（LongXi Awards）

龙玺，即龙玺环球华文广告奖——跨越中国内地、香港、台湾，新加坡，马来西亚和北美各地华文广告市场的创意奖，被誉为华文广告中的"奥林匹克"，是目前 The Gunn Report 及 SHOTS GRANDPRIX 两大世界性广告创意排名榜认同的华文广告奖。评选自 1999 年以来一直在香港、澳门、新加坡、台北、上海等地巡回进行。

4. 莫比广告奖（The Mobius Awards）

莫比广告奖创建于 1971 年，是全球 5 项最重要的广告大奖之一。每年 10 月 1 日，参赛作品汇集芝加哥，12 月中旬评选工作结束，翌年 2 月举行全球瞩目的盛大颁奖仪式。设立莫比奖是要为全球的广告公司、广告制作公司、艺术指导人员以及设计师、电影公司、电视台和广告主提供一个国际性的平台，使他们能够获得对各自成就的恰当评价。

5. 纽约广告奖（The New York Festivals）

纽约广告奖始于 1957 年，当时这个全球竞争性的奖项主要是为非广播电视媒介的广告佳作而设。在 20 世纪 70 年代，新资源的加入又使其增添了电视电影广告、电视节目和促销等诸多项目。赛事的每大项目均设有国际传媒大奖的奖座，分门别类地决出金、银、铜奖。初审于 4 月举行，各分类奖项将于 5 月选出，最大奖项将在 6 月的第一周最终揭晓。

6. 戛纳广告奖（Cannes Lions Advertising Campaign）

戛纳广告大奖源于戛纳电影节。1954 年，由电影广告媒体代理商发起组织了戛纳国际电影广告节，希望电影广告能同电影一样受到世人的认同和瞩目。1992 年组委会又增加了报刊、招贴与平面的竞赛项目，这使得戛纳广告奖成为真正意义上的综合国际大奖。广告节于每年 6 月下旬举行，广告节期间各国广告代表来访，其他各界来宾亦云集于此，开设一系列的交流会，研讨专业、商洽业务。

7. 伦敦国际广告奖（London International Advertising Awards）

伦敦国际广告奖自1985年正式创立以来，每年的11月在英国伦敦开幕并颁奖。虽然颁奖安排在每年11月，但所有参赛作品在6月即被要求送达组委会，再由组委会送往每一个评委手中独立评审。评委亦来自世界各地，不同的文化，不同的背景，包括创意大师、电影/电视导演、录音编导及制作专家等，但创意作为共同且唯一的评奖标准。

8. 克里奥广告奖（Clio Awards）

克里奥广告奖创立于1959年，迄今有50多年的历史。在美国纽约，每年5月颁发年度的各类奖项。来自全国各地的30位执行评委在一周内对所有作品作出评判。第一轮的幸存者被列为"入围"，第二轮的评选决出铜奖，第三轮决出银奖，第四轮决出金奖，直至第五轮决出克里奥大奖。

9. 金铅笔奖（One Show）

美国One Club授予全球顶级广告创意人员的最高奖项，至今已有90多年的历史。1920年，两个相对独立的广告组织在美国纽约成立：纽约艺术指导俱乐部与文案俱乐部。每个组织都各自主办了有所偏重的广告奖项。到1974年，两个俱乐部把各自的广告奖结合，联合设立One Show奖。One Show名称的意义，源于柯南道尔领导的创意革命中提出的艺术指导与文案一体化的概念。三年后One Club正式成立，独立主办One Show大奖。如今，One Show奖项设置分为三个类别：The One Show（平面、电台和电视广告奖）、One Show Interactive（互动广告奖）及One Show Design（设计奖）。

注：纽约国际广告奖和戛纳、莫比、克里奥、伦敦国际广告奖并称为世界五大广告奖，影响力最大。

练习题

一、思考题

1. 如何界定优秀广告作品？优秀广告作品具有哪些特征？

2. 你认为从广告创意的角度分析，优秀广告作品应该如何衡量？请举出广告实例说明。

二、案例分享

请与同学们分享一支你印象最深刻的优秀广告作品，并谈谈为什么这支广告令你印象深刻。

推荐网站

中国广告网

上篇　平面广告

平面广告，指以长、宽二维形式传达广告信息的广告，构成要素包括文案、图画、线条、色彩、编排等。可分为印刷类、非印刷类和光电类三种形态。既可用于户外，也可用于户内，还有携带式的。

平面广告以文字、静止的图像为传播手段，是历史最为悠久的、现今使用最广泛、构成最复杂的广告形式之一。

平面广告制作成本较低，制作形式多样，应用面广，适应的客户群体涵盖面广；发布媒体简单多样——如报纸、杂志、传单、墙面、车身、路牌、灯箱等；作为一种静态广告，平面广告直观感强，能瞬间扣住人心；受众阅读时主动寻求信息，同时文字媒介需要对信息进行重新诠释才能导致意义的传送，因而平面广告受众涉入度高，主动性强；平面广告易于保存，易产生长期效应。

平面广告种类繁多，本书由于篇幅所限，主要介绍报纸广告、杂志广告、户外广告三类的案例。

▼

第一章

报纸广告

报纸的历史最早可追溯到古罗马时期，不过，现代意义上的报纸产生于工业革命之后。19 世纪末到 20 世纪初，资本主义经济飞速发展，报纸在社会生产力的促进下，由"小众化"进入"大众化"。这时的报纸售价低廉，发行量大幅上涨，读者也从过去的社会上层人士扩大到中下层人士。它宣告了一个时代——大众传播时代的来临。于是，历史上第一个现代广告媒体诞生了。正是由于现代报纸的出现，为广告提供了大众化的媒介，现代广告才真正诞生了。从此，报纸作为大众媒体备受广告主的青睐。于是，报纸与广告就一拍即合，相辅相成，共同发展，谁也离不开谁。报纸通过刊登广告获得了巨额广告费，广告主借助报纸广告提高了产品知名度、扩大了销售，二者形成了良性循环，实现了双赢。广告"养活"了报纸，报纸反过来又推动了经济的发展。斗转星移，世易时移，进入 21 世纪后，随着新媒体的不断出现，报纸媒体受到了极大的冲击，有人甚至预言报纸会消失。报纸有没有最终被其他媒体取而代之的一天，现在无法给出准确的预言。但可以肯定的是，它在相当长的时期内，是不会消失的，报纸广告也仍然是一种不可忽视的广告形式。

第一节　报纸广告概述

新闻性是报纸的本质特性，报纸是新闻的载体，报纸广告必然就要利用报纸的新闻要素，从公关角度，挖掘与本企业、本品牌、本产品的相关的新闻点，"制造"新闻，利用舆论的力量，来推销产品和树立品牌形象。

一、报纸广告的概念与诞生

报纸广告是广告中以媒介为标准划分出来的一种主要类型，即指刊登于各类报纸上的广告。报纸广告以文字和图画为主要构成要素。

1609年，德国出版了世界最早的定期印刷报纸《报道式新闻报道》。1622年英国托马斯·阿切尔创办了《每周新闻》，并在报纸上刊登书籍广告，有学者认为这是世界上最早的报纸广告。但世界上最早的报纸广告究竟是何时何地出现的，目前尚有争议。有的则认为最早的报纸广告是1625年英国的《信使报》刊载的一则图书出版广告；有的则认为是1650年英国《新闻周报》在"国会诉讼程序"里登载的"寻马悬赏启事"。1666年，《伦敦报》首先在报纸上开辟了广告专栏，各报竞相效仿。报纸广告从此占据了报纸的一席之地，广告费也成了报业的主要收入。

二、报纸广告的特点

（一）优点

目前我国的报纸有数百种之多，虽然受到新兴媒体的冲击，但它仍然是最重要的广告媒体之一。报纸广告有以下一些优点：

1.传播面广

报纸种类很多，发行量大，触及面广，阅读者多。遍及城市、乡村、机关、厂矿、企业、家庭，有些报纸甚至发行至海外。

2.传播速度快

报纸的印刷和销售速度非常快，第一天的设计稿第二天就能见报，所以适合于时间性较强的新产品广告和快件广告，如展销、展览、劳务、庆祝、航运、通知等。报纸一般都有自己的发行网和发行对象，因而投递也迅速准确。

3.表现力强

报纸广告主要由文字和图画构成，表现形式多种多样，可大可小，可多可少，图文并茂，还可套色，引人注目。报纸信息便于保存和查找，基本上无阅读时间限制。

4.费用低廉

相对于广播、电视等广告的高昂收费标准，报纸广告收费相对低廉。虽然电视广告功效好，但收费太高，对于中小企业来说，往往可望而不可即。而报纸上的小型广告，在预算不多的情况下也能够多次刊登，发挥重复刺激效应。

（二）缺点

虽然报纸广告有许多优点，但也有以下不足：

1. 时效性短

报纸的新闻性极强，隔日的报纸容易被人弃置一旁，传播效果会大打折扣。对于报纸，人们往往是一看了之，因此报纸广告的生命周期非常短，在绝大多数情况下都只有一天，甚至更短。

2. 印刷粗糙

报纸因为纸质和印刷技术的原因，大都颜色单调，色泽较差，插图和摄影不如杂志精美，更不能与视听结合的电视相比。不过，随着技术条件的改进，如今很多报纸采用胶版印刷，这大大增强了广告的表现力。

3. 选择率低

报纸的阅读群体成分复杂，从而很难有效地对目标市场进行有的放矢的投放，因此其广告的选择率总体来说并不高。

4. 注意度不高

在一份报纸中，有很多栏目，也有很多广告，它们竞相吸引读者的注意。这样，只有当你的广告格外醒目时，才容易引起人们的注意。否则，读者可能视而不见。

三、报纸广告的分类

不同的报纸使用不同质地和规格的纸张，有着不同的广告设置，报纸广告的具体尺寸要以媒体的广告刊例为准。一般来说，报纸广告按照尺寸版式可分为以下七类：

（一）版面广告

版面广告是指在报纸同一个版面上刊登的广告，一般根据占有版面的面积分为整版、半版、1/4版、1/8版、1/16版等形式。其中以整版广告和半版广告的效果最为理想，它们具有广阔的表现空间，可创造出理想的广告效果。

（二）跨版广告

跨版广告即一个广告作品刊登在两个或者两个以上的报纸面上，一般有整版跨版、半版跨版、1/4版跨版等形。跨版广告能够体现企业雄伟的气魄和雄厚的经济实力。

（三）通栏广告

通栏广告是指横排版报纸中的各式各样长条形的广告，一般分为双通栏、单通栏、半通栏、1/4通栏等形式。其中，单通栏广告是报纸广告中最常见的一般类型，符合人们的正常视觉要求，具有一定的说服力。

（四）报花广告

报花广告也称栏花广告或者刊花广告，是版面中的小豆腐块，位置不固定。报花广告版面小，价格低，不具备广阔的创意空间，一般以突出品牌、企业信息内容为主。

（五）报眼广告

报眼广告为横排版报头一侧的版面，面积不大，但位置十分显著。报眼广告能体现广告的权威性、新闻性、时效性和可信度。

（六）报眉广告

报眉是指横排版上下的横条，高度一般在 30 毫米左右。

（七）报缝广告

报缝广告是指位于报纸对折中间位置的广告，宽度一般在 40 毫米左右。

不同的版面、不同的广告位、不同的印刷工艺所对应的广告价格也是各不相同的，究竟选择哪种版面广告，要根据企业的经济实力、产品的生命周期和广告宣传情况而定。一般来说，首次登广告，新闻式、告知式宜选用较大版面，以引起读者注意；后续广告，提醒式、日常式可逐渐减缩小版面，以强化消费者记忆。节日广告宜用大版面，平时广告可用较小版面。

由于报纸广告面积小，首先要注意广告文字的精练和准确；其次要注意图片的色彩，由于报纸广告的印刷纸张质量较差，所以要根据输出的需要对图片采取不同的预处理。对于黑白印刷的报纸来说，层次较为丰富细腻的摄影照片可通过复印机进行多次复印，以减少中间的灰阶；对于彩色印刷的报纸来说，为了让色彩在灰色纸张上达到较佳的效果，必须提高色彩的饱和度，增加色彩的鲜亮程度。另外，选择报纸头版的"报眼"或者刊登在读者关心的栏目边的广告都会引起读者的关注。报纸广告通常利用对比、烘托等方法突出主体形象（商标、明星和广告语等），争取更多的关注；根据刊登的广告内容确定读者群体和报纸，根据商品的销售旺季或活动的开展日期决定广告的刊登日期，结合报纸的版面，将广告和报纸中的其他内容结合在一起。

第二节　报纸广告案例及评析

经典案例 1.1　巧妙的中缝广告——玉兰油《眼睛篇》《鼻子篇》与《额头篇》

【案例简介】

玉兰油在报纸中缝做广告（见图 1.1 至图 1.3），利用中缝自然形成的折皱象征女性眼睛、鼻子、额头上的皱纹，把不好表现的皱纹巧妙、形象地展示了出来，以此警示女性。而女性在看到如此"触目惊心"的皱纹后，很可能就会接受广告中能"对抗皱纹"的玉兰油多元修护霜。

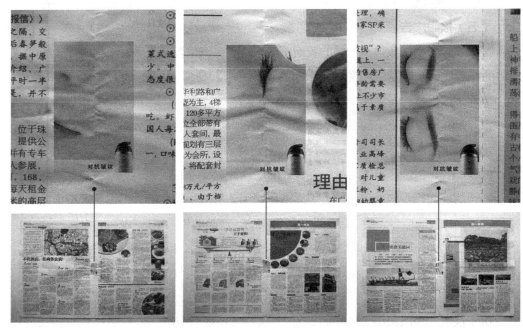

图 1.1　玉兰油鼻子篇　　　　图 1.2　玉兰油眼睛篇　　　　图 1.3　玉兰油额头篇

（图片资料来源：D&A-Galaown- 博客大巴）

【案例评析】

　　玉兰油 OLAY 多元修护霜的这组广告，分别以眼睛、鼻子、额头的黑白照片为广告主体，右下角配以产品图像，文案只有产品旁边的一句"对抗皱纹"。画面简洁清爽，信息单一明了。但其亮点不在于此，而在于对传播媒体的巧妙运用。这组广告刊登的位置是报纸的中缝。中缝是报纸左右两版面之间的狭长版面，一般尺寸宽为 35 毫米或者 45 毫米。中缝广告的优点是价格便宜，缺点是可读性差，读者一般都不会注意到，再者面积比较窄，不容易设计。国内报纸中缝广告的出现是新闻报纸短缺时代的产物，薄报时代报纸版面少，不得不充分利用每一寸版面；进入厚报时代，版面充足，翻阅报纸时并不能看到中缝的内容，所以无论是从广告的实际效果，还是报纸的审美效果来看，中缝广告都得不偿失。因此，中缝广告如今已基本退出了报纸。而这组广告却"逆势而上"，出现在中缝，巧妙地利用报纸的折痕作为眼角、额头、鼻翼、嘴角的皱纹，使广告信息更生动、更形象、更直观，让对抗皱纹的广告信息跃然纸上，生动有趣地提醒消费者对抗皱纹首选 OLAY 多元修护霜，给读者留下深刻的印象。广告的优秀创意，使它获得了龙玺广告奖银奖。

经典案例1.2 对比手法的绝妙运用——《书与酒》

【案例简介】

1985年中国对外翻译出版公司推出了《企业管理百科全书》，这是一套全面介绍现代企业管理制度与理论的百科全书，对当时刚刚开始现代化企业经营的我国的企业管理人员来说，不啻是一部雪中送炭的教科书。但上百元的价格，却让不少人望而却步，认为太贵了。在这种情况下，出版社请中国台湾广告人张永诚先生为这本书做广告，于是便诞生了《书与酒》这支经典广告。

书与酒
——价格相同　价值不同

一套书的价格只相当于一瓶酒，但价值及效用却大为不同。尤其，用一瓶酒的代价，买一套最新的书以了解管理知识和有效的管理技巧，使你的企业能够提高效率，增加利润，快速成长，无论如何都是值得的。因为，酒香固然令人陶醉，但不过是短暂、刹那的美妙。书香却是咀嚼的品味，历久弥新，源远流长。

一本好书，能为你带来智慧与启示，能让你解惑去忧，触类旁通，左右逢源。所以，与其花钱买醉，不如斗室书香。《企业管理百科全书》，正是为每位经营者准备的，它是140位经理、学者智慧的结晶，由20位专家联合编纂。拥有一套《企业管理百科全书》，任何企业管理新知将伸手可得，真正是对付经济不景气与同业竞争最有利的武器。

【案例评析】

这套书当时销售的最大障碍就是价格——很多人认为上百元的售价太高了！所以广告的诉求点就是要说服受众，售价一点都不贵，是物超所值！张永诚先生巧妙地运用对比手法实现了这一诉求。对比是写作中常用的一种表现手法，通过比较，突出被表现事物的特征和优势，让读者在比较中分清好坏、辨别是非，并增强作品的艺术效果和感染力，给人以深刻的印象和启示。

广告通篇都运用对比手法，标题"书与酒——价格相同　价值不同"，不仅直接点明了对比的事物——书与酒，还说明了二者之间的根本差别——价格相同，价值不同，表明了文章的基本观点，也成了全文的核心。

全文第一句"一套书的价格只相当于一瓶酒，但价值及效用却大为不同。"既是对标题的承接，也是对核心论点的阐发。接着用排比的手法列举出这套书能给消费者带来的利益，再通过对比酒香的短暂与书香的持久，说明"用一瓶酒的代价，买一套最新的书"是值得的。

第二段继续对比，进一步论述好书带给人的好处。然后用具体数字说明这套书集合了业界优秀人士的宝贵经验，是专家精心编撰的成果，其品质值得信赖！最后强调该套书能给目标消费者带来的实际利益——获得新知识，战胜竞争对手，十分符合目标消费者的心理需求，无疑是给目标消费者又添了一把火。

该广告的另一亮点就在于对比事物的选择。选择"酒"作为对比对象，不仅是因为百元的酒与百元的书价格相当，更因为酒是目标消费者——企业管理人员非常熟悉的东西！可以说喝酒是他们工作的一部分，他们对酒的价格、酒后的感受都非常清楚，所以用"酒"来对比"书"的价值，一看就明白，广告效果立竿见影。这再次证明了消费者洞察的重要性。

经典案例 1.3　平凡的故事，不平凡的广告——美国旅行者保险公司广告

【案例简介】

这是美国广告大师乔治·葛里宾为美国旅行者保险公司创作的一则广告。它是一个没有标题的广告。据说，广告本来是有标题的，但"寡妇"这个标题，客户认为给人一种阴郁、不祥之感，就删掉了，也没另外再拟标题。广告配有一幅女人的照片，看上去六十多岁，站在房前的走廊上抬头凝望着月光，似乎在回忆那逝去的岁月……

文案内容如下：

当我 28 岁时，我认为今生今世我很可能不会结婚了。我的个子太高，双手及两条腿的不对头常常妨碍了我。衣服穿在我身上，也从来没有像穿到别位女郎身上那样好看。似乎绝不可能有一位护花使者会骑着他的白马来把我带去。

可是终于有一个男人陪伴我了。爱维莱特并不是你在 16 岁时所梦想的那种练达世故的情人，而是一位羞怯并拙笨的人，也会手足无措。

他看上了我不自知的优点，我才开始感觉到不虚此生，事实上我俩当时都是如此。很快地，我们互相融洽无间，我们如不在一起就有怅然若失的感觉。所以我们认为这可能就是小说上所写的那类爱情故事，后来我们就结婚了。

那是在四月中的一天，苹果树的花盛开着，大地一片芬芳。那是近三十年前的事了，自从那一天之后，几乎每天都如此不变。

我不能相信已经过了这许多岁月，岁月载着爱维和我安静地渡过，就像驾着独木舟行驶在平静的河中，你并感觉不到身之移动。我们从来未曾去过欧洲，甚至没去过加州。我认为我们并不需要去，因为家对我们已经够大了。

我希望我们能生几个孩子，但是我们未能达成愿望。我很像圣经中的撒拉，只是上帝并未赏赐我以奇迹。也许上帝想我有了爱维莱特已经够了。

唉！爱维在两年前的四月中故去。安静地，含着微笑，就和他生前一样。苹果树的花仍在盛开，大地仍然充满了甜蜜的气息。而我则怅然若失，欲哭无泪。当我弟弟来帮助我料理爱维的后事时，我发觉他是那么体贴关心我，就和他往常的所作所为一样。爱维在银行中并没有给我存有很多钱，但有一张照顾我余生全部生活费

用的保险单。

就一个女人所诚心相爱的男人过世之后而论，我实在是和其他女人一样的心满意足了。

（广告附文）：为了您挚爱的家人，请致电旅行者保险公司。

【案例评析】

相信每位读者都会为这个故事所感动，特别是女性读者，恐怕都会对广告中的"我"心生羡慕，甚至是妒忌。羡慕这个平凡的女人，却享有幸福的爱情婚姻生活。广告自始至终都是一个女人在讲述自己的婚姻生活，丈夫生前对妻子不仅关怀备至、体贴入微，甚至还为妻子买下了足够支付其余生生活费用的保险，保障了妻子在丈夫去世后的生活。因而广告中充溢着妻子对已故丈夫的怀恋和感激！这是一个极其平凡的婚姻故事，但充满了温馨和爱意，具有很强的感染力，是情感诉求广告的一个经典案例。

整个故事没有离奇曲折的情节，却引人入胜。这得益于作者对文案的精妙设计。文案第一句"当我28岁时，我认为今生今世我很可能不会结婚了"，虽然是一句平常的叙述句，但却充满了悬念，激发了读者的好奇心，想知道这是为什么。通过设疑，一下子就吸引住读者，自然而然地把读者引向了下文。乔治·葛里宾在此完美地达到了他所说的成功广告的要求——一个广告的成功与否在于"这个标题是否使你想去读文案的第一句话？而文案的第一句话是否能使得你去读第二句话？并且使你看完整个文案。一定要做到使读者看完广告的最后一个字再去睡觉。"被该广告第一句话所吸引的读者，应该都怀着好奇读完了全文。

广告文案讲述的是普通人的故事和情感，并没有华丽的辞藻和离奇的情节，但正因为平淡而显得真实。在娓娓诉说自己的幸福时，也没有回避人生的缺憾："我们从来未曾去过欧洲，甚至没去过加州""我希望我们能生几个孩子，但是我们未能达成愿望"，这更增加了故事的可信度。平凡的故事、朴实无华的语言、朴素的情感，极易唤起读者的共鸣，使其感受到爱情的力量，同时也使故事真实可信。从而春风化雨般地使消费者对产品产生亲切感和信赖感，并发自内心的欣然接受广告信息。

真实可信、以情动人、创意出彩是本则广告成功的原因，其中优秀的创意是关键和基础，它决定着广告的风格、内容和表现方式。据说乔治·葛里宾的这个广告创意源自他妻子的经历。他妻子在28岁时还没有人向她求婚，她因而悲观地认为自己永远都不会结婚了。她觉得自己个子太高了，而且行动笨拙，没有人会向自己求婚的。葛里宾借用妻子的真实感受，创作了该文案，当然故事是杜撰的。

这个没有一丝广告味的广告，借助一个故事，巧妙地达成了广告目的。连乔治·葛里宾自己都说这是他"写过的最好的广告"。

经典案例 1.4　就地取材，巧用媒体——中兴 E329 手机广告

【案例简介】

2001 年中兴手机推出一款当时市场上最轻、最薄的手机——重约 60 克、厚 1 毫米的中兴 E329 型手机。他们曾在报纸媒体刊发了这样一则广告：

把你读的这份报纸对折、再对折 6 次，

你对折后报纸的重量、大小、宽度，

和中兴 E329 几乎一样。

中兴 E329，轻薄得不可理喻！

【案例评析】

这个广告是知名策划师徐荣华的作品，它在三个方面非常成功。

第一，巧妙地利用广告载体——报纸来形象地说明手机轻薄的特点。

轻薄是该手机的特点和卖点，但在平面广告中如何说明这点呢？即使配有图片，但照片毕竟不是实物。读者通过视觉器官获得的观感，肯定比不上通过触觉获得的真实体验。作者巧妙地想到了用读者看到此广告时手中的报纸，把报纸对折 6 次，这就是中兴 E329 手机的大小和轻重！看到广告的读者这样一试的话，就会知道这款手机有多轻薄了。把抽象的数字变成了实际的感受，实在是太聪明了！

第二，语言简洁。

简洁是对所有写作语言的基本要求，报纸广告文案当然也不例外。广告文案不是精彩的小说，没有人肯花时间慢慢看！据说，广告正文为 20 个字时，阅读人数为 10；50 个字时，阅读人数为 5；500 个字时，阅读人数为 1。因此，在保证能说清楚广告内容的前提下，文字越精练越好。徐荣华先生自己介绍说，这个广告文案最初有 270 个字，最后精简到了 50 字左右。[1] 由 270 到 50，字数减少了 80%，可文案的表现力丝毫不减。

第三，主题明确。

此则广告只说了一件事——中兴 E329 手机极其轻薄。第一句用折叠后的报纸来形象地说明手机有多么轻薄，给读者以具体可感的认识。第二句在此基础上，用"中兴 E329，轻薄得不可理喻！"加以总结和强调，突出其让你想不到的轻薄的特点。想必看了此广告，中兴 E329 非同一般的轻薄特点已给读者留下了深刻的印象。广告有如此效果，主题单一清晰是一个重要原因。在有限的版面中，在读者有限的视线停留时间内，什么都说，往往什么都没说清楚，读者什么也没记住。因此，把最重要或最主要的告诉读者，并让他懂了、记住了，广告也就成功了。

---

[1] 徐荣华：怎样的报纸广告才能卖货？[EB/OL].[2015-04-19][2015-05-20]http://www.chinaadren.com/html/file/2005-4-19/2005419151535.html.

经典案例 1.5 最佳版面选择——舒洁家用纸巾广告《抹布篇》

【案例简介】

广告主题：政治再脏，也比不上用过一星期的抹布脏

广告主：舒洁

广告代理：台湾智威汤逊广告公司

广告内容：

舒洁（Kleenex）是全球最知名的面巾纸品牌，代表着最佳品质、柔软舒适的感觉和如家的温馨，曾多次被美国《商业周刊》评为全世界 100 个最有价值的品牌之一。台湾舒洁四十多年来不仅成为当地家用纸市场的领导者，更连续 20 年成为消费者心目中的理想品牌，是消费者生活中的贴心伴侣。在舒洁的发展过程中，广告也是其推销产品、塑造品牌形象的利器。为了推销家用纸巾，舒洁曾在报纸媒体上发布过舒洁家用纸巾广告《抹布篇》的广告，如图 1.4 所示。

图 1.4 舒洁家用纸巾广告《抹布篇》（图片资料来源：第二届龙玺环球华文广告奖获奖作品集［M］.哈尔滨：黑龙江科学技术出版社，2006.）

其文案如下：

舒洁家用纸巾

政治再脏，也比不过用过一星期的抹布脏。

抹布使用一星期，含菌量高达 22 亿！建议你，改用舒洁家用纸巾。

吸水吸油，用完既丢，干净不留细菌。

【案例评析】

舒洁家用纸巾的这个广告，从广告本身来看，并没有什么惊艳之处。文案用简洁平实的语言，告诉消费者，抹布太脏，用舒洁家用纸巾，方便、干净，不留细菌。

该广告的独特之处在于把抹布与政治相比，用台湾"政坛"的"脏"来类比抹布的脏。大家都知道，台湾"政坛"一直热闹非凡，党派之间互相攻讦，议员们大打出手，政治人物的各种丑闻……每日媒体上的此类报道都连篇累牍。台湾人民对此想必也是十分熟悉，见惯不惊了。台湾"政坛"有多脏，消费者是清楚的；抹布到底有多脏，消费者并不一定有准确的认知，所以用消费者熟悉的事情来说明抹布的脏，结论是抹布比台湾"政坛"还脏！经此一比，消费者可能不禁心惊："这么脏啊！"同时，会发出会心一笑，因为广告幽了台湾"政坛"一默！文案作者可谓是信手拈来，既传递了广告信息，又顺便讽刺了一下台湾"政坛"。

该广告的最大亮点则是报纸版面的选择！广告是刊登在报纸的政治版的，广告不仅登在了政治版，而且居于一版正中，被五花八门的政治新闻所环绕。正印证了那句"政

治再脏，也比不过用过一星期的抹布脏。"我们不禁为此拍案叫绝！"情境"相符，这才是广告效果的最大化。

该案例说明，广告创意不仅限于文案与图片，广告发布的媒体、位置与时机等都会影响广告效果，创意应贯穿于广告活动的始终。

经典案例1.6　公文式广告的范例——贝克啤酒广告

【案例简介】

广告主题：禁酒令

广告主：金匙啤酒有限公司

广告代理：上海奥美广告有限公司

图1.5　贝克啤酒广告《禁酒令》
（图片资料来源：百度网）

广告内容：

德国啤酒，世界闻名。其典型代表——拥有四百多年历史的贝克啤酒（BECK'S），是全世界最受欢迎的德国啤酒。1992年贝克与我国福建莆田金匙啤酒厂进行生产合作，很快成为中国名气最大的外国啤酒之一。虽然后来贝克终止了与金匙啤酒厂的合作，但它并未退出中国市场，而是将在中国生产和销售贝克牌啤酒的权利转让给了澳大利亚狮王集团在苏州的一家啤酒公司。贝克啤酒的高知名度和美誉度，除了其过硬的产品品质外，也得力于其强大的品牌宣传。贝克啤酒不断地在全球各地宣传其品牌和产品，使BECK'S商标和钥匙图形家喻户晓。在中国，贝克啤酒沿袭了这一传统，同样开展了广告攻势。《禁酒令》就是其众多广告中的一则经典作品，如图1.5所示。

禁酒令

查生啤之新鲜，乃我酒民头等大事。新上市之贝克生啤，为确保酒民利益，严禁各经销商销售超过七日之贝克生啤，违者严惩，重罚十万元人民币。

此布

金匙集团属下金匙啤酒有限公司

公元一九九三年贝克元年五月

【案例评析】

广告标题"禁酒令"三个红色大字非常醒目，读者一下就会注意到，而且它还会引起读者的疑问："禁酒令？难道政府不准大家喝酒了？"为了释疑，必然会接着阅读下文。

这样，标题就非常成功地完成了其吸引受众注意并引导受众阅读正文的作用。真的是十分完美的标题！

标题是公文式的，文案的其他部分也要与之配套，此广告完整地模仿了我国古代公文中"令"的形式。"令"是我国最古老的公文文种之一，早在西周时期就有了，如今也是我国法定的一种公文。"令"一词是"使人做某事"的意思，还蕴含有"严肃""告诫"之意。所以一般以"令"发布的公文，内容重要，权威性强，具有最高的强制性，即所谓的"令行禁止"。贝克啤酒以"令"的形式发布此广告，表明此内容是非常重要、严肃的，也显示了贝克啤酒对此事的重视以及执法的威严。

公文在长期的实践中已形成了固定的格式和语言风格，如有一些特殊的句式和特殊的行款，有专门的公文词语，像"兹""据""为要""此致"等，不允许随意改变和代替。该广告从形式到语言都模仿得惟妙惟肖。"禁酒令"三个红色大字及下面的一条红线，正是公文的"红头"形式；正文采用了古文从右到左的竖排形式；字体用的是繁体字。这些都符合古代公文的外表形式，晃眼一看，还以为是真的呢！此外，广告的语言也符合公文语言准确、简洁、规范、朴实、严肃的标准和要求，使用了古文特有的文言词语和文言句式。从语言形式上看，它就是一篇不折不扣的公文！

但是读者看完之后会发现，这并不是一个真正的公文。因为贝克啤酒的生产企业金匙啤酒有限公司并没有发布"令"这种公文的权力！有点"拉虎皮扯大旗"的味道，故弄玄虚。但正是这种内容与形式不搭所形成的反差，产生了幽默的效果。加之禁止的是经销商销售超过 7 天保鲜期的啤酒，保护的是消费者的利益，所以读者反而会拍手称快，并为贝克啤酒的幽默所折服。

该案例充分说明，广告的表现形式是不拘一格的，任何元素，只要有适合广告表现的创意，都可以为广告所用！

经典案例 1.7　众矢之的的小三广告——韩后"张太"广告

【案例简介】

广告主题：搞好自己

广告主：广州十长生化妆品有限公司

广告代理：广州市华邑众为品牌策划有限公司

广告内容：

2013 年 8 月 20 日，《南方都市报》广州版 A16 版刊登了一个整版广告，如图 1.6 所示，内容为一名为"张太"的女子呼吁"前任张太"放手，疑似小三成功上位，还公然向前正室喊话——"愿天下无三"。此广告一出，霎时在社会上引起一片热议，大家纷纷谴责"小三太猖狂！"正当众人还在猜测这是怎样的一个狗血故事，"前任张太"和"现任张太"分别是谁时，微博上却爆出，这其实只是某化妆品的广告

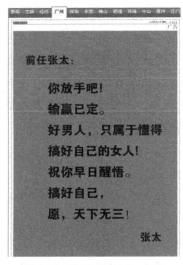

图1.6 韩后"张太"广告
（图片资料来源：聚美丽资讯·韩后悬念广告营销"张太"致歉解释）

前任张太：

你放手吧！

输赢已定。

好男人，只属于懂得
搞好自己的女人！

祝你早日醒悟。

搞好自己，

愿，天下无三！

张太

而已。一时舆论大哗，网友大呼毁三观，纷纷表示如此广告营销太过低劣。在网友的合力深挖下，广告的幕后操刀者——广州十长生化妆品有限公司的"韩后"品牌和广州市华邑众为品牌策划有限公司被挖了出来。二者顿时成为众矢之的！当晚，广东省工商局在新浪官微发布通告："我局认为，上述广告涉嫌违反《中华人民共和国广告法》第七条第二款第（五）项关于广告不得含有'违背社会良好风尚'的规定。对此，我局于8月20日下午召集南方都市报社、广告主及某广告公司的相关负责人进行集中约谈，责令其立即停止发布此类广告并要求积极采取相关措施消除不良社会影响，并已启动立案程序。"

在四面楚歌的情形下，广告主急忙解释，说这只是一个悬念广告，其理念是"搞好自己"。前任张太和现任张太实为一人，张太防贼防盗防小三，立志改变，搞好自己，要和以前黄脸婆的自己说拜拜。

8月22日广州十长生化妆品有限公司又在《南方都市报》AII21-24版刊登了后续广告，如图1.7至图1.10所示。

【案例评析】

这则霸气侧漏的"张太"广告，利用社会热门问题"小三"来制造话题，吸引受众的眼球，又利用悬念引发大众热烈讨论，并借助微博、微信等平台迅速扩散。如果从传播的角度看，其引发近千家平面媒体、电视媒体和网络媒体的自发传播以及网民、媒体人、营销人的热议，该广告成功地实现了广而告之的目的。

但是广告的实际效果如何却要打问号。虽然在舆论中，有的对其创意叫好，呼吁包容；有的说这只是营销，不必认真，但更多的是在指责其出位无底线。确实，经此事件，"韩后"品牌虽然名声大噪，但更多的是骂名、恶名。"韩后"品牌和产品并未得到受众的关注，反而遭到新闻媒体的大起底。"韩后"从名字到包装都竭力向韩国品牌靠拢，实际上是土生土长的广州品牌，而且并无自己的生产工厂和产品核心配方，产品全由OEM（贴牌）厂家生产。消费者知道了这些底细，还有多少人相信"韩后"所宣传的其产品的质量与功效呢？

用不到十万的广告费，在短时间内通过传统的报纸广告，引起全社会的热议，登上门户网站首页，收获了极大的关注度和知名度。不用说，如果算经济效益，"韩后"是赚大了，但其社会效益和品牌形象却大大受损，因为这则广告既违背了社会道德，又违反了相关法律规定。

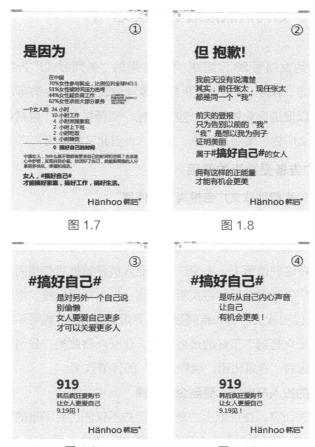

图 1.7　　　　　　　　图 1.8

图 1.9　　　　　　　　图 1.10
（图片资料来源：聚美丽资讯·韩后悬念广告营销"张太"
致歉解释）

　　在商业利益的驱使下，南方都市报社、广告主及广告公司联合上演了一场"好戏"。广告公司想出如此"创意"，广告主欣然接受，报社也公然刊登，从创作到媒体全线失守，挑战公共道德，叫板社会良俗，不能不说广告市场道德堪忧！而大众的挞伐，又说明在市场经济中，企业与媒体对道德的坚守有多么重要！市场上除了大众的监督，还有政府部门的监管，我国《广告法》明文规定广告不得"违背社会良好风尚"。广告主、广告公司以及媒体却集体知法犯法，为了经济利益，置国家法律不顾，这是一种什么行为！广东省工商局当天就约谈了当事三方，责令其停止发布该广告并要求积极采取相关措施消除不良社会影响。这就是当事人为自己的出位付出的代价！

　　该案例警示我们，广告主、广告公司和媒体都应严守社会良俗道德，自觉遵守和维护国家法律法规，不能以"创意"之名挑战、践踏道德与法律规范。政府要加强监督和管理，对于违法乱纪者，必须让其付出沉重的代价——足以使其畏惧的代价。

第三节 专论：如何认识报纸中的软文广告

软文广告大约发端于20世纪90年代中期的"新闻形式广告"，它是指企业通过策划在报纸、杂志、DM、网络、手机短信等宣传载体上刊登的可以提升企业品牌形象和知名度，或可以促进企业销售的一些宣传性、阐释性文章，包括特定的新闻报道、深度文章、付费短文广告、案例分析等。软文广告因此又被称为"广告文学"。

一、软文广告备受推崇的原因

（一）新闻外壳帮助软文广告提高"可信度"

目前，我国的广告市场并不十分乐观，从业人员浮躁、制作粗糙、重形式轻内涵，虚假广告泛滥等现象普遍存在，以进行直白宣传为主的传统硬广告逐渐让受众产生不信任和抵触心理。在这种情形下，不少广告从业人员开始把目光投向具有良好隐蔽性的软文广告上。软文广告常常采用"寻找新闻卖点、拟出新闻标题、借助新闻结构、运用新闻词汇"等技巧，模糊软文广告和新闻报道的界限。这种借助新闻外壳的"新闻形式广告"无疑对广大媒体受众起到了很好的迷惑作用，让受众将此类广告当作新闻、科普知识等予以接受，从而达到"春风化雨，润物无声"的传播效果。

（二）合理的投入产出比，受到企业青睐

相对硬性广告而言，在报纸上刊登软文广告不仅能达到不错的宣传效果，而且花费也不多。不少报社为了吸引更多客户刊登软文广告，还推出买赠活动，比如"做半版广告，送一篇软文"。合理的投入产出比使得软文广告受到许多企业，特别是资金不是很雄厚的企业的青睐，成为试探受众态度及初期打开市场的常用手法。

（三）广告主和报纸媒体利益的双赢

通过软文广告，广告主和报纸都可以获得利益。广告主在报纸媒体上发布软文广告，能在一定程度上将广告信息有效地传达给目标受众，从而达到拓展市场、销售产品并最终获取经济利益的目的。并且软文广告在操作环节上比硬广告更加简便，为广告主节省了财力和物力。作为当前报纸媒体的重要广告形式之一，刊登软文广告可以为报纸带来不菲的收入，实现创收。

二、软文广告的危害

报纸承担着传播信息和教育的义务，大量软文广告侵占了报纸版面，尤其是在新闻、要闻等重要版面上刊登软文广告的行为，无疑会给报纸的定位造成冲击，不仅削弱了报纸的信息和教育功能，也必将降低报纸的公信力，甚至出现"新闻腐败"等不良现象，在社会上产生不良的影响，最终损害的是受众的利益。

（一）妨害报纸的公信力

当广告试图以新闻形式出现在报端，就蜕变成为企业与新闻媒体的阴谋，而且可以肯定的是这必然会败坏后者的声誉。在利益面前，报纸成为软文广告的重要载体，当大量的文字广告借以新闻的形式不断充斥版面时，我们必然也会产生这样的疑问，如此大行其道的软文广告难道不会对报纸的新闻价值含量产生影响吗？事实证明，当越来越多的受众落入"软文陷阱"后，报纸的公信力逐渐丧失。长此以往，将不利于报纸媒体的长远发展。

（二）催生报纸的"新闻腐败"

软文广告现象是一种"权钱交易"，所体现的乃是一种权力寻租的过程。随着媒体的广告市场由20世纪80年代的"卖方市场"转变为90年代以来的"买方市场"，"新闻寻租"的成本逐渐增加，难度也在逐渐加大，软文广告这类有偿文章应运而生。一些媒体及媒体从业者将媒体的商业利益凌驾于公共利益之上，利用自身所具有的便利，来达到其创收的目的。

（三）"陷阱式"的广告，损害读者利益

软文广告作为一种广告类型，最终目的是促进产品销售。但软文广告与一般意义上的广告不同，实质是一种"陷阱式"的广告。软文广告作为一种营销方式具有灵活性，形式上较为隐蔽，它以酷似新闻或科普知识的形式，赢得了受众对其真实性和影响力的信任，干扰和影响读者的理性判断，灌输有利于商人产品销售的意见，让读者在不经意间接受其宣传意图。通常可以在报纸上看到一些医疗广告，这些广告往往在标题中使用惊叹号和大号黑体字，吸引受众的注意力，诱惑受众去阅读软文广告，同时利用受众或某些患者对病痛的恐惧心理，在标题上或内容中不遗余力地渲染疾病的痛苦，形成"陷阱"，促使读者产生原本不会产生的消费需求，或者将一些读者带入某些误区，损害读者利益。

三、治理软文广告存在的困境

虽然国家新闻出版广电总局和2015年施行的《广告法》有关法规早已明确规定："大众传播媒介不得以新闻报道形式变相发布广告。通过大众传播媒介发布的广告应当显著标明'广告'，与其他非广告信息相区别，不得使消费者产生误解。"但从目前的情况来看，对软文广告的治理仍有一定困难，且收效甚微。

（一）媒体的生存压力

当下，报纸除了要面对来自报业市场的竞争，还要面对来自电视、广播、网络、手机等各类媒体的挤压，生存压力非常大。因此，部分报纸为了获取更多经济利益，便主动降低门槛去迎合广告主，对广告内容的要求也有所放松。软文广告开始以令人眼花缭

乱的新闻文体和报道技法大行其道。对于此类现象，业内人士大多睁一只眼闭一只眼，缺乏作为，甚至鼓励记者兼顾创收，为那些能够支付版面费、宣传费的企业提供定向宣传。对报纸媒体而言，如果取消软文广告，无疑是将手术刀对准自己，必然会承担相当大的经济损失。

（二）软文广告的隐蔽性

软文广告的危害是明显的，世界上许多国家都将软文广告视为违法行为，我国《广告法》第十四条也明确禁止软文广告行为。而在现实生活中，虽然软文广告对消费者的危害并不亚于普通虚假广告，但却鲜有对之予以查处的案例。究其原因在于软文广告的隐蔽性使其不容易被识别，执法机构因此也很难对软文广告进行执法。报纸软文广告形式大体有两类：一是采用专题报道等新闻形式，这类软文广告具有一般新闻报道的外在形式，隐蔽性最强；二是采用新闻报道和广告的混合形式。后者的隐蔽性虽然相对较差，但通过一些措施，依然能起到弥补作用，如将此类软文广告安排在"健康专栏""特别报道"等版面。或者直接将此类软文广告安排在"广告版面"，同时通过减弱广告标识，采用新闻报道风格等方式，降低视觉吸引力，使读者忽略版面标记和软文广告的推销性质。对执法机构来说，如何去认定这种类型的软文广告具有极大的难度，正确的认定需要依靠更多的执法资源，但在目前执法资源较为短缺的情形下，对软文广告的执法就显得异常困难。

四、治理软文广告的措施

虽然对软文广告的治理存在着相当大的困难，但从报纸媒体的长远发展考虑，对软文广告的治理刻不容缓。对软文广告现象的治理应将行政监管、社会监督和行业自律三者相结合，形成治理合力和问责压力，建立权威、健全、公正的媒体管理制度，如此，才能根本遏制类似软文广告等不良现象的出现。

（一）加强行政监管，加大执法力度

加强行政监管，规范媒体行为，从行政角度对软文广告等媒体行业的失范行为进行监察治理。有关部门应出台相关的法律法规、行政措施来规范媒体的广告运作。执法部门也应增强不法软文广告的辨识能力，做到违法必究。行政管理和法律监管相结合，形成治理合力，从而断绝软文广告在制度上的生存空间。

（二）进行舆论监督，提高媒体"越轨"心理压力

治理软文广告仅仅依靠政府的管理或司法监督是远远不够的，还需进行广泛的舆论监督。要做好这一点，最重要的是提高公众的媒介素养，只有公众的媒介素养提高了，才能增强公民对传媒业监督的意识，提高媒体的透明度，置媒体于社会公众的监督之下。当公众对媒体的监督形成一种常态，对媒介机构或媒介从业人员背弃了公众信任的举动

进行监督举报，必将提高媒体"越轨"的心理压力，在这种心理压力之下，媒介机构也将收敛自己的不规范行为。

（三）规范媒体自身行为，提高传媒从业者的素质

关于对软文广告的治理，除了从外部环境进行监督管理，报纸媒体内部的规范管理也很重要。报纸媒体应采取相关措施来治理规范软文广告，如不得在新闻版面刊登软文广告；客户投放的整版软文广告，不得在报眉上出现"报道""专访"之类的新闻字样；加强软文广告的审查并做通客户的思想工作，做到在软文广告中不出现"述评"，不加"按语""编后"，不署名"本报记者"等，严格划清软文广告和新闻的界限，维护报纸的公信力。

此外，媒体从业人员应加强职业道德自律，重塑新闻专业精神和新闻工作的神圣感，提高自身的素质，承担起作为媒体人应肩负的社会责任。[1]

练习题

一、思考题

1. 举例说明平面广告的分类形式。

2. 简述报纸作为广告媒体的优势。

3. 简述报纸广告的特点。

二、讨论题

1. 互联网时代报纸广告的发展趋势。

2. 软文广告是报纸广告的利器吗？

三、案例分析

以下是 1915 年 1 月 2 日，美国《星期六晚间邮报》刊登的世界名牌豪车凯迪拉克汽车的一则广告，这篇全文字广告内容如下：

出人头地的代价

在人类活动的每一个领域，得了第一的人必须长期生活在世人公正无私的裁判之中。无论是一个人还是一种产品，当他被授予了杰出的称号后，赶超和妒忌便会接踵而至。

在艺术界、文学界、音乐界和工业界，酬劳与惩罚总是一样的。报酬就是得到公认；而惩罚则是遭到反对和疯狂的诋毁。当一个人的工作得到世人的一致公认时，他也同时

---

[1] 郭云霞. 对报纸中软文广告的思考 [J]. 新闻世界，2011（12）：159-161.（略有改动）

成了个别妒忌者攻击的目标。假如他的工作很平庸，就没有什么人去理会他；如他有了杰作，那就有人喋喋不休地议论他；嫉妒不会伸出带叉的舌头去诽谤一个只有平庸之才的画家。无论是写作、画画，还是演戏、唱歌或从事制造业，只要你的作品没有打上杰作的印记，就不会有人力图赶超你、诽谤你。在一项重大成果或一部佳作已完成后的很长一段时间里，失望和嫉妒的人仍会继续叫喊："那是不可能的"。外界人早已将惠斯勒（Whistler）称颂为最伟大的艺术大师之后，艺术领域中仍然流言纷纷，将自己的艺术大师说成是江湖骗子；当人们成群结队到音乐殿堂 Bayreuth 向瓦格纳（Wagner）顶礼膜拜时，而一小撮被他废黜或顶替的人却气势汹汹地叫嚷："他根本就不是音乐家"；当众人涌向河边观看轮船行驶之时，少数人仍坚持说富尔顿（Fulton）绝不可能造出轮船。杰出人物遭到非议，就是因为他是杰出者，你要是力图赶上他，只能再次证明他是出色的；由于未能赶上或超过他，那些人就设法贬低和损害他——但只能又一次证实他所努力想取代的事物的优越性。

这一切都没有什么新鲜，如同世界和人类的感情——嫉妒、恐惧、贪婪、野心以及赶超的欲望一样，历来就是如此，一切都是徒劳无益。如果杰出人物确实有其先进之处，他终究是一个杰出者。杰出的诗人、著名的画家、优秀工作者，每个人都会遭到攻击，但每个人最终也会拥有荣誉。不论反对的叫喊声多响，美好的或伟大的，总会流传于世，该存在的总是存在的。

请评析这篇由西奥多·麦克曼斯撰写的报纸广告。

四、案例分享

将学生分为几组，分别收集一周时间的当地具有代表性的都市报刊登的广告，每组各选一支认为具有特色的常规报纸广告和软文广告分析后并制作成 PPT，在全班进行分享。

推荐网站

1. ABBAO（AB 报）
2. 中国网上报刊大全

▼

第二章

杂志广告

杂志又称期刊，它是有固定刊名、以固定的时间周期连续编号、成册出版的平面印刷读物。每期版式基本相同。

杂志萌芽于 17 世纪，发展于 19 世纪，20 世纪走向繁荣。1588—1598 年，德国印刷商米夏埃尔·冯·艾青格尔每年印刷出版两次刊载半年重大事件的文集《书市大事记》，在法兰克福书市上销售，这份半年出版一次的出版物就是世界上第一份有固定刊名的杂志。1665 年，法国著名的杂志《学者杂志》创刊，它首次在刊名中采用 Journal（杂志）一词，被许多专家认为是世界上第一份真正的杂志。1731 年，英国出版商爱德华·凯夫创办通俗性杂志《绅士杂志》，首次在刊名中使用 Magazine（杂志）一词。最早的中文杂志是《察世俗每月统记传》，由英国传教士马礼逊和米怜 1815 年在马六甲创办，它标志着我国真正意义上的近代化报刊的诞生；1833 年普鲁士传教士郭士力在广州创办的《东西洋考每月统记传》，是中国境内出版发行的第一本中文杂志。

杂志按其出版周期可分为周刊、半月刊、月刊、双月刊、季刊及年度报告等；而按其发行范围又可分为国际性杂志、全国性杂志、地区性杂志等；按内容可分为专业性杂志（professional magazine）、行业性杂志（trade magazine）、消费者杂志（consumer magazine）等。

杂志在资本主义发展期就成为了重要的广告媒体。杂志作为广告媒介的一种，具有独自的优势，在今天仍发挥着很大的作用。

▼
▼

35

第一节　杂志广告概述

一、杂志广告的定义与诞生

杂志广告指刊登于各类杂志上的广告。

早年出版的杂志只是一些小册子，开始并不刊登广告。直到19世纪中叶美国经济开始走向繁荣，杂志广告才逐步兴起。我国出版的第一本中文杂志《东西洋考每月统计传》月刊，从创刊伊始就刊登中文广告。此后诞生的各种杂志也都延续了这一做法，杂志广告也就随着杂志的兴衰同步发展。

十一届三中全会后，中国杂志行业也进入一个全面发展的新时期，杂志数量呈几何式增长。目前我国的杂志接近10 000种，并呈现出种类齐全、层次多样、精品较多、市场繁荣、定位准确、全面崛起的新局面。

特别是20世纪90年代以来，我国市场上先后涌现出如《世界时装之苑》《瑞丽》《时尚》《新周刊》《南方人物周刊》《中国新闻周刊》等一大批定位准确、市场细分明确的新兴杂志。这类杂志已成为杂志市场上的一支重要力量，也是杂志广告的主要媒体，所占广告市场份额较大。

如今，我国的杂志市场已进入全面竞争阶段，从时政类、学术类杂志到时尚类杂志均呈现出白热化的竞争局面；集中化、集团化进一步加剧；资本开始介入杂志市场；受众进一步细分，需求更加多元化。这为杂志行业的继续发展和杂志市场的更加繁荣起到了强大的推动作用，也为杂志广告的发展提供了强力支持。

二、杂志广告的优势

（一）针对性强

杂志与报纸相比专业性较强，各类杂志都有着不同的读者群。通过杂志发布广告，能够有效地针对目标市场和消费群体，做到"对症下药"，从而减少无目的性的浪费。

（二）印刷精美

杂志广告以彩色画页为主，印刷和纸张都很精美，能最大限度地发挥彩色效果，易于引起受众的注意并留下深刻的印象。

（三）创作灵活

杂志广告的材料、形式、尺寸、位置具有选择的灵活性，为广告提供了更广阔的表现空间。除了传统的广告形式与位置，又出现了各种插页、反馈卡，产品样品、香味广告、立体广告、有声广告等突破杂志广告局限的方式。杂志广告采用种种特殊方式来加强广告的创意诉求，给读者留下深刻印象，提高注意率和到达率。

（四）时效性长

杂志在相当一段时间内具有保留价值，保存期长，阅读的有效时间也较长，可重复阅读，因而广告生命较长，在某种程度上扩大和深化了广告的传播效果。

三、杂志广告的不足

（一）出版周期长

周期长是杂志广告最大的局限之处，杂志的出版周期大都在一个月以上，因而广告的时效性不理想。不适合做促销广告，更适宜刊登形象广告。

（二）覆盖率低

由于当前杂志的发行量都较小，过百万的更是少之又少，因此与报纸相比，杂志广告的有效率低一些。

（三）千人成本较高

如果从绝对费用来看，杂志的广告费用也许不是很高。但就千人成本而言，却在广告媒体中属于较高的。当然，越是销量大的杂志，收费越高，但其千人成本却被稀释了。不过有的广告主宁愿选择千人成本较高的杂志，因为它能最有效地到达特定的细分市场。所以预算充足的条件下，可根据广告目的来选择发行量大还是面向特定人群的杂志；如果预算有限，就只能选择绝对费用低的杂志。

第二节　杂志广告案例及评析

经典案例 2.1　幽默大师的广告——老舍先生为自己作品写的广告

【案例简介】

20 世纪 30 年代初期，老舍先生的长篇小说《牛天赐传》在《论语》杂志上连载。一天，老舍先生在看即将刊登的校样，看到最后一页，发现还剩下一点空白，就提笔在空白处为自己的作品写了一则广告。

《牛天赐传》是本小说，正在《论语》登载。

《老舍幽默诗文集》不是本小说，什么也不是。

《赶集》是本短篇小说集，并不去赶集。

《猫城记》是本小说，没有真事。

《离婚》是本小说，不提倡离婚。

《小坡的生日》是本童话，又不大像童话。

《二马》又是本小说，而且没有马。

《赵子曰》也是本小说。

《老张的哲学》是本小说，不是哲学。

【案例评析】

读了此则广告，你是不是"嘿嘿"直笑？相信大部分读者都会说："太有意思了！老舍先生太有趣了！"是的，幽默风趣正是这个广告留给人们的第一印象和最深记忆，也是它最大的特点。老舍先生是语言大师，同时也是一位幽默大师，这则广告字里行间无不闪烁着他的幽默才华。"《赶集》是本短篇小说集，并不去赶集。""《二马》又是本小说，而且没有马。"每一句都这样俏皮，充满浓郁的幽默色彩。

第二个特点是文字质朴简练。整个广告9句话，152个字，介绍了自己的9部作品。不能不说语言是非常简洁精练的。再者，文中没有什么奇特的、华丽的辞藻，都是通俗、平白的文字，但是却俗白精致，雅俗共赏，恰如"清水出芙蓉，天然去雕饰"。同时又活泼有趣、充满生活气息，具有独特的语言魅力。

第三个特点是广告充满了悬念。老舍先生对每一部作品都作了解释，但对于作品的内容与情节实际上并未交代。比如，"《二马》又是本小说，而且没有马。"读者知道了小说写的不是马，但到底写的什么呢，不知道。老舍先生运用作家常用的设置悬念的方法，卖了关子。读者看了作品介绍，就会产生拜读的欲望与期待的心情。老舍先生真是摸透了读者的心理啊！

老舍先生写的这个广告不仅简洁朴实，而且妙趣横生；不仅给读者留下了深刻的印象，还能激发他们产生一睹为快的欲望。因而是非常成功的广告。

经典案例 2.2　惊人的对比——Levi's 牛仔裤广告

【案例简介】

如图2.1所示是Levi's牛仔裤的一个著名广告。这个跨版整页广告左面的画面上，是一个女性的背影。她穿着牛仔裤，身材曼妙，长发垂腰，左手自然放在腿侧，右手高举在脑后抚着头发。两腿分开，潇洒地傲立在天地之间！看到这个画面，任何人都会认为这是一位年轻的女性。可是当读者把视线移向右面的画面时，看到了她的正面形象，却发现原来是一位老太太！

【案例评析】

李维斯（Levi's）是著名的牛仔裤品牌，其创始人李维·斯特劳斯（Levi Strauss）是牛仔裤的发明者。1853年李维·斯特劳斯用帆布做了一批直筒、紧身的裤子，卖给旧金山的淘金工人。这种裤子因为结实耐磨而大受欢迎，李维看到商机，就成立了一家公司专门生产这种裤子，并以自己的名字"Levi's"作为品牌。如今，"Levi's"已成为牛仔裤的代名词，象征着青春、活力、性感，从美国流行到了全世界，受到全球各地

图 2.1 Levi's 牛仔裤广告
（图片资料来源：三只眼工作室.第 44 届戛纳国际广告节获奖作品集 [M].
哈尔滨：黑龙江美术出版社，1998.）

男女老少的喜爱。

该广告的创作背景有其特殊性，当时在竞争对手的争夺下，Levi's 的销售量和市场份额都在下降。为了巩固其市场地位和争夺消费者，Levi's 推出了这个怀旧的广告，试图以此说明自己有着悠久的历史，是牛仔裤行业的鼻祖和老大，同时也是青春、活力、性感的象征。

可以看到，创意者采用了对比的手法，左、右画面中年轻的背影与衰老的容颜形成了强烈的反差，观者无不为此感到惊讶——这样的高龄还有如此动人的身材？！而右下角的 Levi's 鲜艳的 Logo[1] 让读者恍然大悟——原来这是 Levi's 牛仔裤的魅力！它能让人焕发青春，永远年轻！左上角的文案又告诉读者"约瑟芬是著名的模特，最先为 Levi's 牛仔裤做广告"。进一步强化了品牌的悠久历史，深化了主题。

这则广告遵循杂志广告"大图案、少文字"的原则，利用对比鲜明的画面吸引注意，再用文案画龙点睛，完美地表现了广告诉求，得到了业界的好评，在第 44 届戛纳国际广告节获得金狮奖。

经典案例 2.3 想想还是小的好——Smart 停车广告

【案例简介】

这是一个拉页广告，当读者翻到这页（见图 2.2）时，看到的画面是街道边依次停放着一辆辆轿车；当发现是一个拉页，往外拉时，会看见一个红色的车尾露了出来（见图 2.3）；

---

[1] 可参见广告原图。

图 2.2

图 2.3

图 2.4

（图片资料来源：数英网 .20 个创意的杂志平面广告 .）

当你把页面拉平整时，夹缝中的车子就完全露出来了，原来是一辆 Smart！（见图 2.4）

【案例评析】

　　Smart 是戴姆勒集团（Mercedes-Benz）与手表巨头斯沃奇（Swatch）公司合作研发的小轿车。名称中的 S 代表斯沃奇，M 代表戴姆勒公司，art 意为"艺术"，表示该车的设计是对艺术性的追求；而 Smart 在英文中有"聪明伶俐"之义，与该车小巧、灵活的特点相吻合。Smart 之名实在是既形象又贴切。

现代城市中车辆越来越多，道路越来越拥挤，行车难、停车难成为普遍的难题。面对这个问题，汽车行业提出了微型都市代步用车的概念。Smart 正是这一概念的产物。车长 2.695 米、宽 1.559 米，轴距不足两米，这样小巧的尺寸，让 Smart 可以完成大多数车型不可能完成的任务，那就是随意地停车。因此，虽然可爱时尚的外观，低燃油消耗与低二氧化碳排放，智能化、人性化的操控设计，这些都是 Smart 的优点，但小巧灵活、停车方便，一直是 Smart 的最大卖点。

该广告同样是以此为诉求主题，停在街道旁的一串车中，Smart 所占据的空间是那样小！想必饱受停车之苦、时常望着小车位而兴叹的人，看到 Smart 如此方便好停，怎不会怦然心动呢？

拉页广告是杂志中常见的广告形式，采用折叠纸张的方式来扩大广告版面。一般是折叠 1 ～ 2 张与杂志相同大小的纸张，打开杂志拉出来就有两张纸或 3 张纸那么大（也有折叠两张以上的）。这样广告的版面就大大扩展了，并且是一个整张，十分有利于广告内容的设计与表现。Smart 这个广告使用了拉页，但它没有像一般广告那样折叠整张纸，而是只折叠了与图中 Smart 的部分。读者一拉开，看到的就是 Smart。如此设计，把 Smart 的小巧表露无遗。

经典案例 2.4　树还是树桩——绿色和平组织的公益广告

【案例简介】

图 2.5 与图 2.6 是绿色和平组织发布的一个公益广告，主旨是保护树木。广告的第一页是一棵葱郁的大树，可是当翻页之后，第二页上就只剩下了一个树桩！只有右上角的"Greenpeace"（绿色和平）提示人们这是绿色和平组织的广告。

图 2.5　　　　　　　　　　　　　　　　图 2.6

（图片资料来源：百度文库 . 杂志广告创意）

【案例评析】

绿色和平组织简称绿色和平（Greenpeace），是国际非政府组织，也是全球最有影响力的环保组织之一。其宗旨是保护地球、环境及其各种生物的安全及持续性发展，并以非暴力直接行动的方式，促使世界作出积极的改变，促进实现一个更为绿色、和平和可持续发展的未来。

树木在维护生态平衡和人类的生存与生活方面起着重要作用，具有制造氧气、净化空气、涵养水源、保持水土、调节气候、防风固沙等作用。砍伐树木，破坏森林，会给人类及地球带来灾难性的后果。造成水土流失，土地沙漠化，并引发泥石流、山体滑坡等灾害；使生态环境恶化，导致局部或全球生态失衡，物种减少或灭绝；使气候发生不规律的变化，局部雨水减少，天气平衡失调，恶劣天气增多，自然灾害频发；氧气减少，空气环境质量下降，温室效应加剧，人类生存环境恶化。毁灭森林就是毁灭人类自己，所以保护树木是非常重要的！可是世界上还是有许多人不清楚这一点，或者有的人虽然清楚，却为了个人与少数人的利益而砍树毁林。绿色和平组织想借此广告唤醒和警示人类。严肃、重大的题目，却用了简洁、清晰的方式来表达，可谓举重若轻。广告的前面一页比后面一页短一个树桩，前面一页是树干与树冠的图案，后面一页只有树桩。两页重合时，画面上是一棵完整的大树，前页翻过，就只看见后页的树桩。利用杂志翻页的特征，形成了葱郁的大树与光秃秃的树桩的刺目对比！一片空白，非常刺眼，也寓意着树没了，就什么都没了！这样的设计看上去很简单，但表意却非常明白易懂，把重大的道理直观形象地表现了出来。

经典案例 2.5　轻薄如纸——Macbook Pro 笔记本电脑广告

【案例简介】

如图 2.7 所示是苹果公司为其 Macbook Pro 笔记本电脑作的一个杂志广告。这是一个跨页广告，利用对开的两个整页，左边一整页是笔记本电脑的显示屏，右边一页主要展示键盘。黑色的屏幕上有两个醒目的大字"Ultra Thin"。

【案例评析】

Macbook Pro 是 2006 年苹果公司的笔记本电脑产品，至今已经过几次更新换代，每一次都有革命性的进步，引领着笔记本电脑的潮流和方向。

这则广告，晃眼一看，还以为男士的手中真的是一台笔记本电脑。从这张栩栩如生的图片中，我们可以看到 Macbook Pro 非常漂亮。轮廓造型精致优美，银白色的一体成型机身，高端大气；玻璃触控板宽阔无碍，想点哪就点哪。不过，"Ultra Thin"才是该广告的主题。2 厘米左右的厚度，使得 Macbook Pro 轻薄无比，成为它在同类产品中的一个突出优势。本则广告的最佳之处就在它对"轻薄"的表现——轻薄得就像一张

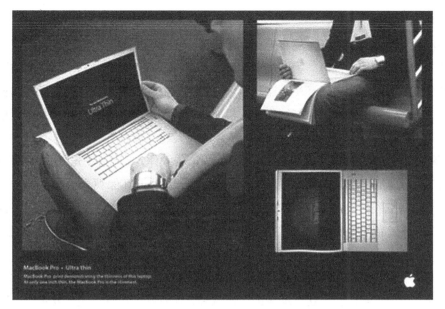

图 2.7 Macbook Pro 笔记本电脑广告
（图片资料来源：百度网）

纸一样！巧妙地借用广告的载体——纸来说明 Macbook Pro 有多轻、多薄，把抽象的"轻薄"化作了具体可感的实物，读者对此特点就有了直观、真切的认识。

经典案例 2.6 沙滩神器——妮维雅防晒霜广告

【案例简介】

2013 年著名化妆品牌妮维雅为了在巴西推广其防晒霜，联合《里约》杂志推出了一则平面广告，如图 2.8 至图 2.10 所示。该广告正面是妮维雅防晒霜产品的宣传图片，与平常广告单不同的是，该传单下方有一个手机充电插口。这个广告单真的能充电吗？当然能！你如果把充电器插到这个插口，就会发现它真的能充电。这是为什么呢？你把广告单翻过来就会明白其中的奥妙了。原来它的反面贴有一块薄如纸片的太阳能电池板，如图 2.10 所示。这样杂志一秒变身手机充电器，让你不用再为了享受阳光沙滩时手机没电而烦恼。

图 2.8   图 2.9   图 2.10

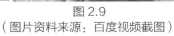
（图片资料来源：百度视频截图）

【案例评析】

在沙滩上享受日光浴是非常惬意的，但沙滩上不便于充电，这对手机一族来说，无疑又是令人非常苦恼的问题。太阳能充电器就地取材，不仅能充分利用沙滩上的阳光，解决了手机充电的难题，还环保，这是多么好的创意啊！妮维雅不仅能保护你的皮肤不被紫外线损伤，还能利用太阳能给你的手机充电，游客们想必一定乐意天天带着这广告单去沙滩吧！这种广告的到达率、记忆度肯定是大大超过普通的杂志广告了。

妮维雅的这个平面广告，使用传统媒体作为广告载体，却运用了先进的太阳能技术，在满足消费者实际需求的同时，又传播了利用太阳能这一环保观念。这是一个三赢的广告，受众可获得充电的实惠、对妮维雅防晒霜的了解以及良好的印象，妮维雅宣传了产品、提升了品牌美誉度，《里约》杂志作为广告媒体可以沾广告主的光，被受众"爱屋及乌"。

该案例说明传统媒体广告也要与时俱进，积极主动地采用新技术，与新媒体合作，这样不仅广告能推陈出新，达到理想的广告效果，而且媒体自身也能焕发生机，而不是被时代所淘汰。

经典案例 2.7　杂志还是电脑？——iPad mini 杂志封底广告

【案例简介】

广告主题：减小，却不减少

广告主：苹果公司

广告代理：洛杉矶 TBWA

广告内容：

2013 年苹果公司在《时代》周刊上推出了 iPad mini 的封底广告。广告由一个 iPad mini 以及一个苹果的 Logo 和产品名称"iPad mini"构成，十分简洁。而广告的奇妙之处在于 iPad mini 屏幕上的内容正是本期《时代》周刊的封面！同样的广告也在《纽约客》《Wallpaper》等杂志登出，只是广告中 iPad mini 的画面正是该杂志这期的封面（见图 2.11），该广告获得了 2013 年戛纳广告节平面类全场大奖。

【案例评析】

该广告巧妙地借助传统媒体，直观地展现了 iPad mini 的迷你、小巧。广告以实物大小的尺寸将 iPad mini 放在杂志的封底，与杂志直接对比大小，将这款产品的迷你之处展现无遗。

但这个对比，并不仅仅只是为了突出 iPad mini 的小巧，更是为了表现 iPad mini 的内容丰富，在 iPad mini 上读者照样可以看杂志，一个轻巧便携的 iPad mini，可以看你想看的任何杂志！

图2.11

图2.12　　　　　　　　图2.13

（图片资料来源：百度网）

　　这个广告的最成功之处在于与阅读杂志的生活场景的无缝结合，直观地展现了iPad mini 在现实生活中的应用场景。当读者读完杂志翻到封底时，发现完全可以在 iPad mini 上做同样的事。让消费者把产品作为生活的一部分，这是苹果产品及广告的理念。苹果在 iPad mini 发布不久，推出的 Piano、Books 和 Photos 三支电视广告，主题都是 iPad mini 虽然尺寸减小了，但在生活应用中，功能并没有任何缩减。其官网上的 iPad mini 口号也表达的是同一主题——"There's less of it, but no less to it."（减小，却不减少。）

第三节　专论：杂志广告形式审美与特征

　　杂志广告的创意是根据杂志媒体的特征，将广告诉求的内容、信息与相关的设计要素，通过艺术设计的手段重新组合起来，使广告的表现诉求具体化、视觉化，从而准确、生动、鲜明地表达广告主题。杂志广告设计是一门艺术，它是通过一定的形象作用于人们的视觉器官，凭借色彩、线条、图式等因素创造出美的形式，为人们提供具体而生动的形象。杂志广告设计作为一种实用艺术在创意上应注意以下四个方面。

一、比例

　　任何形式都有它的比例，但不是所有形式的比例都是美的。比例是指物象的长、宽、高关系和比率，理想的比例有黄金率、德国标准比例、柏拉图矩形等，从古至今一直是人们从事艺术创作和设计遵循的原则。其中，最被重视、被公认为最美的是1∶1.618的"黄金比"即"黄金率""黄金分割"，它被认为是引用最为广泛和最具有美学价值的比例。黄金分割是指，如果将一个线段分为大、小两个部分，小线段与大线段之长度比，等于大线段与全部线段的长度比：

长边∶短边＝（长边＋短边）∶长边

杂志开本多为16开，长宽规格为210毫米×297毫米，这个比例与黄金比例近似，绝大多数的杂志是以纵向的近似"黄金率"格式出现，这种格式适宜塑造不同形象的广告艺术形式，并能使画面构图匀称、和谐和稳定，使形象的组合和编排充分发挥形式美感的作用。

一些优秀的艺术设计作品大都是采用"黄金分割率"进行创作的，它往往被用来分割画面和安排视觉中心点。其方法是：用0.168乘以边线的宽就能得到竖向分割线；用0.168乘以边线的高就能够得到横向分割线，这样共能得到四条分割线和四个交叉点，其交叉点上常被用作安排主要信息或形象，容易使画面形成视觉中心。

黄金分割具有普遍的意义，但还不能将这一比例关系绝对化、概念化。现代社会的审美与表现趋向多元化，黄金比不再是唯一的合理比例。一个特殊的比例，在实践中不断创新运用，也能产生许多令受众耳目一新的画面形式。如特方、特宽、特高的比例。杂志广告的设计既要考虑比例关系，还要根据版面和内容的变化，不断调整画面比例，使比例和空间更有利于表达形式和形象之美。

二、对称与均衡

杂志广告设计中的对称与均衡是构成画面形式美的基本法则之一，是画面结构能够平衡、稳定的形式方法，具有影响人的视觉和心理的作用。

对称是表现平衡的完美形式，是包括人在内的生物体结构的一种合理规律的存在形式，也是一种人工形态的造物。它以画面中心为轴线，两侧有均衡的量比关系，是最简单的均衡。对称分完全对称和近似对称两种形式。

完全对称即是用形用量的对称，这种对称形式在杂志广告的设计应用中是常用的构成形式，尤其是一幅广告中有图形同时存在的情况下，容易造成构图的杂乱，但只要采用完全对称的形式进行编排组合，画面就会变得井然有序、整齐划一。近似对称即整体感觉上的对称，局部上有不对称的变化，被称为是狭义的"均衡"。这种对称形式能给人以"不变中求变化"、完整、稳重、富有生气的画面效果。

构图中的均衡其实就是画面结构的形式，它与对称形式既有相同又有区别。相同的是二者都由轴线两端物象组成：不同的是处于中线上下、左右两边的物象不求绝对相同，只要大体相等。一幅广告作品一般是由许多不同的要素构成的，这在编排设计上往往会出现多种构图现象，如图形间的高低、大小、虚实及方向和色彩的配置等。而对这些关系的处理，基本方法应是如何营造构图上的平衡问题。均衡形式在构图中的运用，实际解决的是画面中大量存在的等量不等形的配置，使这些构图中的矛盾和冲突达到平衡和统一，使画面中的不同形象尽管存在位置和方向的不同，但能产生相互呼应和谐调的效果。

对称与均衡是设计形式的两种基本的结构形式，但又不是绝对不变的，在杂志广告设计中要根据广告内容需要来决定其表现形式，使内容与形式达到完美的结合。

三、色彩

广告设计中的色彩具有先声夺人的魅力，它是设计能够产生视觉冲击力和感染力的重要因素。色彩本身具有的种种特性，在杂志广告中都能得到充分的发挥，如不同纯度的对比、冷暖色的对比、色彩明度的对比以及不同色彩面积的对比，等等。对画面背景、主体、辅助部分烘托与表现起着积极的作用。杂志具有印刷方面的优势，其广告色彩比较丰富，但也容易造成色彩上的不协调。因此，杂志广告设计中的色彩运用，要根据色彩在广告中的作用以及媒体的特点灵活应用，其原则应把握以下三点。

（一）整体色调

一幅设计作品的色调所形成的总体色彩效果能够产生奇特的视觉效果和强烈的感染力，它即有利于强化广告主题，又能体现产品的属性和特征，同时还便于受众识别和理解广告。对色调的运用要根据不同的内容和对象进行选择，一般来讲，暖色调适于表现有喜庆内容和热烈气氛及食品方面的广告；冷色调易于表现家电中的制冷产品，食品中的冷饮产品及某些医药产品等；鲜艳色调多用于儿童、青少年用品广告，柔和色调多用于女性化妆品广告。另外，色调所形成的画面美感具有审美功能，使受众在欣赏作品的同时受到美的感染和美的享受，从而满足广大受众的审美要求。

（二）主体色

表现主体形象的色彩，称为主体色。广告设计作品中的主体色，是画面色彩中富有个性的色彩及诸色彩关系中的"重点"和"中心"，一般用来表现商品形象，是整个画面最醒目、最突出的部分，有时还用于提示和区别主题与辅助部分的色彩关系。

（三）色与辅助色

广告画面的底色顾名思义，在构图中占据较大面积、衬托主体形象和颜色。由于面积的缘故，底色也是影响和决定画面色调形成的重要因素，但它在广告设计中主要起着色彩对比作用，为了突出主体、广告画面的底色通常比较统一，但要有明显的差别。设计构成中的辅助色是对主体色的补充和过渡，一般用于广告的辅助图形、装饰纹样文字部分的用色，其色彩应单纯、简洁，切忌杂乱纷繁。

四、重复与渐变

广告实际中通过对形的重复组合和再组合，可以创造出种种不同形象变化，如数量、面积、方向、位置、虚实、色彩等。在设计运用时一般是将造型元素中的单独部分进行反复多次的强调，形成具有连续和强化效果的新"形"。

生活实践证明：不同时间和不同地点重复看见的东西容易记住，同一时间和同一地点多次出现的物象也容易加深印象。利用这种现象把要素及形象经过反复多次的排列，达到画面的统一和谐，其特点是具有良好的秩序美、易识别和具有加深记忆，强化形象的作用。设计构图中重复的内容很多，但常用的有单纯重复和变化重复两类。单纯重复是指形态的简单再现在同一画面中进行二到四次或更多次的重复，一般有横向、纵向、斜向的方向性。这种同一"形"的重复，具有众多的相同"形"排列产生的同一美感。变化重复是指形态相同而大小不一的"形"反复出现，在位置和空间可利用不同的间隔形式，使不变的"形"因此而变得丰富，加强了受众的感受力和形象力。

渐变基本原理是：以单元的形，渐次、循序地逐渐变化，或是由形的面积变换而出现的大小、前后推移和过渡形式。另外，不同的形，通过渐变手法可以使矛盾缓解而趋向统一。比如，方、圆之间采用渐变过渡变化，容易使形完成平和的转换和交替。杂志广告设计渐变较多，应用广泛，主要有方向渐变、位置渐变、大小渐变、色彩渐变。渐变的对象一般为标题、标志、商标、产品图形。如标题常运用大小、方向、色彩的渐变，这三种渐变能产生图形上的轻重和虚实变化，在具体设计时，可将前面的图形和文字用深色，中间部分用灰色系列过渡，亮的部分用浅灰至白的亮色或用细线勾勒出轮廓，或用深色背景反衬白色图文。

杂志广告的画面可采用重复或渐变中的任意一种形式，也可将两种形式同时使用。在杂志广告的设计中对单一的诉求对象完全可以采用重复与渐变的形式来丰富画面表现语言，在构图编排上做到有序而不失整体，单纯而富有变化。[1]

练习题

一、思考题

1. 简述杂志作为广告媒体的优势。

2. 杂志广告的构成要素有哪些？

3. 杂志广告文案的特点有哪些？

---

[1] 余义虎. 杂志广告形式审美与特征 [J]. 社科纵横，2006(12)：120-121.（略有删节）

二、讨论题

1.选择五本杂志，对其中的广告进行分类整理，从广告商品的类别、广告的版面形式、表现形式等方面进行分析总结，探讨目前杂志广告的共性及优劣。

2.探讨在移动互联网时代，杂志广告的发展趋势。

三、案例分析

　　以下是浙江省广告策划中心为杭州龙华实业有限公司的"一品"龙井茶创作的杂志广告。整个画面由纵向排列的三个部分构成，最上面的是一个"品"字。中间是一个茶褐色的粗粗的"一"字，在其上面又有一行字"请品一品龙井茶"，其中的"一品"两字是白色的，其余文字是黑色的。最下面是三个摆成"品"字形的青花瓷茶杯。

图2.14　一品龙井茶广告
（图片资料来源：世界华文广告作品全集［M］.
广州：晟天文化事业有限公司，2000：199）

　　请分析该广告的形式审美及特征。

四、案例分享

　　请同学们收集一支你认为最具有创意特色的杂志广告作品，分析后与同学们分享，并评选出最佳案例。

推荐网站

1.免费杂志网

2.杂志频道

▼

第三章

户外广告

　　户外广告是现存最早的广告形式之一，古罗马和庞贝古城废墟的室外墙壁上就有不少的招贴广告，我国古代早期的旗帜广告和实物广告也属于户外广告。之后的几千年里，虽然新的媒体不断出现，印刷、广播、电视、网络等大众传媒发展强劲，但户外广告仍然是应用最广泛的广告形式之一，并且随着生产力的发展与科技的进步，在不断地诞生新的类别与形式，逐渐发展成为媒体类型丰富、表现形式多样、发展速度较快的广告模式。20世纪90年代以来，随着经济的飞速发展，企业对户外广告的投入每年都在大幅度递增，我国户外广告行业取得了突发猛进的发展。企业以此塑造形象、传播信息，政府也用以树立城市形象、美化城市，户外广告甚至成了一个城市经济繁荣程度的标志之一。今天，无论是国际知名品牌还是本土名牌，无论是传统行业的企业还是新兴的互联网企业，无论是白天还是夜晚，在交通要道、交通工具上和城市的繁华地段，我们都能看到五花八门的户外广告！

第一节　户外广告概述

一、户外广告的定义

　　户外广告，其英文为 Out Door Advertising，简称 OD 广告，指的是设置于室外，借以使公众了解有关广告信息的一切传播手段，包括路牌、招贴、旗帜、条幅、灯箱、霓虹灯、交通工具、电子屏、广告模型等。

随着经济的发展和科技的进步以及现代人思维的解放，户外广告在其表现形式上有了许多重大的突破，出现了一些新的形式。如空中广告（如飞行表演、跳伞表演、热气球球身广告）、活人（模特）活动广告、实物放大（缩小）模型广告、充气放大模型广告、自动翻转（多面）广告、激光投射广告（或利用建筑物反射，或利用空中飞行物，或利用云层反射）等。这些全新的户外广告形式，在视觉外观上具有强烈的表现力与冲击力，因而在传达效果上比其他传统形式的户外广告更胜一筹。

二、户外广告的优势

（一）形式多样，制作精美

户外广告的形式多种多样，这些形式既能单独运用，又可组合运用。每一种户外广告又有不同的表现形式。比如，招贴广告既可以是书写的，也可以是印刷的；条幅广告既可以是横幅的，也可以是竖幅的；路牌广告既可以画在广告墙上，又可以安装在广告架上，还可以设计晚间的灯光照明等。户外广告的位置高低、面积大小，可根据具体情况灵活安排。随着计算机技术的广泛运用，户外广告的制作更加精美。

（二）场地固定，诉求长期

户外广告一般都长时间地固定在繁华地段或交通要道，人流量大，广告信息的到达率和暴露频次高，其传播效果非常明显。户外广告作用时间长，不像别的媒体只能在特定的时间或版面传递广告信息。它可以长期、单一地发布某一广告信息，不断刺激受众的注意，加深对广告的印象。且简洁明快，主题鲜明，形象性很强，一看就能留下较深的印象。

（三）费用低廉，经济实惠

户外广告一般都是书写、绘制、印刷品或一些简单的硬件材料制作品，其制作成本较低。对于广告主而言，平均每天的广告费用是很便宜的。据计算，户外广告的千人成本大致与报纸广告相等；但由于它较大的画面，长久的传播时间，其效果大大强于报纸广告。可见，户外广告是最经济、最实惠的广告形式之一。户外广告的不足主要有两点：一是传播范围小。由于绝大多数户外广告是固定在一地，传播范围非常受限；二是传播内容有限。户外广告所处的具体环境和条件，大多数情况下受众无法仔细阅读，因此比较适合做形象广告。此外，效果研究一直是户外广告的软肋。人们很难对某一户外广告的传播效果进行较准确的检测。

三、户外广告的类型

近年来，我国户外广告发展迅速，正在告别粗放，进入优化与盘整的新发展阶段。户外广告的类型也由过去较为单一的路牌、墙体广告发展到今天的电子类、充气物造型类、实物类等多样化的类型。

（一）绘制类户外广告

1. 招贴广告

招贴广告指张贴于墙体、车辆或其他媒介上的印刷或手绘广告，主要由图形、色彩、文字三个部分组成，是户外广告的主要形式。优点是传播信息及时，成本费用低，制作简便。

2. 条幅广告

长条形的布制广告称为条幅广告，其制作方法有粘贴、直接绘制、丝网印刷三种。因为其面积有限，一般就只有一句简洁的广告宣传语。其价格低廉、时效性强、制作简单快捷，常用于促销、宣传卖点。

3. 双、三面翻广告

双面翻是将广告牌在竖直方向切割成许多条，通过正、反翻转实现画面的定时展示；三面翻由三面棱柱构成，当这些棱柱转动时，可组成三幅不同的广告画面。广告画面内容使用喷绘、电脑写真或户外彩色即时贴等方式来表现。

4. 道旗广告

道旗广告指设置于公路两侧或灯柱、电线杆上的旗子广告。这种广告制作方便、信息传播直接、价格低廉，但广告面积较小，承载的广告信息少。广告主在大型活动期间或一个促销周期时，用道旗广告营造热烈的气氛，扩大声势，增加企业标识与活动主题的曝光率。

5. 路牌广告

路牌广告设立在交通要道的户外广告牌，其特点是尺寸超大，色彩醒目，以图画取胜，形象突出，便于记忆。往往在画面的上面或下面装有射灯或其他照明装备，晚上照明效果极佳，并能清晰地看到广告信息。常见的有以下两种：

（1）单立柱广告牌。广告牌设置于特设的钢制单根立柱上，立柱多为 T 形或 P 形。通常设立于高速公路、主要交通干道等地方，面向密集的车流和人流，尺寸一般为 6 米 ×18 米，主要以射灯作为照明装备。

（2）多立柱广告牌。多立柱广告牌的作用与设立位置和单立柱广告牌相同，只是用两根或多根钢管立柱为支撑，以镀锌板为底板喷绘，一般配射灯作照明装备。

6. 墙体广告

墙体广告是在建筑物外墙面（围墙）或楼顶做的大型户外广告，多见于大型商场、超市的外墙体或建筑物顶。根据制作方法的不同，可分为三类，即粉刷类墙体广告、布幔墙体广告、喷绘墙体广告。

（二）光源类户外广告

1. 霓虹灯广告

霓虹灯广告由霓虹灯管弯曲成文字或图案，配上不同的颜色，更可配合电子控制的闪动以增加动感，夜间视觉冲击力强。霓虹灯广告简单明了，光亮艳丽，引人注目，不断重复，有利于突出企业的名称、品牌和商标。

2. 灯箱（柱）广告

在广告箱体内设置照明装置，无论白天还是夜晚都能以其光彩艳丽吸引人们的注意。一般用于道路、街道两旁，以及影（剧）院、展览（销）会、商业区、车站、机场、码头、公园等公共场所。灯箱广告的优势在于它能在夜晚使用；在引入了滚动技术后广告量大增，一个广告灯箱最多能装载10多幅不同的广告；随着超薄滚动灯箱的诞生，灯箱突破了户外广告的限制，进入室内，挂在了大型超市、卖场的墙壁上。

3. 彩灯广告

彩灯广告又名花灯，是我国传统的工艺品。在古代，其主要作用是照明。如今随着科学技术的发展，传统的制灯工艺和现代科技紧密结合，将电子、建筑、机械、遥控、声学、光导纤维等新技术、新工艺用于彩灯的设计制作，把形、色、光、声、动相结合，集知识性、观赏性、艺术性、趣味性、观众参与性为一体，最终成了广告的载体。

4. 大型户外投影广告

大型户外投影广告是采用先进的大功率激光灯投影设备，运用激光器扫描原理，采用高亮度的激光器，将动画、图案及文字经电脑激光软件制作设计，通过激光灯投射到高层建筑的外墙上，在夜间形成极富视觉冲击力的户外广告。具有面积大，到达率高；投放灵活，效果新奇；经济实惠，有利于环保等优势。

（三）电子类户外广告

电子类户外广告是随着电子技术和计算机技术的发展而出现的新的户外广告类型。主要有电子翻转广告牌、电视屏幕墙、液晶电视广告、DAV广告车等类别。由电脑控制，将广告图文或电视广告片输入程序，在屏幕上滚动播放，信息容量大。声画结合，动感形象，反复播放，易于引起受众的注意。DAV广告车是新兴的专业广告车，在车上安装设置了播放设备，车厢的左右两面和后面都有电子屏，可播放广告，是一个移动的电子广告媒体。

（四）空中媒体广告

空中媒体广告是指利用气球、飞艇、降落伞、吊篮等空中飞行器向大众传达信息，为企业进行产品、形象宣传的广告形式。包括烟雾广告、激光广告、气球广告、热气球广告、飞艇广告、降落伞广告、火箭广告等形式。空中广告具有视觉鲜明、吸引度高、刺激力强、受众面广的特点。其独特的广告传播方式使广告视觉效果明显。空中广告适合于多种场合，特别是大型活动。

（五）充气物造型广告

充气物造型广告多用于产品的促销及宣传，可分为长期型和临时型。在展览场地、大型集会、体育活动等户外场所都可运用。由于造型物一般都较实物庞大，加上设计独特，颜色鲜艳，对受众具有强烈的吸引力。

此外，户外广告的形式还有广告廊、实物模型等。一些先进的户外广告还采用了声、光、色、味等技术，让广告更加吸引人。美国一家面包公司在室外设立了一个高80英尺、长100英尺的巨型面包广告模型。当你走近它时，伴随着轻音乐和介绍面包的声音，还能闻到一缕缕面包的香味。

第二节 户外广告经典案例评析

经典案例 3.1 ThinkPad 变身折叠椅——联想 ThinkPad 车厢广告

【案例简介】

广告主题：ThinkPad 变身折叠椅

广告主：联想集团

广告代理：德国 Ogilvy Frankfurt

广告内容：

有一次，联想集团在德国举行 PC 产品宣传活动，他们把 ThinkPad 笔记本作为折叠座椅，如图 3.1 所示，安装在中心车站、机场巴士、有轨电车上。既可以作为座椅供乘客坐下休息，也可用它们上网，让客户在前往联想的会场途中，就能体验到 ThinkPad 的优良性能。

图 3.1 联想 ThinkPad 车厢广告
（图片资料来源：国外经典最 NB 的广告创意~！）

【案例评析】

　　ThinkPad，中文名为"思考本"，原是 IBM 旗下的知名笔记本电脑品牌，凭借坚固和可靠的特性在业界享有很高声誉。2004 年 12 月，联想集团以总价 12.5 亿美元并购了 IBM 的全球 PC 业务，从此 ThinkPad 品牌和技术就归属于联想集团了。所有权的变更并没有改变 ThinkPad 笔记本坚固耐用的特点，联想接手后推出的 ThinkPad 都无一例外地保持了这一特点。此次在德国力推的最新款 ThinkPad，具有全金属外壳、防冲击硬盘保护、防水键盘等安全特性，继续发扬了坚固的特性。如何简单、有效地向客户展示这个特性呢？语言上的描述即使可以很详细、很清楚，但却无法让客户有切实的感受。联想的德国广告代理商 Ogilvy Frankfurt 最终提出了该创意。

　　乍一看这个广告，可能大家都会表示怀疑："真的能坐吗？"但照片又真真实实地告诉我们，真的能坐！看，一位女士已经坐下了，还打开了旁边的一个 ThinkPad；一位男士正似信非信地盯着这个特别的"座椅"，准备打开试试。照片右边的三个小图，第一个画面是有人正在使用 ThinkPad 笔记本，第二个画面是有人正在往 ThinkPad 上坐，第三个画面是一位先生坐在一个 ThinkPad 上，正在打开身旁的另一个 ThinkPad，而他旁边的几位乘客正好奇地看着。

　　俗话说"耳听为虚，眼见为实"，联想通过"ThinkPad 变身折叠椅"这个实物广告，让亲身体验者真真切切地感受到了 ThinkPad 的坚固；又通过"ThinkPad 变身折叠椅"的平面广告，使广大的客户也见识并相信了 ThinkPad 的坚固。不能不说这个创意太绝了！别出心裁，却又朴实无华；默默地展示产品的同时，却具有强大的说服力！

经典案例 3.2　妙用旋转楼梯——统一鲜橙多广告

【案例简介】

　　统一鲜橙多建筑物广告，如图 3.2 所示。

图3.2　统一鲜橙多户外广告
（图片资料来源：百度网）

【案例评析】

这个广告高高地矗立在车水马龙的闹市街头，以其鲜亮的色彩、庞大的体积、逼真的形态，夺人眼球。该广告最大的亮点就是对广告媒介的巧妙运用。外侧带旋转楼梯的大楼，这种建筑在城市中并不少见；在这种楼梯的外墙张贴或悬挂广告，也是司空见惯。可是，像鲜橙多这样的广告，却是凤毛麟角。不能说其他广告的创意者没有想到，要因地制宜地运用这个楼梯，还真的只有鲜橙多这样的饮料产品才最适合。稳固楼梯的大圆柱，可以做鲜橙多的瓶身，一圈一圈的楼梯外墙，正好可以化身为一圈一圈的橙子皮！真是广告产品与广告媒介的完美结合！这个别具匠心的抢眼广告在街头鹤立鸡群，旁边的外墙广告统统被它的光芒掩盖了。

经典案例 3.3　深度清洁——Pond's（旁氏）洗面奶路牌广告

【案例简介】

Pond's（旁氏）洗面奶的路牌广告，如图 3.3 所示。这个巨大的广告牌，中间是一个皮肤毛孔状的深坑，坑中还有一个穿白大褂的人在清扫；右下角是一管洗面奶产品；底部是广告词"Cleans pores，Fights pimples."——清洁毛孔，对抗粉刺。

图 3.3　旁氏洗面奶路牌广告
（图片资料来源：百度网）

【案例评析】

爱美的女性，没有不希望自己的皮肤光洁平滑的。而做到皮肤的彻底清洁，是实现这一目标的必要条件。如果皮肤清洁不到位，就有可能堵塞毛孔；毛孔一旦被堵塞，就有可能引起粉刺、痤疮，严重的甚至会演变成各种炎症性皮损。因此，对女性来说，面部清洁很重要，选择一款能彻底清洁毛孔的洗面奶尤其重要。Pond's（旁氏）洗面奶的这则广告就准确洞悉了消费者的心理，把产品强力的清洁功能作为诉求点，而且运用形象化的手段来表现，第一使得广告较为新颖，使平面广告变成了立体广告；第二较为形象，还有什么能比一个人深入毛孔打扫卫生更能表达彻底清洁毛孔的主题呢？较之文字说明更加形象生动、更加具有说服力；第三是易懂，这种直观的图形化表现，让人一看就明白。Pond's（旁氏）这个广告对普通的路牌广告进行了创新性的运用，增强了广告的吸引力和注意率。

经典案例 3.4　酒瓶与报废车——禁酒驾公益广告

【案例简介】

图 3.4 所拍摄的是矗立于以色列某交通要道旁的一个实物广告。这是一个 20 米高的巨型酒瓶，它由 80 辆因车祸而报废的汽车焊接起来，重达 15 吨。"瓶子"中部的条幅上写着"Don't drink and drive."（请勿酒驾），点明了这个广告的主题。

【案例评析】

这个巨型广告在空旷的野地里非常醒目，但"大"并不是它的亮点。远观，人们可能要惊叹于它的大，可当看清楚了它的构成材料时，就会感到触目惊心了！这些因车祸而报废的汽车，各种扭曲变形，各种支离破碎，各种丑陋不堪！可以想见车祸发生时的惨烈。而"Don't drink and drive."则告诉人们这些车都毁于酒后驾车！酒驾可能引发的严重后果就这样直观地呈现在眼前，给人以深刻的警示！

图 3.4　禁酒驾户外公益广告
（图片资料来源：国外经典最 NB 的广告创意~！）

　　该广告采用了公益广告中常用的恐惧诉求的方式，利用人们对车祸的恐惧心理来制造压力，以期改变人们对待酒驾的态度或行为。在现实生活中，有的人对酒驾持无所谓的态度，认为喝一点酒并不影响自己驾车，根本没有认识到酒后驾车的严重后果。人类天生具有恐惧的本能，总是企图摆脱危险，所以恐惧诉求易于给人留下难忘的印象，取得较好的广告效果。这个实物广告正是利用了堆积如山的车祸报废车的恐怖场面，引起人们对生命的关注，传播"Don't drink and drive."的观念。

经典案例 3.5 六旗滑道欢迎你！—— 六旗游乐园（Six Flags）的户外广告

【案例简介】

美国的六旗游乐园（Six Flags）曾在景区附近的公路旁放置了这样一个户外广告，如图 3.5 所示。它不是我们在公路两侧常见的路牌广告，而是直接放了一节滑道模型在路边。

图 3.5 六旗游乐园（Six Flags）的户外广告
（图片资料来源：花瓣·六旗游乐园（Six Flags）的户外广告）

【案例评析】

六旗游乐园是世界上最大的主题公园连锁品牌，旗下有 30 家主题公园和水上乐园。其中最有名的是坐落于新泽西州的六旗游乐园，里面有名为"京达卡"（Kingda Ka）的世界上最高最快的过山车，吸引着世界各地的游客到此一"尝"而快。不过，这个滑道形状的广告宣传的不是过山车，而是旱地雪橇。旱地雪橇是仿照冬季奥运会比赛项目冰上雪橇而创立的，集体育、健身、娱乐为一体，也是旅游体育娱乐项目中的一种。

简洁明快是该广告的第一个特点，也符合路牌广告的要求。六旗游乐园直接用滑道做广告，广告意图对受众来说一目了然，不着一字，但其意自现！此外，白色的滑道十分醒目，滑道中黑色的"Six Flags"大字和鲜艳的旗子商标也很耀眼，易于得到车中人的注意与记忆。第二个特点是新颖，这主要表现在对广告形式的选择上。用滑道做广告，在路边常规化的路牌广告中别具一格，自然会脱颖而出，让人耳目一新，过目难忘！

经典案例 3.6 看，飞机！——英国航空公司的路牌广告

【案例简介】

广告主题：看，飞机！

广告主：英国航空公司

广告代理：奥美（英国）

广告内容：

英国航空公司 2013 年在伦敦的皮卡迪利广场和奇西克安装了一些户外广告牌。这些广告牌从表面上看与普通广告牌没什么区别。但奇妙的是，每当天空中有英国航空公司的飞机飞过时，广告牌就会显示这个航班的信息，如图 3.6 所示，同时画面上会出现一个可爱小孩，指着天空跑向广告牌边缘，仿佛在说："看，飞机！"

图 3.6　英国航空公司的路牌广告

（图片资料来源：肖雨溦. 户外广告设计，都能这么有创意就好了 .）

【案例评析】

"不看不知道，世界真奇妙"，这个路牌广告实在是奇妙！平面广告居然成了动态的。大家都好奇它是怎么做到的。其实说穿了也很简单，在发达的现代科技条件下，只有想不到没有做不到！这个广告就使用了监控技术与遥感技术。英国航空公司使用监控技术追踪航班，广告牌安装上遥感装置，就能获取航班的信息并显示，广告牌上的小孩也能准确地指着跃过头顶的飞机。这样，传统的内容固定不变的路牌广告就变成动态的了。特别是凭空变出来的可以活动的可爱小孩，更能吸引受众的视线。随着这些广告不断地显示英国航空公司飞往世界各地的航班信息，英国航空公司航线多、运力强的诉求点就生动形象地传达给受众了。

这个案例充分说明，户外广告只要与时俱进，充分利用现代科学技术及新设备、新材料，就仍然充满活力，仍然是广告中的生力军！

经典案例 3.7　转角的妙用——BBC 的转角户外广告

【案例简介】

广告主题：看事物要看两面

广告主：BBC（美国）

广告代理：BBDO（纽约）

广告内容：

BBC（美国）发布了一组墙体广告，宣传其"See Both Sides of The Story"的新闻理念，如图 3.7 所示。这组广告的画面放映的都是当时世界上的一些热点事件，但最特别的是这些广告都无一例外地贴在围墙的转角处。

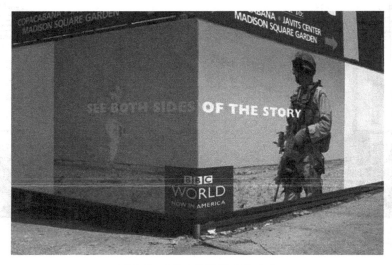

图 3.7　BBC 的转角户外广告
（图片资料来源：且看 BBC 如何处理转角的户外广告牌）

【案例评析】

BBC 的这个户外广告，最引人注目的是其出现的位置——墙体的转角处。一般来说，这个位置并不受欢迎，因为不管你从哪头走来，只能看到一边而看不到另一边，也就是说，一眼看不完。这是不利于广告的传播的。受众大多数时候对广告都是无意注意，一眼看不全，一般也不会再转过去看另一边的，除非是很有吸引力的悬念广告。总之，转角的广告设计难，效果也不佳。

然而 BBC 的这组转角广告却得到了交口称赞，这是因为这地势恰好就是对广告的主题的最好诠释。转角的两面正与"See Both Sides of The Story"的广告主题相吻合。"See Both Sides of The Story"是 BBC 的新闻理念，表达了其在新闻报道中秉持公正、客观、理性的原则，多角度报道新闻，把事实呈现在受众的面前的工作态度。BBC 意图借此广告塑造其良好的媒体形象。同时，"SEE BOTH SIDES OF THE STORY"也具有普适性，不仅适用于新闻媒体，也适用于每个人。只看到事物的一面并不能了解事情的全貌和真相，就像看这个广告一样，只有走过转角，看到了它的两面，才能懂得它的意义。

该案例说明，广告媒介没有最好的，只有最合适的。像转角这样被嫌弃的广告位，只要有与之相得益彰的广告客户以及恰当的创意，就能产生奇效。

第三节　专论：户外广告互动体验的新模式

户外媒介技术的发展带来户外广告形态的变迁和户外广告营销理念的新变化。传统户外广告营销的特征集中表现为产品展示，而现代户外广告营销需要更多互动体验，科技发展为户外广告的互动体验创意创造了条件。

一、产品融入式的互动体验

1998年，美国俄亥俄州的战略地平线（Strategic Horizons LLP）顾问公司的共同创始人约瑟夫·派恩（B.Joseph Pine Ⅱ）和詹姆斯·吉尔摩（James H. Gilmore）最先提出了体验营销理论，体验营销即从消费者的感官、情感、思考、行动、关联五个方面重新定义，设计营销理念。现代社会已进入体验经济时代，主要表现为企业以服务为重心、以商品为素材，为消费者创造出值得回忆的感受，从生活和情境出发，塑造感官体验和思维认同，以此来抓住消费者的注意力，确定其消费行为，并为产品找到新的生存价值与空间。在体验经济时代，人们对户外广告的需求已经不仅仅停留在画面和文字的表现层面，需要的是变幻、动感、新颖的全方位组合形式。在电子感应技术、3G/4G移动通信技术等新技术的发展下，户外广告的互动性正不断增强。产品融入式的户外互动体验主要表现为两个方面：一是体验产品，二是体验观念。

（一）体验产品

美国科罗拉多大学教授、整合营销传播研究所的创办人汤姆·邓肯（Tom Duncan）认为，品牌是企业与利益攸关者之间的一组关系。从消费者的角度而言，要提升品牌形象，必须重视消费者接触品牌信息的各个接触点管理。户外广告是现代社会消费者接触最频繁和直接的广告形式，重视利用户外广告，强化产品体验，无疑可提升品牌价值。例如，三星为了推广它的3D电视，在荷兰阿姆斯特丹的历史建筑上演绎了一场美轮美奂的基于3D全息投影技术的活动。数据显示，有18%的荷兰人直接或间接了解到三星的这场活动，三星的LED电视的市场份额在荷兰也有所上升。三星这一户外广告活动，让市民亲身体验产品的功能特点，大大提升了品牌的知名度和美誉度。

又比如，日本第三大广告集团旭通公司（ADK）为宜家策划的"家居专列"（Home Furnishing Liner）活动，将一列经由神户市中心和宜家港湾人工岛店的列车进行改造，对每列车厢的里外都进行了不同风格的包装和布置。通过直接效果展示和广大乘客的亲身体验，让大家直接感受宜家家居具有"把家由睡觉的地方变成一个充满灵感空间"的魅力。这一别开生面的体验式广告活动，制造出了非同凡响的口碑传播效应，报纸、电视和网络等媒体也对其进行了广泛的关注和讨论。这则广告也获得了戛纳广告节户外广告奖。

（二）体验观念

通过企业或品牌的观念体验，可以影响消费者的生活方式、消费观念与社会行为。例如，很多户外候车亭广告多是平面展示，而 Bonaqua Active 运动功能饮料的站台广告则通过一种与公众的互动，将企业和品牌的理念传递出去。该广告的展现手段也非常直接，整个广告只有"全民运动"和"来，练拳！"两句话，但中间悬挂的沙袋对于等车的人，特别是年轻人具有相当大的吸引力。这则互动体验式的户外公益广告，在传达公益观念方面可以产生更加直观和震撼的视觉和心理效果。例如，国际特赦组织（Amnesty International，AI）推出的反家庭暴力户外广告宣传中，其主题为"它往往在没有人注意时发生（It Happens When Nobody is Watching）"。为了强调这一主题，广告牌装置了一种追踪眼动的摄像头。当摄像头捕捉到有路人在看这一广告牌时，画面便会显示一对幸福的夫妻，而当路人转头不去直视广告牌时，等离子显示屏会自动转换画面，变成丈夫在殴打自己的妻子，形象地表达了公益宣传的主题。

二、个性定制式的互动体验

户外技术的发展已经使得定制式的户外广告成为一种趋势。户外广告因此可以更加精准的识别广告受众，并提供针对性的产品广告，这无疑会大大提升户外广告的传播效果以及受众对户外广告的感知与评价。

例如，纽约的创业公司 Immersive Labs 在其生产的数字广告牌上安装了一款软件和网络摄像装置。该广告牌通过人脸识别技术，可以识别观看者的体貌特征、看广告的时长等信息。据此分析你的消费需求，按照匹配的百分比，播放出匹配度最高的广告。例如，观看广告的如果是一位年轻男性，那么广告牌会显示修脸润肤露的广告，而非显示卫生棉等女性用品广告。如果你在凛冽寒风中走过广告牌，映入眼帘的会是热饮产品或保暖内衣的广告；如果你和恋人从广告牌前漫步而过，荧幕里出现的会是浪漫电影或情侣装广告。该广告牌还能调用社交网站的共享资源，实时调整广告内容。比如 Twitter 或 Foursqure 提示今天附近会有一场马拉松比赛，当天的广告屏幕播放的会是耐克运动鞋的广告，而不是联邦快递的广告等。这种针对性极强的户外互动体验式广告，通过人性化的设计来实现与受众的沟通互动。

　　Beechams 是一家生产感冒药的医药企业，成功利用数字技术为其营销传播服务，它在伦敦设置了 17 块大型电子户外屏幕，并配备了温度感应计。广告在 12 月推出，与其他广告牌不同的是，只有当温度下降到 10 ℃以下时，Beechams 止咳药的信息才会在屏幕上显示。这种高度智能化的户外广告能够根据产品需求和受众特点，来投放高相关度的户外广告，产生了很好的口碑效应。

三、活动参与式的互动体验

　　在体验经济的时代，受众参与和用户体验成为企业最有价值的资源，调动用户参与的积极性，提高消费者与品牌和广告之间的互动体验，成为提升品牌形象和价值的重要手段。上海通用曾在全国开展的"抢拍新赛欧"倒计时活动，就是一次活动参与式互动体验的成功示范。

　　上海通用的"抢拍新赛欧"户外广告通过悬念式的创意手法以及与消费者互动的广告形式，吸引了消费者的眼球。在新赛欧上市的前后一周内，全国各地经销商和户外广告推出 6 块不同的倒计时牌（分别为 5、4、3、2、1、新赛欧揭晓画面），消费者只需用手机拍下它们，并发送彩信或上传至指定地址，就有机会获得 1 000 元至 3 000 元不等的新赛欧购车基金。"抢拍新赛欧"倒计时活动，为新赛欧营造上市氛围，调动消费者参与的积极性，并在消费者中被传播。新赛欧网站数据显示，仅两周时间共有 15 115 人上传照片，奖励购车基金金额为 7.5 万元，而新赛欧 2010 年全年销售量突破 13 万辆。"小投入，大回报"，不仅赚足了眼球，而且取得了丰厚的市场回报。

　　传统的户外广告重在广告作品本身的创意，较少将创意性的互动营销活动与户外广告结合起来推广品牌，"抢拍新赛欧"倒计时户外广告则进行了成功的尝试。

四、媒体整合式的互动体验

（一）户外广告与网络媒体整合

　　中国互联网络信息中心（CNNIC）发布的《第 34 次中国互联网络发展状况统计报告》显示，截至 2014 年 6 月，中国网民规模达到 6.32 亿，网络已成为当今社会影响最大的媒体之一。户外广告与网络媒体的联合推广，无疑将会大大提升户外广告的传播效果。

　　例如，日本 7—11（seven-eleven）是有着日本最先进物流系统的连锁便利店集团。为了在台湾宣传集点活动，2010 年 11 月 2 日—2011 年 1 月 3 日，7—11 在台北西门町高雄梦时代广场推出户外人脸辨识"OPEN 小将"户外扩增实境互动，让人们走在路上就有机会在大屏幕上看见自己的影像。"OPEN 扩增实境"用户外大型电子广告牌做媒体，人只要走到广告牌前特定位置，专属的摄影机就会直接追踪"人脸"。在活动中，利用扩增技术，可将"OPEN 小将"公仔的头饰装饰在参与互动者的头上，让其立即变身为 OPEN 家族的一员。具体方法是：互动的主角只要把脸部遮住再放开，屏幕立刻会更换头饰造型。确定换到自己喜欢的头饰后，由一旁的工作人员协助拍摄。随后，互动的主角可以用 Facebook 账号加入 7—11 粉丝团，以日期为标签，搜寻到所拍摄的图片，便可以进一步分享到自己的涂鸦墙上。借由粉丝的分享，达到病毒营销的效果。活动也提供了奖品刺激，无论是线上参与互动还是现场参加活动，网友只要分享任一一张现场照片或 DIY 合成照片，就有机会抽中 Jolin 亲笔签名 icash 与"OPEN 小将"全套声光公仔。这一整合式的互动户外广告推广活动，充分发挥户外广告与网络宣传的优势，产生了"1+1 > 2"的整合效应，取得比较好的传播效果。

（二）户外广告与手机媒体整合

截至 2014 年 6 月，我国手机网民规模达到 5.27 亿，手机网民规模首次超过传统 PC 网民规模。智能手机的互动性为户外广告带来了无限可能，数字户外开始向智能化、互动化和个性化演变，数字户外与移动手机的结合为广告注入了更多创新性和互动性，将创意与受众所在的环境紧密的联系起来，以一种极为有力的方式影响目标受众，让品牌与受众产生更深层次的活动交流，带来交互式营销体验。

例如，"谁是你生命中最美丽的女人？"当这样的话出现在火车站屏幕上时，可能很多旅客都会在不经意间看一下。但是如果你用手机短信或微博来对这个问题作出回应，你的回答就会在大屏幕上显示出来，人人都可以看到。这是德芙巧克力在情人节期间做的一次互动户外广告活动。结果，成百上千的旅客先后用短信和微博对德芙提出的问题作出了回应。公众在参与互动的过程中，一方面体会到活动的趣味性，另一方面提升了其对德芙品牌的认知与好感。

在瑞典斯德哥尔摩市区广场，DDB 公司为麦当劳做了一次优惠券互动游戏的户外广告活动。用户不用下载 APP，只需将自己的手机连接上麦当劳专门设计的游戏网站，系统会在后台抓取用户的地理位置信息，然后输入用户的昵称，这样大屏幕上面就会显示当前是哪个用户，好让用户准备好，紧接着是一个类似乒乓球的游戏，用户只需要坚持 30 秒，就可获得一份麦当劳的优惠券。用户可凭借发送到手机上的优惠券就近领取奖品。DDB 公司之前为麦当劳做过一次户外游戏，同样的地方，类似的游戏，用户使用手机抓取跳跃的图片，即可获得奖品。这种新颖的互动式户外广告，引起市民的极大兴趣，并产生了较好的口碑效应。[1]

---

[1] 廖秉宜. 户外广告互动体验的四种新模式 [EB/OL]. (2014-09-24) [2015-05-25]. http://www.globrand.com/2014/582366.shtml. （略有改动）

练习题

一、思考题

1. 户外广告的优势有哪些?

2. 户外广告的类型有哪些?

3. 选择一则优秀的户外广告,分析其创意。

二、讨论题

1. 比较户外广告与网络广告之优劣。

2. 举例说明户外广告在网络时代的新发展。

三、案例分析

天翼吸尘器曾做过的一个路牌广告。偌大的广告牌上,只有一个吸尘器、一截弯曲的烟囱、"吸得动!!!"三个字以及品牌名"天翼吸尘器"及其商标。

请从创意的角度评析该广告。

四、案例分享

将学生们分成几个小组,每组在当地城市拍摄 5 部具有创意特色的户外广告作品,分析后与同学们分享,并评出最佳小组。

推荐网站

全球顶尖创意分享平台

中篇　电子媒介广告

　　电子媒介广告是指以电子信息技术、电子媒体来传达广告信息的广告形式。电子媒介有广义和狭义之分。广义的电子媒介是指一切依靠电子信号传播信息的媒介；狭义的电子媒介专指上述定义中的公共性大众媒介。而广告本身强调受众的大众性，所以通常采用狭义的电子媒介。但随着电子信息科技的发展应用，广告也出现了小众媒体，比如针对性很强的电子邮件广告和手机短信广告就是电子媒介广告的新形式。

　　电子媒介广告是目前非常普遍的广告形态，从传统的广播广告、电视广告到网络广告、电子多媒体广告，它与现代人类社会发展迅猛的电子信息产业同步迈进。电子媒介广告、非电子媒介广告这样的划分打破了习惯上的平面和影视广告这样的分类，这也是电子媒介发展迅速所致。

　　作为哈罗德·英尼斯眼中的空间偏倚性媒介，电子媒介作为广告的媒介载体优势明显，其传播速度、特别是传播范围是其他传统媒介难以比拟的，即使是传统纸质媒介的报纸杂志广告也开始电子化。

　　本书选取主要的电子媒介广告案例，包括传统的广播广告、电视广告、新兴的微电影广告及网络广告的经典案例，分四章进行介绍。

▼

第四章

广播广告

　　我国广播广告起步较早，1923 年 1 月我国出现了第一座由美国人奥斯邦设立的"中国无线电公司"创办的"奥斯邦电台"，在播出新闻的同时，开始推销无线电器材；1926 年 10 月无线电专家刘瀚主持创办了中国第一座广播电台——哈尔滨广播无线电台；1927 年上海出现了最早的私人及民办广播电台，同年底，北京出现了燕声广播电台，这些私营的广播电台主要靠广告维持，主要播出外商广告。解放初期我国的电台广告业务比较活跃，随着资本主义工商业社会改造的完成和计划经济体系的确立，广播广告逐渐减少直至中断。

第一节　广播广告概述

　　1979 年 3 月 5 日，上海人民广播电台在全国广播电台中第一个恢复广告业务后，1980 年元旦，中央人民广播电台也恢复了广告播出。广播媒体曾经处于我国传统的四大媒体之首，但是，随着电视媒体的出现和迅猛发展，广播媒体因其视觉形象感缺乏的媒介特征而逐渐被边缘化为一个弱势媒体。今天，随着中国轻型汽车普及率的提高和现代人生活方式及媒体消费习惯的多样化，广播这个可以解放眼球，便于移动收听的媒体越来越受重视，开始被重新定位。《2003 年国民经济和社会发展统计公报》公布的数据显示，在 2003 年末，全国有广播电台 282 座，中短波广播发射台和转播台 744 座，各类节目日播出量达两万小时以上，该年度全国广播广告营业额为 25.57

亿元,增长16.76%,占媒体市场总额的2.37%。因此,2003年又被称为"广播发展年"。随着广播收听人群的增加以及广播收听人群质量的增加,广播出现了快速的增长。在金融危机过后的2009年到2010年,广播出现了突飞猛进的发展,2012年广播广告的增长是33%,互联网的增长是30%。这样的增长速度是和新媒体的增长速度几乎持平。

一、广播广告的内涵

广播广告是利用广播媒介来传播商品或服务信息的广告形式,它借助于广播这一特殊的声音信息载体,充分发挥其声音特性和独有的造型功能,通过调动并刺激听众的听觉系统,塑造品牌形象,达到推销商品或服务的目的。

广播广告具有通俗易懂、简洁生动、传播简便、迅捷、自由度大、时效性强等传播特点,其信息制作周期短、传播迅速、时间灵活,可达到发布与接收同步;因而在地域上选择十分灵活,能满足广告主依据市场变化而变化的需求,可以使用不同语言在不同的地区进行传播,以增加广告的亲和力;广播是一种真正全球性的媒体,它不受信号制式的影响,只要有一台全波段的收音机,就可听遍全球所有的电台,其覆盖面非常大,受众广泛;广播广告常常由播音员直接播报,其成本远远低于报纸和电视广告的成本;广播广告借助声音进行传播,让听众有一个很大的想象空间;但广播信息稍纵即逝,保存性差;广播广告时间短暂,不适合传递复杂的商品信息;广播信息缺乏实体感,听过即忘,易生歧义,难以吸引听众、留下深刻印象,必须不断重复才能形成记忆。

二、广播广告的类型及构成要素

(一)广播广告的类型

广播广告根据播出时间的长短,可分为专题广告、60秒广告、30秒广告、15秒广告等;根据播出内容的不同,可分为分类广告、公益广告、特约广告等;根据广告主购买方式的不同,可分为插播广告、联播广告等;根据呈现状态的不同,可分为录播广告和直播广告。

(二)广播广告的构成要素

广播广告由人物语言、音响、音乐等构成。

人物语言是广播广告最重要的表现手段,它保留了口头语言简洁、句式简单、用词浅显、逻辑严密、语句通顺的特色。一般为播音员播读,或者用人物对白、旁白加上音色、音调、力度、节奏等声音的特征播出。播音员或演员的不同音色给人以不同的心理感受;音调的高低可以表现人物的情绪;力度的大小可以表现强调;节奏的快慢可以反映人物的性格等。

音响可以模拟并再现现实生活、自然界中除了人物语言和音乐以外的一切声音，在广播广告中常用现场音响来表现环境、来增强真实感与感染力，作为以声音传递信息的广播广告，音乐是其主要表现手段之一，也是其十分重要的构成要素，音乐能增强受众的记忆，其在受众的脑海中留存时间比文字更持久，且能极大地影响人的情感、态度和行为。

广播广告的音乐包括背景音乐和广告歌。背景音乐一般放在广播广告的开头，起烘托环境、诱使听众注意的效果；广告歌则是通过歌词把广告信息转化为听众喜闻乐见的形式，起增强广告的效果，营造出广告主要求的意境、情趣和气氛，从而起到表现主题、塑造形象、渲染气氛、显示时代特征等作用。

第二节　广播广告案例及评析

经典案例 4.1　娓娓动听的爱情故事——"参参口服液"广播广告

【案例简介】

广告文案：

朋友，我给你讲一个故事。（音乐起，压混）

在美丽的西子湖畔，有一对好夫妻，男的叫生晒参，体格健壮，是个东北大汉；女的叫西洋参，身材苗条，来自遥远的美国。那么是谁做的大媒，使这对国籍不同的夫妻和睦相处、心心相印呢？原来是杭州胡庆余堂制药厂的古一先生。后来他们生了孩子取名参参。小参参汲取了父母的优点，而且爱打抱不平，很快成了人类健康的挚友、病魔的克星。朋友，你听了我的故事，相信你一定会喜欢这清火滋补的参参口服液的。[1]

【案例评析】

故事式广播是通过精心构思的有头有尾的小故事或情节片断来传播信息内容，类似于小小说，通过播音员直播或录播讲出来。其特点是故事生动有趣、引人入胜。能使听众通过娓娓动听的故事，接受广告内容，并对广告产品产生好感，从而成为产品的消费者或潜在消费者。这则广告，通过丰富的想象和联想，将广告产品拟人化，精心构思了一个娓娓动听的爱情故事，并赋予"参参口服液"（爱的结晶）一种爱打抱不平，维护

---

[1] 张农 . 全国广播广告获奖作品选析 [M]. 北京：中国广播电视出版社，1991：146.

人类健康的病魔克星、正义战士的形象，不能不引起听众的好感和信赖，给广大受众留下了深刻的印象。

经典案例 4.2　忏悔的证言——关爱青少年犯罪公益广播广告

【案例简介】

广告文案：

（背景音乐：大提琴曲、关闭铁门的声音由刺耳到没有，缠绵往事渐起）

男声（带有沉闷悔恨的语气）：我叫司徒永波，18 岁，因故意杀人被判死刑。

女声（缓慢欲哭的声音）：我叫余雪，今年 19 岁，因吸毒抢劫被判有期徒刑 3 年。

男声（悔悟的语气）：我叫李明，今年 18 岁，因强奸被判有期徒刑 8 年。

（背景音乐 8 秒）

女声（旁白）：对年轻一代，多一份爱，多一点关心，社会就会少一份罪恶，多一点安定。

（背景音乐渐渐变小直至没有）

【案例评析】

公益广告是通过对社会公益思想观念的传播，以影响社会公众行为规范的广告。近年来，我国加大了对公益广告的投入，不管是电视上、广播上还是杂志上随时都可以看见公益广告的身影，在如此众多的公益广告中，却鲜有针对未成年人犯罪的公益广告，针对这一情况，广告创意人员冥思苦想终于想到了这一广告主题：广告通过犯罪分子本人的口述，让听者在产生鄙视的同时也产生对这些未成年人的同情之情，号召大家积极关注未成年人犯罪，要"对年轻一代，多一份爱，多一点关心，社会就会少一份罪恶，多一点安定。"

经典案例 4.3　音乐的力量——"孩子别哭"广播广告

【案例简介】

广告文案：

（音效：地震音乐压混、孩子哭）

（音乐压混、同期声：温家宝总理在四川绵阳九洲体育馆地震灾民安置点看望灾民，安慰受伤儿童和在地震中失去亲人的孩子们："别哭啊！这是一场灾难，别哭。政府管你们生活，管你们学习。"）

（出原创歌曲）

孩子别哭，我知道你很无助。

孩子别哭，我知道你很孤独。

孩子不哭，在这世上你并不孤独。

孩子不哭，爱你的人都会让你幸福。

孩子不哭，走好你未来的路。

孩子不哭，让快乐伴随你脚步。

不哭，不哭。

画外音：地震无情，人间有爱！

【案例评析】

2008 年残疾人歌手单丹为四川地震灾区的孩子们创作并演唱歌曲《孩子别哭》，歌曲的每一个字都透露出辽宁人民对四川灾区小朋友的关怀、体贴。辽宁广播电台这则广告用了温家宝总理在四川绵阳九洲体育馆地震灾民安置点看望灾民时对孩子们说的话，以及单丹的这首原创歌曲为广告歌曲制作的广播广告，在全国上下共同援助四川抗震救灾的时刻播出，必然引起广大听众的普遍关注。该广播广告作品也因此而荣获首届全国广播广告创优评奖活动公益广告类一等奖。

经典案例 4.4　民间曲艺形式的妙用——"老村长酒"广播广告

【案例简介】

广告文案：

（二人转《小拜年》音乐起）

男：翠儿，快走啊，给你爹拜年去！

女：这不是来了嘛？

（唱）

男：正月里来是新年儿啊，

女：姑爷去给丈人拜年啊……

（说口）

男：别唱了，

女：咋地啦？

男：光说拜年也得带点啥呀，

女：带老村长！

男：啥？带我爹！

女：一提老村长，就寻思你爹，我说的是老村长酒！

男：那哪行啊，老村长酒便宜喽馊，拿不出手！

女：我爹说了，他喝过多少种酒，顶属老村长酒好。粮食酒不伤人，口味正、不上头还贼拉便宜。你要是带老村长酒，我爹准高兴。

男：那咱就买两瓶儿……

女：啥？

男：四瓶……

女：嗯？

男：八瓶、八瓶老村长酒，

（唱）

男：左一瓶呀右一瓶，

女：都是那个老村长酒，哎呀都是那个老村长酒。

（旁白）：老村长酒，你也来两口儿！

【案例评析】

二人转，又称小秧歌、过口等。它植根于汉族民间文化，属于汉族走唱类曲艺，流行于辽宁、吉林、黑龙江及内蒙古东部。这则广告文案采用传统的东北二人转《小拜年》的曲调及内容改编而成，把春节准备礼物回娘家拜年的女婿给老丈人选择礼物的情景描写得淋漓尽致，极具东北地域特色，在风趣、幽默、轻快的曲调中，听众自然而然地记住了纯粮酿制、价廉物美的老村长酒这个品牌。

经典案例 4.5　音效营造悬念——猎犬牌防盗报警器广播广告

【案例简介】

广告文案：

一个寂静的夜晚，（轻缓安谧的音乐声）

一条黑色的身影，（轻巧的脚步声）

一扇紧闭的大门，（"嘎"的一声门响，尖厉刺耳的报警声突然响起）

"住手！"（"咔咔咔"的皮鞋声迅速奔来）

一声威严的断喝，（戴手铐的"咔嚓"声）

一名落网的盗贼，（杂沓的脚步声渐远）

一场落空的美梦！

防盗、保险，请用猎犬牌防盗报警器！

保护财产安全，请用猎犬牌防盗报警器！

【案例评析】

广播广告稍纵即逝，必须在开头下足功夫，以吸引听众，抓住听众的注意力。该则广告开头设置悬念，伴随音乐和音响效果，抓住听众的注意力，听众好像在听广播剧，紧张的剧情使人不由自主、饶有兴趣地听下去，在最后真相大白，原来是"猎犬牌防盗报警器"的广播广告。

经典案例 4.6   声音塑造幽默——广播广告肯德基篇

【案例简介】

广告文案：

（背景音乐：周杰伦《甜甜的》渐起）

男声（有一点痛苦）：喂，老师，我今天肚子疼，想请一天假。

女声（流露出一些关切的语气）：行，明天记得带作业哦。

（老师刚说完，从电话另一边响起一阵奇怪的类似亲吻的声音）

女声（疑问但又有一点责备的语气）：干什么呢？

男声（尴尬而又慌张的声音）：噢噢，没什么，没什么，老师再见。

（挂电话声）

男声（欢快而幸福的声音）：肯德基最新推出鸡柳汉堡，挡不住的诱惑，好吃听得见，咹嘛（类似亲吻的声音）。

（背景音乐渐渐消失）

【案例评析】

由于广播广告是声音的艺术，而生活中有许多彼此十分相似的声音，经常容易引起人误会，从而产生幽默的效果，吸引消费者的注意力，这则广告就利用了这一点：一名学生一边吃肯德基鸡柳汉堡一边给老师打电话请假，美味的、诱惑的汉堡让人随时都想咬上一口，发出的咀嚼声就像亲吻一般增加搞笑效果，同时也充分说明了汉堡的可口诱人。

经典案例 4.7   从听觉到视觉的联想——1062 车主宝典系列广播广告

【案例简介】

广告文案：

天气预报篇

女（撒娇略带埋怨）：老公！你看，忙着，忙着，7：00 的天气预报又错过了！明天到底下不下雨嘛？！我是带太阳伞还是带雨伞呢？是穿皮鞋还是雨鞋啊？麻烦死了！

男：老婆！看！我给你变个魔术！省得你每天为这点小事烦心！

女（好奇）：什么好东西啊？

男（得意）：1062 车主宝典，天气预报什么时候看，都可以！

女（手机按键声）：9 月 25 日白天至傍晚，晴天转多云；西南风 2～3 级；最高气温 33℃；相对湿度 60%～85%。老公，你真好！

合：未来天气早知晓，还是车主宝典好！

男标音：1062 车主宝典，不用行不通！

航班查询篇

豆豆（欢快，跟着音乐一起哼唱）：你知道我在等你吗？你是否真的在乎我？啦啦啦啦……

母亲（惊慌）：豆豆，你还在唱什么？！都什么时候了？！还不快出门？！

豆豆（音乐还在继续）：妈——你喊什么？！吓死人了！

母亲（着急）：豆豆呀豆豆！你说你才多大呀，就这么健忘？！今天不是你好姐妹姗姗从北京飞过来吗？都三点了，你怎么还不去接机啊？

豆豆（慢悠悠）：妈，看把你急的？！我早就查过了，飞机晚点两个小时啦。

母亲：谁说的？不是三点到吗？

豆豆（手机按键声）：你看，我从 1062 车主宝典上查询的！

男标音：1062 车主宝典，不用行不通！

【案例评析】

1062 车主宝典软件是为城市车主用户量身定做的一套基于手机平台运行的优秀的、超小型免费手机客户端软件。集实时路况、消费打折、资讯浏览、互动娱乐、便民查询、汽车知识、违章查询等为一体，是服务于广大车主用户的综合性服务平台产品。

广播广告最突出的特点就是用语言诉诸人的听觉器官，这一系列广播广告抓住了该软件产品的特点，利用对话方式巧妙地将其功能进行了较为全面的介绍，并通过人物对话及音乐、音响等的配合，造成人们听觉的愉悦和视觉的联想，塑造了 1062 宝典方便、快捷资讯丰富的特色，创造视觉形象，使受众轻而易举地记住该品牌，达到了宣传产品信息的目的。

经典案例 4.8　数字的易记性——新君威汽车广播广告

【案例简介】

广告主题："动感在握，势不可当"

广告客户：上海通用汽车公司

广告文案：

（汽车开门、关门、打火、启动的效果音）

（按秒表、加速效果音，男音起，由平静到兴奋）

男 A：1、2、3、4、5、6、7、7.7（按秒表效果音，男音兴奋而感觉到不可思议）

男 A：7.7 秒、百公里加速只要 7.7 秒。

（汽车涡轮增压加速、动感飞驰的效果音）

男B：新君威2.0T，大涡轮增压，百公里加速只要7.7秒。

合：新君威2.0T，7.7秒百公里加速，动感在握，势不可当。

【案例评析】

别克君威，代表时代进取精神的中高档国际汽车品牌，整合欧洲和北美先进科技与资源，秉承"心静、思远、志行千里"的经营理念，给消费者造就操控精准扎实、乘坐舒适宁静的高品质驾乘感受。这则广播广告，强调了其"百公里加速只要7.7秒"的驾乘体验，但文案过于单一，表现方式没有新意，很容易被听众所忽略，而达不到应有的广告传播效果。

第三节 专论：广播广告媒体——企业不应放弃的传播方式

随着媒体的多样化和竞争的加剧，很多广告主把更多的注意力集中在电视、报纸及互联网等高收视率、高说服率的媒体上，忽略了广播广告的作用。有些人甚至认为广播广告已经走过其辉煌时代，到了穷途末路了。经过实际调研笔者认为，广播广告仍是企业在广告宣传中应给予充分重视和优先考虑的媒体。

一、广播广告的优势

广播媒体通过语言、声响、音乐来传播各种信息。广播媒体是采用电声音频技术，诉诸于媒体听众的听觉，并根据不同时段传播声音的载体。广播广告虽不如电视广告能够声画兼备，不如报纸广告能够保存，也不如网络广告能随时点击，但广播广告也有其他媒体所不具备的优势：

第一，覆盖面广，听众广泛。目前，广播基本上不受时间和空间的限制。从电波所波及的范围看，可以覆盖整个城市、乡村。广播收听具有方便性、灵活性和随意性。收音机可以移动，人们可以一边开车或一边走路一边收听；既可以在家里听，也可以在户外听；可以多人收听，也可以一对一听；与电视、网络等媒体在收视上有很大的局限性有着显著的不同，因而，广播媒体有很广泛的受众群。

第二，以声带响，亲切动听。广播媒体是声音的媒体，广播广告最突出的特点就是用语言诉诸人的听觉器官，通过语言及音乐、声响等的配合，造成人们听的愉悦和视觉的联想，达到创造视觉形象和记住产品宣传信息的目的。

第三，制作容易，传播迅速。广播广告是通过播音员的播报，有时加上音响效果、背景音乐来播放的，有时则以专题节目或文艺节目的形式出现，与电视媒体、报刊媒体相比较，广播广告的制作工序比较简单，因此，广告主可随时调整和改变广告中的内容，可随时播放和加播，操作也非常简单，只要写好广告词，传播的速度也非常快。

第四，重复传播，经济实惠。广播是通过声音传播的，而声音又具有转瞬即逝的特点，为了加强记忆，广告节目可以多次重复播放，听众不觉厌烦。由于电台开办和运营所需投入较低，广告收费一般情况下相对较低，广播媒体与其他媒体相比较，节目制作成本费用低廉，一般的广告主均能承担得起。

第五，目标受众集中，相对稳定。目前收听广播的主要人群可分为四大类：一是开车族，他们是比较大的一部分，一般收听交通台或其他台的新闻、天气预报、体育、文艺等综合类节目；二是学生，学生看不到电视或没时间看电视，听广播成了他们很随意的消遣方式，学生听众的收听高峰一般在中午和晚上；三是妇女和老年人，妇女收听的高峰一般在早晨准备早饭或晚饭间，她们要了解当天的新闻和天气情况而收听广播，而老年听众因视力不好、电视有辐射、电视费电等多种原因，有些老年人不喜欢看电视，整天都在收听广播；四是追随流行时尚的人群，这部分人对广播的青睐越来越高，这是因为许多电台普遍加大了娱乐及时尚生活栏目的力度，令他们感兴趣的信息传播的又快又新的缘故。

第六，可信度高，广告形象好。由于我国国情的特殊性，电台代表政府的喉舌，是政府的宣传工具。在我国，不允许私人开办电台，每个城市的地区只有一家电台，与其他媒介相比广播有着极好的威信和可信度。因而在广播中播出的广告，可信度较高而且形象良好，特别是新闻、天气预报、流行音乐和访谈类栏目，如果在这类节目里插播广告，传播效果就更好。

二、广播广告媒体存在的问题

第一，广播广告的实际到达率底。就"每周有收听广播15分钟以上习惯"来定义，中国的广播平均到达率只有25%左右，与广播发达的国家有很大的差距。

第二，广播广告专业创作人员缺乏。由于广播广告制作简单，所以很多广告公司长期以来没有专业的广播广告制作人员，有的广告公司即使有专业制作人员，但因广播广告利润不高，制作人员也缺乏创作的积极性，所以广播广告整体的创作水平不高。

第三，广告主对广播广告的优势认识不够。大多数广告主只迷信电视广告，一味地把大量的广告费投入电视上，没有认识到广播媒体的优势。

第四，广播媒体自身经营方式有待改革。在我国专业的广播广告公司很少，其广告制作通常由工作繁重的电台工作人员承担，由于制作经费不足及对产品特征、市场状况和消费者等相关资料没有切实把握，自己创意、发布的广告不免平庸。如机关枪式的广播方式；有时甚至以主持人同时客串几个角色的方式播出；听觉意境的虚假；与主题不吻合的音乐；没有特色、平平淡淡的音响；这样的广播广告毫无可取之处。

广播电台缺乏定位，广播的节目缺乏个性，没有独特的节目风格，缺少名牌主持人，甚至一些电台饥不择食，什么广告都做，包括某些名不副实的保健品广告等，都是导致广播电台被广告主冷落的原因。

三、充分开发利用广播媒介的对策

（一）根据广播节目听众，有针对性地进行广告投放

不是所有的产品都适合在广播上做广告，广告主及广告公司应首先研究产品的目标受众，做好产品目标受众的定位，然后寻找适合产品广告信息定位的媒介，如果锁定的目标消费群体又恰是愿意收听广播的人群，那么选择用广播做广告就是明智之举。例如，"光明牛奶"在南京做产品推广宣传时，把目标受众锁定在30~40岁的女性，他们不仅在电视台上做广告，而且也在南京电台每天的六档女性关注度高的节目中做广告，取得了很好的宣传效果。

（二）研究广播广告的黄金时段，做有效的广播广告

通过调查显示，收听高峰发生在早晨5点、6点到8点，另外两个低得多的高峰发生在中午和傍晚6点到8点，周末的收听率很高。另外，男性也要比女性喜欢收听电台，男性喜欢在早晨、中午和傍晚时分收听电台。不同年龄段收听时间有很大不同。年长的人集中在早晨6点到9点收听节目，收听高峰大约出现在早晨7点，青年人则相反，喜欢在傍晚、晚上或午夜收听节目。了解广播广告的收听高峰及收听人群，能够减少盲目广告投放所带来的损失，让有限的广告费发挥真正的效用。

（三）运用创造性的沟通方式，与目标受众进行双向互动

广播广告属于"闯入型"的广告，而且是"单向性""线性化"地向消费者传递信息。作为受众而言，只有被动地接受广播广告传达的内容，要想更多地了解广告商品信息，还得到商品销售场所才行。广告主或代理广告公司要想使自己的商品信息被消费者记住，与消费者进行双向互动，创造性的沟通是一个好办法，例如，很多电台开设"热线广告"效果就很好；赞助在社会上能造成较大影响的节目，如"热点话题""公仆与市民对话"等节目也是一个提高收听率，吸引关注度的好办法；或干脆利用电台广播媒介，搞大型社会公益活动，让更多的受众不仅知晓企业要传播的信息，而且参与到活动中来，变广播听众被动收听为主动收听，达到很好地传播广告信息、树立企业形象的目的。例如，南京音乐台已经成为南京地区最有效的广播媒体投资载体，是广告千人成本与收听点成本综合比较最低的电台之一，到达率精确；很多国际、国内知名企业都偏爱选择FM105.8进行自身或产品的品牌形象宣传，包括西门子、麦斯威尔、可口可乐、百事可

乐、好时、吉百利、强生、中国移动、中国联通等在内的大部分品牌，都选择了南京音乐台作为这些品牌在南京发布广播广告的唯一媒体，从中也不难看出南京音乐台对企业进行品牌宣传有独占鳌头的优势。

（四）提高广播广告的创作水平

广播广告创作水平的提高，是吸引广播听众对广告产生兴趣的根本方法。为提高广播广告创作水平，需要在以下五个方面作出努力：

1. 引入生动的人物角色

为增加真实感觉和形象性，在人物对话和对白式的广播广告中应该引入生动、真实、可信的人物形象，而不是那种一出场就摆出推荐产品样子的人物。以虚假、造作的人物生硬介绍产品，是许多广播广告的通病。

2. 引入"说者"与"听者"的互动，避免生硬推荐

具有创造性的互动，能使对话精彩、有趣，也就能使广告受众喜欢。

3. 营造氛围，引发听众想象

由于广播听众无法直接见到产品和产品被使用的情景，广播广告文案更应注重通过营造氛围引发听众的想象，让产品的形象在诉求对象的头脑中丰满起来。

4. 传达真情实感

广播广告应充分利用"人声"这一特点，表现人物真实的感情和个性色彩，并通过声音来感染听众。

5. 善用听觉的特性

广播广告应善于挖掘利用广播媒介"听觉"的特性，提供丰富的听觉素材，例如，有趣的对话、生动的音响等，让广告更有吸引力。

总之，在众多的传播媒介中，广播的优势与特点是明显的，只要有针对性地科学开发就能发挥应有传播广告信息的作用。[1]

练习题

一、思考题

1. 什么是广播广告？简述广播广告的特征。

2. 简述充分开发利用广播媒介的对策。

---

[1] 任丽华. 广播广告传播不应放弃的媒体 [J]. 辽宁科技学院学报，2008（1）.（略有改动）

3. 简述广播广告的构成要素。

二、讨论题

1. 选择两则广播公益广告案例具体评述其不同的创意方式及表现手法。

2. 选择一则小品式广播广告对其营造特定环境方面进行评述。

三、案例分析

以下是"水莲山庄"湖景系列广播广告的广告文案：

鲤鱼跃龙门篇

您听过鲤鱼跳跃的声音吗？这是清晨1点的金龙湖畔，请你侧耳倾听。

多少人一辈子没有听过这种声音，住在和信水莲山庄，这个声音将回荡在您的睡梦里。天天鲤鱼跳龙门，就在和信水莲山庄。

夜猫子篇

您听过夜猫子的声音吗？这里是夜里12点的金龙湖畔，请您侧耳倾听。

如果您希望晚睡，住在和信水莲山庄，您将不会寂寞。和信水莲山庄，夜深人静，鸟比人忙。

莲花篇

您一定看过莲花开放，但是您听过莲花开放的声音吗？这是清晨6点的金龙湖畔，请你侧耳倾听。

没错，这是一群早起的蜜蜂，正照着莲花，叫她快开门。和信水莲山庄，越早起床，人越健康。

请分析该广告的成功之处。

四、案例分享

将学生分为几组，分别收集一周时间的当地城市主要调频广播播出的广播广告，并各选两支分析其成功与不足后与同学们分享。

推荐网站

1. 中国广播广告网
2. 中国广播广告俱乐部网

▼

第五章

电视广告

电视广告是迄今最能打动人心的信息传播手段。它集声音、图像、色彩、活动等多种功能于一体，可以直观地、真实地、生动地反映商品的特点，并具有一定的故事性、趣味性、知识性和艺术性。它直接作用于人们的感官和心理，给观众留下深刻印象，达到良好的宣传效果。

第一节 电视广告概述

历史上第一则电视广告是在 1941 年 7 月 1 日晚间 2 点 29 分由纽约的全国广播公司（NBC）旗下的"WNBC"电视台播出的，由宝路华钟表公司（Bulova Watch Company）以 9 美元的价格，购买了棒球赛播出前的 10 秒钟时段，这则电视广告内容十分简单，在一幅美国地图前有一支宝路华的手表，广告口号（旁白）："美国以宝路华的时间运行！"

我国电视广告起步较晚，但发展却很快。1979 年 1 月 25 日上海电视台在 17 点零5 分播出了中国有史以来的第一则电视商业广告——"参桂补酒"广告，这则电视广告，在当年被看成是思想剧变、惊涛骇浪的象征，香港《大公报》当年发表评论称："广告的出现犹如一声长笛，标志着中国经济的巨轮开始启航。"到 1992 年，我国电视广告的收入就已经超过报纸，跃居于四大媒体的首位。我国电视广告现状根据 CTR 公布的数据显示，我国广告行业发展迅速，市场规模不断扩大，尤其是 2010 年，我国广告市场的总体规模达到了 7 000 亿元，首次超过日本，从而成为仅次于美国的全球第二大广告市场。这其中，电视广告的市场规模就达到了 1 331 亿元。[1]

一、电视广告的内涵

电视广告是一种通过电视媒体进行广告传播的形式，它是利用电影、电视技术制作的广告，通常用来宣传商品、服务、组织、概念等，兼有视听效果并运用语言、声音、文字、形象、动作、表演等综合手段进行信息传播，大部分的电视广告由影视广告公司制作，并且向电视台购买广告时段进行播放。

二、电视广告基本特征

（一）传播迅速，宣传面广

电视广告具备电波媒体的及时性、同时性、大众性的特点，决定其信息传播速度快捷及时，且在同一时间内可以向无数受众传播。电视媒体覆盖面大，传播范围广、渗透力强。通过卫星电视深入千家万户，影响大量受众，产生广泛的宣传攻势和影响效果。

（二）直观真实，说服力强

电视媒体具有声画结合、视听兼备的特色，因而电视广告形象具有直观性、具象性和真实感，能直接再现商品的原貌，展示其性能和特点，给人以身临其境的感觉，满足人们"耳听为虚，眼见为实"的求真心理，从而增强了广告信息的可信度。

电视广告的这种直观性，是其他任何媒介所不能比拟的。它超越了读写障碍，成为一种最大众化的宣传媒介，无须要求观众具有较高的文化知识水平，即便不识字，不懂语言，也基本上可以看懂或理解广告所传达的内容。

（三）形象生动，震撼力强

电视广告大多具有唯美的画面、鲜艳的色彩、流畅的动作和悦耳的音效，集声、光、色等多种表现方式于一身，是唯一能够进行动态演示的感性媒体，因此，其冲击力、感染力特别强，可以通过特技摄影、蒙太奇技巧等创造出神入化、精彩迷人的艺术效果。电视广告用声波和光波信号直接刺激人们的感官和心理，以取得受众感知经验上的认同，从而牢牢吸引受众的注意力，造成强烈的视觉冲击力和心灵震撼力，这是其他任何媒体的广告所难以达到的。

（四）重复传播，被动接受

电视广告的播出时间往往放置于节目的前、后或穿插于节目中间，每天在规定的时段反复播出。不论观众是否喜欢，都不得不耐着性子按照其播出顺序，依次观看，在一定程度上造成了讯息接受的强迫性。这种重复传播模式，必然会潜移默化地影响消费者，

---

[1] 陈海英，王娜. 中国电视广告发展现状分析 [J]. 合作经济与科技，2014（23）.

强化其记忆，从而实现理想的广告目标。

三、电视广告的要素

（一）视觉要素

电视广告图像的造型表现力和视觉冲击力是其获得效果的最强有力的表现手段。运用运动图像强调产品或者服务讯息；运用定格图像展示产品图形或外观，强化视觉和识别作用。

电视广告的字幕是指电视广告作品后期加入的文字。在电视广告中为配合广告人物的对话，在电视屏幕下方会出现相应的字幕，目的是更加准确地传递广告信息；还有一种字幕是对画面的说明解释，主要是解释广告故事的背景、情节，说明商品的功能、操作事项等，这类字幕的主要功能是帮助观众更准确地理解广告信息；也可通过品牌名称或 Logo 字幕的个性化设计塑造独特的品牌形象。

（二）听觉要素

影视广告音乐包括为视觉画面配制的乐曲（背景音乐），它们能对镜头节奏、画面气氛起烘托和渲染的作用；还包括专门为产品或服务创作的广告歌曲，一般采用流行音乐元素编写，旋律优美、节奏明快、通俗易懂、有利于识记，其歌词含有明显的广告色彩，或传达产品信息，或呈现品牌理念，或展示企业形象，很容易掀起人们的感情波澜，而且不受时空所限，传播效果良好。

电视广告音效是指广告片中除去人声和音乐之外的，模拟各种场景的声音。它具有现场感，能增强画面的动感与真实性。来自于自然环境的风声、雨声、波涛声、鸟叫声等自然音效，能够对自然环境进行生动的表现和烘托，对于刻画和展现广告中的环境氛围具有独到的作用；来源于生活中的哭声、笑声、吵闹声、鸣笛声、机器运转声等生活音效，生动逼真、感染力强，能形象地刻画出广告人物的生活形态，渲染广告人物的情感状态，有效地提升广告的表现效果；电视广告中的人物语言可明确地表述出广告的中心内容，最容易与受众进行沟通和交流。

（三）时间要素

电视广告是以时间为轴线展开情节、传达信息的。时间，是电视广告的结构力量。电视广告将要传达的信息存放在一定的时间流程中，根据镜头出现的顺序不同、镜头的时间长度不同，来决定广告所包容的信息量的多少。

电视广告有严格的时间单位限制，单位时间非常短。在电视台黄金时段播放的标版电视广告一般是以 5 秒为基础时间单元的，一般有 5 秒、10 秒、15 秒、20 秒、30 秒、60 秒等几个类型的时间长度。

第二节　电视广告案例及评析

经典案例 5.1　美好永存——Burberrys 围巾·上海篇

【案例简介】

广告主题："美好永存"

广告客户：Burberrys

广告内容：

字幕：一九四八年，上海。

陈旧的城市风景。一个中国小女孩，手执用麦芽糖吹成的凤凰图案，向一个白人的小男孩挥手。一起游玩，一起吃糖稀甜品。

两个人撑着木船，两岸风景怡人。两个人走在铁路上，长长的铁轨上的小孩子使你感觉孤苦无依。小女孩捂着嘴做咳嗽状。男孩连忙把自己的漂亮围巾解下来，围在了女孩的脖颈上。

字幕：今天（现时），上海。

一个新的城市风景画面。一位白人老先生饱经风霜的面孔，特写是他的眼睛在深情地寻找着什么。一个上了年纪的中国女人，优雅、善良、淳朴，同样的饱经沧桑。她带着一个年龄与一九四八的自己相仿的女孩子。她的目光与白人老者的目光相遇了。是微笑还是伤悲？是矜持还是超然？老年女性的表情深若幽潭，她从口袋里拿出了完好如新的绒毛围巾给小女孩围上了。

老人看到了这个围巾，潸然泪下，同时也显出了欣慰的笑容。小女孩说了一声"再见"。

（抒情的钢琴小品乐曲伴奏下，字幕）：

The beautiful things in life never change. 生活中的美好事物是永存的。

图 5.1　Burberrys 围巾·上海篇
（图片资料来源：优酷网）

【案例评析】

这是在香港明珠台的英语电视节目中，播放广告的时间段经常插播的一个电视广告片（见图 5.1）。作家王蒙曾撰文《美丽围巾的启示》，认为：这则广告片如一个短篇故事，如泣如诉，默默无言，浑然天成，却又胜过了千言万语。它充溢着真善美，充满了超乎人种与国界，不怕岁月的搁置与消磨的友情的温馨，充满了对人生的咏叹、抚摸、回味、珍重，充满了人文精神与终极关怀！

广告主要通过流动的画面和动人的音乐讲述感人的故事，电视广告片上 Burberrys 的围巾是一个十分关键的道具，素雅、温暖、柔和、精细，使人看了广告片后得到了一种心灵的愉悦与满足，看了它极想拥有这样一条围巾。广告中唯一的台词是"再见"，字幕也非常简短。这则广告充满了艺术，演员的外形与气质、无言与有情的表现，淳朴自然的蒙太奇画面，优雅的钢琴伴奏，情节与细节的设计完美而且成熟，童年与老年的形象前后吻合无疵。使整个广告充满了美轮美奂的画面，充满了超乎人种与国界，不怕岁月的搁置与消磨的友情的温馨；充满了对于人生的咏叹、抚摸、回味、珍重。它强调的是永远的、充满了感情的终极关怀。一则成功的宣传或广告应与人性的流露、与艺术的抒写、与人心的节律契合、天衣无缝。

经典案例 5.2 名人代言——WildAid 野生动物保护协会公益广告

【案例简介】

广告主题："没有买卖，就没有杀害"

广告客户：WildAid 野生动物保护协会

形象代言人：姚明（以下简称姚）、威廉王子（以下简称威）、大卫·贝克汉姆（以下简称贝）

广告内容：

保护野生动物篇

威：As a father, I want our children to know spacious not see the pictures on the book.

（字幕：作为一个父亲，我希望我们的孩子不只是从图片中看到犀牛。）

贝：I want our children to expect to swim with shark, not to eat shark fin soup instead.

（字幕：我希望我们的孩子有机会与鲨鱼游泳，而不是食用鱼翅羹。）

姚：我希望我的孩子有机会在野外看大象。

贝：Please tell your friends and relatives, never to buy rhino horn, ivory, or shark fin.

（字幕：请呼吁你身边的人，拒绝购买犀牛角、象牙、鱼翅等野生动物制品。）

姚：没有买卖。

威：就没有杀害。

（字幕、定格：野生救援 WILDAID）

图 5.2 保护野生动物篇
（图片资料来源：威廉王子、贝克汉姆、姚明。保护野生动物公益广告）

保护犀牛篇

贝：Imagine all the people in the world can pick into one stadium？

（字幕：你能想象全世界的人，都能挤在一个足球场的情景吗？）

威：Sadly，over world wild rhino can and the rooms are spacious，but some species is only select.

（字幕：很遗憾，一个足球场就能容纳全世界的野生犀牛，甚至还有余。有些物种已濒临灭绝。）

姚：But we can fill this stadium and many more we can stop this illegal trade.

（字幕：但是如果我们可以，停止非法犀牛角交易。他们就可以填满这个足球场，甚至更多。）

贝：Ask your friends and your family，never to buy rhino horn.

（字幕：呼吁你身边的人，拒绝购买犀牛角。）

威：And together we can save the rhino，when the buying stops.

（字幕：让我们一起努力拯救犀牛，没有买卖。）

贝：The killing can too.

（字幕：就没有杀害。）

（字幕、定格：野生救援 WILDAID）

图5.3　保护犀牛篇
（图片资料来源：公益—姚明、威廉王子、贝克汉姆。犀牛。
优酷网）

【案例评析】

　　美国野生救援协会是1999年在美国注册的非营利性机构，总部在美国旧金山，负责监控和协调世界各国各个项目开展的情况。它在纽约、曼谷、伦敦、华盛顿、北京、海参崴等地设有办事处。

根据一位野生救援协会发言人透露："据南非环境事务部的统计，象牙交易意味着每年要杀死 25 000 头大象。截至 9 月 5 日，2013 年有 618 头犀牛被打死，这个月晚些时候有可能超过去年 668 头的纪录。"这些数据也是促成贝克汉姆加入这项活动的原因之一；威廉王子也希望用自己的行动来唤醒人们用行动保护濒临灭绝的野生动物的意识，"想到以后的孩子们都看不到这些动物了，相信很多家长的心情和我是一样的，非常难过，为了他们，包括我的小乔治的成长，我希望能为动物保护做出贡献。"[1] 而姚明早在 2009 年就参与拍摄了保护鲨鱼的公益广告，该广告也确实对保护鲨鱼产生了积极的作用，根据交易数字显示，广告播出后的鱼翅需求量减少了 50% 甚至更多。

基于以上原因，2013 年 9 月 12 日，姚明、威廉王子、大卫·贝克汉姆应慈善救援组织的邀请齐聚伦敦，共同拍摄了一部救助野生保护动物的宣传片，希望再次呼吁人们打击野生动物非法贩卖、关注野生濒危物种。这三位一直致力于慈善事业的名人首次合作非常成功。2014 年 2 月 14 日他们再次合作，在英国的温布利大球场拍摄了一则保护犀牛、拒绝买卖犀牛角的公益广告。

这两则电视广告片主要针对有着巨大的犀牛角与象牙制品市场的国家，前一则广告三人都以父亲的身份讲述了自己对下一代成长环境的担忧，希望全世界有爱心的人减少对野生动物的杀戮，呼吁世界为野生动物留下生存空间，为孩子们作出表率（见图 5.2）；第二则广告被制作成了英语、中文和越南语的版本，将被抛弃在野外的犀牛角都放在英国温布利足球场，说明野生犀牛濒临灭绝的境况—— 一座温布利足球场就能容纳全世界现存的犀牛（见图 5.3）。姚明、贝克汉姆作为世界知名体育明星与英国王储威廉王子共同呼吁停止买卖犀牛角，没有买卖就没有杀害，在世界范围内有很大的影响力。

经典案例 5.3　多面男人的独特魅力——七匹狼男装广告

【案例简介】

广告主题："男人不只一面"

广告客户：七匹狼男装

广告文案：

男人

简单两个字

却承载丰富意涵

他们求近亦思远

[1] 张婧，吴璠．姚明携手威廉王子、小贝拍公益片 [N]．东方早报，2013-09-15（A12）．

锐意进取当下

更以智慧远见未来

他们隐忍亦激扬

从容应对挑战

为梦想奋斗不止

他们时尚亦经典

不为新潮所动

却已将流行品味成永恒

他们铁骨亦柔情

知拼搏

更懂享生活的至情真意

我们相信，正是男人的多面性

让他们完美诠释着人生每一个角色

以平凡之躯开创非凡成就

这就是男人，不只一面的男人

值得我们致敬的真男人！

男人不只一面，七匹狼男装。

图 5.4　男人不只一面
（图片资料来源：全新七匹狼广告大片高清完整版
优酷网）

【案例评析】

　　"七匹狼"创建于1990年，原为福建晋江七匹狼制衣公司创立的一个服装自主品牌，该品牌让人最容易想到狼，而狼是一种野兽，它具有狡猾、阴险、凶恶等特征；另一方面狼也具有自由、勇敢、智慧，富于团队精神的特征。同样的特征，可以有完全相反的描述，究其根源乃是"印象"问题。如何向消费者"明示"一个对品牌形象的"样板认知"，以传播的手段去影响消费者的自由联想，最终建设一个美好的品牌"印象"就是"七匹狼"品牌推广的核心任务。

大部分的消费者对"七匹狼"品牌形象都停留在"名称记忆"的阶段，加上品牌的Logo 是一匹奔腾的狼，以一种昂首挺尾、四肢蓄势的姿态站立着，象征企业品牌刚强不屈、锐意进取的精神。品牌及 Logo 直观、易记，但对其引起的联想却缺乏引导、缺乏对以名称为核心的形象要素进行明示。如果任由不同喜好特征的消费者对品牌名称的随意联想，则不利于品牌在市场上的长远发展，也无法建立起更富于张力的品牌形象。随着产销量的快速增长，市场范围的扩大，消费者对品牌最初的新鲜感已经衰减，品牌形象的核心要素——名称已使人麻木，这时面对竞争品牌的挑战，品牌必须重新审视形象策略以适应品牌生存环境的变化，突破发展形成的瓶颈。

在更新和提升的同时必须考虑七匹狼在市场的认知基础，即以"狼"为核心的品牌联想。如果背离了这一基础，则会使目前七匹狼的主体消费群体产生隔阂，进而影响正常的销售。必须建立全新的品牌理念。2005 年的电视广告片中，七匹斗志昂扬的狼在雪地里奔腾，字幕："男人，不会只有一面"，当他在上班路上看到一位母亲艰难地搬动婴儿车时，他露出了"爱心面"；当奔驰的大卡车眼看就要撞上一个玩球的孩子时，他露出了"英雄面"；当心仪的女子在寒风中瑟瑟发抖搓着双手时，他露出了"温柔面"；当心爱的妻子在医院的产房为他诞下新生命时，他露出了"真情面"；当大街上一个调皮的孩子用足球向他挑战时，他露出了"童心面"；当空空如也的办公室里只有他还在挑灯夜战时，他露出了"孤独面"；在一望无际的大海前他自信地打出一记高尔夫球时，他露出了"征服面"；当在商场运筹帷幄取得一个又一个胜利时，他露出了"领袖面"。最后，一匹勇往直前的狼抛出了一个问题"今天，你要秀哪一面"？

所谓广告品牌推广就是使消费者对品牌进行认知，而品牌对市场持续发生影响的过程，就是厂家或商家主观意愿反复适应消费的认知规律的过程，因而必须用直接而明确的"概念"来概括对品牌的理解；还需用恰当的推广策略去影响消费者对品牌的"印象"。

虽然一直以来"七匹狼"的广告投放较多，导入初期确实因为以户外为主的广告策略受益匪浅，这一策略对展示品牌和支持零售网络的形成意义深远，但媒体组合的重点选择与目标消费群有一定脱节，过去在媒体的使用上，大部分的费用投放在户外广告上，且品牌推广手段的运用较为零乱，导致广告投放效果不够集中，对树立"七匹狼"在消费者心目中的品牌地位，效果不够显著；但在其品牌成熟期，在拥有很高的知名度且消费群体更加庞大的情况下，品牌如果仅仅反复地单纯展示视觉符号识别，已经很难吸引公众。这一时期，消费行为需要品牌的社会态度和公众形象来支持。因此在推广手段的选择方面，过去的做法显然需要调整。

2005 年七匹狼的"男人不只一面"收到了良好的效果（见图 5.4）。2010 年七匹狼大胆采用孙红雷、张涵予、胡军、张震四大影帝和知名导演陆川作为"多面男人"形象代言人；拍摄了系列广告片诠释男人"不只一面"。2010 年七匹狼秋冬 TVC 时尚广告片在央视、凤凰卫视等各大传统媒体、微博、视频网站等新媒体上线播出，并引起众多粉丝自发传播。[1]真正实现了大手笔制作：

第一，邀请了当代全球四大最负盛名的摄影师之一的 Michel Comt、获得奥斯卡最佳摄影奖的 John Toll 等国际级时尚制作班底，国际大牌的鼎力"加盟"，广告片画面品质感强，优美流畅的镜头画面，在很大程度上提升了七匹狼的国际化形象。

第二，众名士的倾情演绎，淋漓尽致地阐释了新时代中国男人的精神，并引发了观众的共鸣。当今，物欲高度膨胀，社会和国民经济的转型呼唤时代精神文化的支持。七匹狼一直积极参与社会主流文化建设和引导，立志把七匹狼品牌打造成中国精神的象征，在品牌发展过程中，尤其注重对社会主流文化塑造，对主流价值观进行提炼和倡导，而此次 TVC 更是洞察了社会，站在时代的高度，与时俱进地响应了人们的心声。

TVC 时尚广告片中孙红雷身着蓝色的透气毛衫和白色 T 恤，带着演艺事业般的激情，在蔚蓝的大海中专注前方，纵马驰骋，爽朗而笑，展示其潇洒、轻松、自由的铁骨柔情的男人形象；胡军、张涵予的商务西装，优美的胸肩线条，服帖的腰线，色彩稳重大方，款式简洁干练，将其积极奋斗、锐意进取的形象淋漓表现；在张震和张曼玉的 TVC 表演中，我们醉倒在时尚男人和妖娆女人的绵绵柔情中，在形象视觉上，张震时而忧郁，时而微笑，舞动之间彰显了东方男人柔美成熟的气质，而这也是一种生活的品质和审美。

业内人士表示，"男人不只一面"，展现的是在事业上积极进取，生活上乐观面对的优质男人形象。当不同的男人演绎起来的时候，就有不一样的精彩。七匹狼通过 TVC 时尚广告大片，诠释"男人不只一面"，与时俱进地体现了新时代的男人精神。

经典案例 5.4　备受争议的贺岁广告片——恒源祥·十二生肖篇

【案例简介】

广告主题：十二生肖篇

广告客户：恒源祥

广告文案：

恒源祥北京奥运会赞助商，鼠鼠鼠；恒源祥北京奥运会赞助商，牛牛牛；恒源祥北京奥运会赞助商，虎虎虎；恒源祥北京奥运会赞助商，兔兔兔；恒源祥北京奥

---

[1] 郭觐. 七匹狼精彩演绎"男人不只一面"[N]. 国际金融时报，2010-10-22（08）.

运会赞助商，龙龙龙；恒源祥北京奥运会赞助商，蛇蛇蛇；恒源祥北京奥运会赞助商，马马马；恒源祥北京奥运会赞助商，羊羊羊；恒源祥北京奥运会赞助商，猴猴猴；恒源祥北京奥运会赞助商，鸡鸡鸡；恒源祥北京奥运会赞助商，狗狗狗；恒源祥北京奥运会赞助商，猪猪猪。

图 5.5　恒源祥·十二生肖篇
（图片资料来源："恒源祥"十二生肖广告）

【案例评析】

2007 年除夕开始，一则"恒源祥北京奥运会赞助商，鼠鼠鼠……恒源祥北京奥运会赞助商，猪猪猪"的生肖广告在山东、安徽等六大地方电视台播出，在 1 分钟的时间里，产品商标画面静止不动，广告语则由童声将产品名称和十二生肖名称依次念了一遍（见图 5.5）。因其单调的创意和高密度的播出，引起众多观众的不满。中国品牌战略专家李光斗也认为："1 分钟内重复 12 遍简单、相似的广告语，是在挑战人体的生理极限，虽然这则广告是被人记住了，但观众未必买账"。

这则广告之所以备受争议的原因如下：第一，整个广告很少能感受到它的创意。仅通过重复和多频次播放，令人记忆深刻，达到了广而告之的目的。这让我们联想到，该广告的策划者是否就是想要以重复记忆、摧残神经的方式强迫受众记住"恒源祥"这个品牌。第二，恒源祥作为一家老字号企业，已经家喻户晓，用不着通过这种低俗广告狂轰滥炸，不恰当的传播方式会对知名企业造成品牌美誉度的损害。处于这个阶段的企业，更应注重它的形象的维持与发展。第三，这个广告虽然注意到中国深厚的文化底蕴，在广告中运用生肖元素，贴近消费者，但作为知名企业，不能为了让观众记住恒源祥的"奥运赞助商"身份起劲吹嘘，而冲破人们忍耐的底线。它虽没违反广告法律规范，但在一定程度上违背了广告道德。

经典案例 5.5　创新品牌酷文化——李维斯 Live in Levi's 系列广告

【案例简介】

（1）李维斯·向前闯篇

广告主题：Go forth（向前闯，2011 年 8 月投放）

广告客户：Levi's

广告文案：

李维斯·向前闯篇

向前闯

你的生命是属于你的

别让它沉没于晦暗里

睁开眼睛

就会看到方向

透着光明的方向

光可能微不足道

但足以划破黑暗

睁开眼睛

造物者就会赐你机会

感受它，把握它

最终，没人能战胜死亡

但你能用精彩的人生打击死亡

你越努力

光就越显明亮

在生命终结之前

你得知道

你的生命是属于你的

你就是奇迹

连造物者也将以你为荣

【案例评析（1）】

李维斯（Levi's）是美国西部最著名的牛仔裤品牌。作为牛仔裤的"鼻祖"，象征着美国野性、刚毅、叛逆与美国开拓者的精神，其核心精神为：Empathy（同理心）、Original（原创）、Integrity（正直）与 Courage（勇气）。它历经了一个半世纪的风雨，从美国流行到全世界，并成为全球各地男女老少都能接受的时装。

虽然已经 161 岁的李维斯（Levi's）依旧是家销售额超过 40 亿美元的大公司，但它的地位已远不如 30 年前。李维斯的第一条牛仔裤 501 曾被视为世界上第一条真正的牛仔裤，但这只是其辉煌的历史，要想维持它的吸引力必须尝试重新擦亮它的招牌。

图5.6　李维斯·向前闯篇
（图片资料来源：优酷视频截图）

2011年8月，李维斯在全球范围内发布新的广告片"Go Forth"，激励年轻人抛开各种束缚向前闯（见图5.6）。这则长约60秒的广告片以"Now it's your time"（如今是我们的时代）为主题，集结全球社群力量，传达希望与开拓精神。然而在当今多元喧嚣的时代里，年轻人已经开始讨厌家长式的说教和泛滥的励志，更不喜欢绕弯子，活得更加自在自我，所以其广告效果不够明显。

（2）生活在李维斯篇（2014年7月投放）

广告主题：Live in Levi's

广告客户：Levi's

广告内容：

2014年秋冬投放的电视广告片的品牌主题为"Live in Levi's"，需要释放演绎为现实。广告片通过画面向观众展示了：你可以穿着你的Levi's牛仔裤做任何事情，只要你不厌倦。去工作、去恋爱、去调情（当然不要当着孩子的面儿）……有趣的是广告中不仅展示了年轻人穿着牛仔，还有摇滚范儿的老爷子！（见图5.7）

【案例评析（2）】

李维斯在本轮品牌运动中通过引导而不是强求的自然手法与"90后"互动，精心营造出丰富的趣文化，争取与更多年轻人共情同心，避免了品牌运作中常见的违和感。除了少量的传统媒体（如海报、电视）外，"Live in Levi's"在中国大陆地区，将以"穿上它，活出趣"为推广口号，向全网络热爱经典、热爱牛仔裤、热爱Levi's的忠实粉丝们发起招募，收集粉丝们穿着Levi's所发生的上百万个故事，从第一次约会、第一次接吻到第一个孩子的出生、骑车、自驾游，涵盖生活里的点点滴滴。在互联网和社交

图 5.7　生活在李维斯

（图片资料来源：李维斯最新广告.Live in Levi's 优酷视频截图）

网络，年轻人在数字平台上交流；粉丝们"畅所欲言"地分享他们与李维斯牛仔裤的趣闻轶事。"前瞻性、启发性、大胆鲜明、令人兴奋"的文化活力感染召唤着青年人。"有型、创新、独特、唯一、消费者渴求"的品牌酷文化也被烘托而出。[1]

经典案例 5.6　用广告口号铸造经典——德芙巧克力系列广告

【案例简介】

广告主题："牛奶香浓，丝般感受"

广告客户：德芙巧克力

广告内容：

2007 年 CCTV 每天黄金时段都会播出 30 秒德芙巧克力的电视广告。广告片从飞鸟飞过的天空开始，背景音乐响起，镜头转到露台上正在看书的美女，让人心生美感。露台咖啡厅男侍者的目光一直落在她的身上，女人拿出巧克力的动作流畅，将一块送入口中，画面变成牛奶与巧克力交融的情景，呈现出缓缓旋转运动的美。顺滑丝感的感觉从口中延续到身边，咖啡色的丝绸轻绕过女人裸出一侧的香肩，接着又随风轻拂在抚过书页的手背上，最后轻轻环绕在走过的男侍者身上，女人一脸甜蜜的微笑，沉浸在阅读和德芙所带来的愉悦里，如图 5.8 所示。该广告走唯美路线：靓丽的女士、唯美的画面、优雅的音乐、明快的色彩，把德芙牛奶巧克力的魅力及纯美品质刻画得丝丝入扣。其独特的创意及制作拍摄技巧，也将德芙牛奶巧克力带向了全新的境界。该广告的背景音乐营造的浪漫气氛使主角享受着巧克力带来的愉悦的同时，观众也伴着醉人的音乐感受生活的浪漫。最后丝绸揭开，字幕"愉悦一刻，更享丝滑"，同时低沉、感性的独白响起。

2008 年的德芙广告更是深入人心：在复古的英伦风街道上，一位身着小礼服的年轻

---

[1] 豁出去的李维斯 [EB/OL]．（2015-01-14）[2015-05-25].http://money.163.com/15/0114/11/AFTQSMMM00253G87.html.

图 5.8 2007 年版德芙巧克力·阅读篇
（图片资料来源：优酷网视频截图）

美貌的女孩儿，走到橱窗前对着镜子里的自己，想象自己佩戴着橱窗里的帽子，表情很欢快；她走向珠宝的橱窗，看着玻璃上自己的影子，摆出各种 Pose，想象着自己佩戴着这些珠宝的样子，里面的店员看到了，她温情地回眸一笑；从包里拿出德芙巧克力，轻咬一口，顺滑丝般的感觉从口中延续到身上，咖啡色的丝绸轻绕过她的手臂。该广告片情节给人一种新奇欢快的感觉，让人过目难忘、意犹未尽。沉浸在欢乐中的女孩儿，欢快轻柔的背景音乐，最后丝绸再次揭开，字幕："此刻尽丝滑"，旁白响起的同时，令人回味无穷（见图 5.9）。广告片抓住了德芙巧克力丝滑的主题，简洁明快而不乏愉悦感。

图 5.9 2008 年版德芙巧克力·橱窗篇
（图片资料来源：优酷网）

2009 年的德芙·明信片篇选用高中女生唯美地表达出对浪漫爱情的憧憬：轻松的音乐贯穿始终，女主角是憧憬爱情、崇尚时尚、追求浪漫、讲究青春的年轻群体，她伏案微笑，看到门缝里出现一张明信片，她按照明信片上的指引来到一个地方。突然一条丝巾状的巧克力蒙住了她的眼睛，让她看到了一个美丽的世界，然后她乘着男主角的摩托来到一个美丽的郊外，她打开一个首饰盒，里面飘出一条棕色丝巾，再一次蒙住了她的眼睛，当她睁开眼睛时，手里多了一盒德芙巧克力（见图 5.10）。此时旁白响起"发现新德芙，更多丝滑感受，更多愉悦惊喜"。整个广告片弥漫的是甜蜜、浪漫的情愫；营造的是愉悦、时尚的气氛。

图 5.10　2009 年版德芙巧克力·明信片篇
（图片资料来源：土豆网）

【案例评析】

德芙（Dove，即 Do you love me）巧克力是世界上最大的宠物食品和休闲食品制造商美国跨国食品公司马氏公司在中国推出的系列产品之一，1989 年进入中国，1995年成为中国巧克力领导品牌，"牛奶香浓，丝般感受"成为经典广告语。巧克力是人们传递情感、享受美好瞬间的首选佳品。德芙在市场上具有很高的品牌知名度，市场占有率为 35%，知名度为 80%。

从 2008 年橱窗篇到 2009 年的明信片篇，再到 2012 年房祖名、郭采洁的德芙三部曲电视广告，讲述了一对恋人从暧昧到在一起的过程，成功地塑造了恋爱里小女人的形象，因此"小心思"成为贯穿三部曲的关键概念。2013 年汤唯的德芙广告，继续保持了上一年的俏皮，上演了一出为巧克力捉弄男孩的戏码。

德芙巧克力广告通用的经典广告口号"牛奶香浓，丝般感受"，是人们吃巧克力时的综合感官体验，包括愉悦的心情、忘我的精神层面感受；也是一种心灵的召唤，唤醒大众积极品味德芙的美味和精神的双重享受的兴趣。此广告口号采用了类比联想的手法，把巧克力细腻滑润的感觉用丝绸来形容，用丝绸的质地与巧克力的醇正口味进行类比，想象丰富，增强了广告的表达效果。它将产品与一种高质量的生活联系起来，不仅突出了产品的特性也展现了生活趣味。

纵观德芙的广告，其广告诉求均以感性诉求为主，利用情节的体现展现德芙巧克力带给人的"牛奶香浓、丝般感受"，广告中选取的主角都是清新、可爱的年轻女性，贴合目标受众的年龄特点。她们都有独特的个性，她们勇敢地展现自我，她们喜欢享受生活、喜欢体验生活的乐趣。

经典案例 5.7　统一多种形式塑造中国第一膏药品牌——羚锐通络祛痛膏系列广告

【案例简介】

广告主题：骨质增生一贴灵！

广告客户：羚锐制药 - 羚锐通络祛痛膏

广告公司：汉狮影视广告公司

广告内容：

（1）皮影戏篇

旁白：

哎哟，骨质增生好疼痛，

动一动，痛更痛！

呵呵呵呵，

快用羚锐牌通络祛痛膏。

专治骨质增生痛！

人越老……越爱动！

羚锐牌通络祛痛膏，

骨质增生一贴灵！

羚锐制药。

图 5.11　羚锐通络祛痛膏·皮影戏篇
（图片资料来源：汉狮作品集锦）

【案例评析（1）】

　　老年人是骨质增生的主要人群，让老年人现身说法应该是最有说服力的。于是寻找一群身手灵活得让人羡慕的老年人是该广告片的核心任务。2006年春晚后，羚锐制药果断采纳了汉狮的策划，火速启用在春晚上因表演皮影舞《俏夕阳》而获得该年度"我最喜爱的春晚节目歌舞类一等奖"荣誉的老太太们为其品牌代言，老太太们一夜之间家喻户晓，她们身手灵活的表演与羚锐牌通络祛痛膏带给骨质增生患者的灵活自如不谋而合（见图5.11）。该广告片详细介绍了骨质增生症的几种临床症状：颈椎痛、腰椎痛、关节痛，用老太太们灵活的皮影舞蹈表演配上上述旁白，加上她们的影响力和亲和力，特别吸引人的眼球，起到了事半功倍的传播效果。广告片投放央视后，精致的广告创意、新颖的广告画面，使得该品牌"一跳而红"，产品销量及其品牌价值一路飙升，成为中国第一膏药品牌。

（2）陈建斌篇

广告主题：骨质增生一贴灵！

广告客户：羚锐制药 - 羚锐通络祛痛膏

广告公司：汉狮影视广告公司

广告内容：

丈夫（陈建斌）：开车多了。

妻子：用电脑多了。

陈建斌：骨质增生也多了。羚锐牌通络祛痛膏，骨质增生一贴灵！好用，别忘了给父母也带两盒。

字幕：中国膏药·羚锐打造。

图 5.12　羚锐通络祛痛膏·陈建斌篇
（图片资料来源：汉狮作品集锦）

【案例评析（2）】

2008 年 10 月，汉狮影视广告公司与羚锐制药又一次进行了合作，在广州珠江电影制片厂拍摄了羚锐牌通络祛痛膏·陈建斌篇，如图 5.12 所示。该广告片启用"中国最受喜爱男演员"陈建斌为产品形象代言人，针对骨质增生患者年轻化趋势，定位于一些职业人群和白领阶层，提出开车、用电脑等易发骨质增生疾病的状况，进行销售造势宣传。同时，温馨提示广大年轻消费者，给长期劳作的父母也带两盒。该广告片以富有创意的广告词、人物的活动、生活化的场景等系列组合，给人耳目一新的感觉，堪称力作，是羚锐制药继 2006 年《俏夕阳》篇广告片后的又一大手笔，获得 39 健康网评出的"2010年度最佳药品广告奖"。

（3）感恩父母　经常陪伴之父亲篇

广告主题：有关爱　没疼痛

广告客户：羚锐制药 - 羚锐通络祛痛膏

广告公司：汉狮影视广告公司

广告内容：

女儿：爸，给您的膏药收到了吗？

父亲：收到了，收到了。

女儿（拿着羚锐通络祛痛膏）：可能，代替我回去了。

父亲：嗯，哎。

画外音（父亲）：最近不知为什么越久远的事情记得越清晰，甚至记得好多年前那贴膏药的味道。那种感觉越来越清晰。

父亲：怎么回来了？

女儿：怕你不贴。

画外音：有关爱，没疼痛。羚锐制药。

字幕：Logo，骨质增生一贴灵！

图 5.13　羚锐通络祛痛膏·父亲篇
（图片资料来源：汉狮作品集锦）

（4）感恩父母　经常陪伴之女儿篇：

广告主题：有关爱　没疼痛

广告客户：羚锐制药 - 羚锐通络祛痛膏

广告公司：汉狮影视广告公司

广告内容：

女儿：爸妈，快来不及了，别送了。

女儿：差点忘了，骨质增生痛的时候别忘了贴羚锐膏药。

画外音：有关爱　没疼痛。羚锐制药。

字幕：Logo，骨质增生一贴灵！

图 5.14　羚锐通络祛痛膏·女儿篇
（图片资料来源：汉狮作品集锦）

【案例评析（3、4）】

2012 年底，汉狮影视广告公司与羚锐制药再次合作，为其主打产品羚锐牌通络祛痛膏制定了全新的影视广告传播策略，并完成了首支微电影和系列 TVC 的创意与制作。此次拍摄，汉狮邀请了香港著名导演吴宇森和可口可乐指定导演 David Tsui 的御用摄影师加盟，并选用日韩一线演员出演片中的父亲和女儿角色，打造催泪温情大片，本片场景由 2012 年度中国票房冠军《泰囧》的电影美术指导特别打造，众多带有强烈时代印记的道具完美重现了 20 世纪 80 年代复古场景。

《感恩父母 经常陪伴》讲述了在外工作的女儿回到父母身边，解除双亲思念之痛的故事。机场惜别、睹物思人、童年回忆、全家团聚，一幕幕平凡却真挚的场景体现出真实而动人的情感，父母牵挂子女的痛，子女陪伴父母的喜都展现得淋漓尽致（见图 5.13 和图 5.14），不少观众评价这支广告让人鼻尖发酸、泪盈于睫，看完之后就想拎包回家守着父母。

为了更好的生活，中国每年有 2 亿多人背井离乡，常年在外打拼，与亲人相隔千里，无法陪在父母身边尽孝；即使是在本地工作的人，也因为工作忙，常常忽略了对父母的陪伴。因此，父母对子女的牵挂，变成了一种说不出的痛，深埋心底。父母对我们的要求其实不多，只要我们能多花一点时间陪伴其左右，就是他们最大的幸福与满足，因此，陪伴就是治愈的良方。羚锐制药以公益广告的形式倡导人们爱老、敬老、孝老，衷心希望能够通过自己的行动和努力，让子女对父母的关心和陪伴形成一种常态，让"有关爱没疼痛"的愿望成为现实。

经典案例 5.8　一吹吹出新理念——旺角人家汤圆广告

【案例简介】

广告主题：吹一吹

广告客户：旺角人家汤圆

广告公司：长春悦影堂影视文化传媒公司

广告内容：

画面：屋外雪花曼舞，屋内却暖意浓浓。透过清晨的玻璃窗，幸福的五口之家中，美丽的主妇正在为家人忙碌着。（音效：音乐起）

画面：丈夫穿上外衣准备上班。出门前不忘对着主妇做出亲嘴的模样，会心的微笑好像在暗示什么。害羞的主妇站在那里美美地回味。（音效：吹气声）

画面：小女儿背上书包准备上学，临出门却回头，古灵精怪地对着妈妈做出亲嘴的模样。（音效：吹气声）

画面：公公婆婆互相搀扶着走出家门。却在门前一同回头对着主妇做出亲嘴的姿势。（音效：吹气声）

画面：主妇看着家人出门前的举动，突然间恍然大悟。

配音：旺角人家汤圆，十足好料，全部采用北纬45°谷物，个个香甜润滑。

画面：旺角人家汤圆个个落入清水中，并慢慢浮出水面。

画面：盛入碗中的旺角人家汤圆个个诱人食欲，汤圆被勺子轻轻盛起，溢出飘香的浓汁。（产品属性表现，音效：吹气声）

旁白：健康汤圆，健康吃法。

画面：镜头逐渐拉开，一家人都在桌前吹着勺子中的汤圆。原来亲嘴状的表现意在吃汤圆时的吹气。

唱：专做健康速冻美食。

画面：美丽的主妇举起勺中的汤圆，刚要往嘴边送。丈夫体贴地按住主妇的手，轻轻地对着汤圆吹气，生怕热气腾腾的汤圆烫到老婆。主妇美美地看着丈夫。

旁白：旺角人家。

小女儿：让我也"吹"一下！

字幕：Logo，专做健康速冻美食。

图 5.15　旺角人家汤圆·吹气篇
（图片资料来源：旺角人家汤圆广告）

【案例评析】

　　旺角人家汤圆·吹气篇（见图5.15）的中心记忆点为家人出门前吹气的小动作。众所周知，在吃热气腾腾的汤圆时很容易烫到嘴。所以人们在吃汤圆时就习惯性地吹一吹，以免烫到嘴。广告片找到了旺角人家与众不同的诉求点"吹"，广告整体贯穿着"吹"，将人们在吃汤圆时的习惯性的先"吹一吹"的小动作放大。一方面鲜活地表现出吃汤圆时的形象感觉，另一方面提醒消费者在享用旺角汤圆的美味时，不要忘记健康吃法，以免烫到嘴。

　　一个吹气的小动作，一家人围桌而坐吃汤圆的生活化的情景，借此给消费者一个家的概念，家人与家人的默契、家人与家人的关心，往往可以用一些小细节来表现，旺角人家汤圆的"健康汤圆，健康吃法"更是给消费者留下了深刻的印象。自该广告片播出以来，人们在吃汤圆时又多了一个习惯、一种吃法——"吹一吹"。[1]

第三节　专论：西部城市形象广告片的民俗文化元素——以成都、重庆等为例

民俗，即民间风俗，是一个国家、一个民族的广大民众所创造、享用和传承的生活文化，是规范人们行为、语言和心理的一种基本力量，也是民众习得、传承和积累文化创造成果的一种重要方式。民俗文化作为中下层民间文化的重要组成部分，根系于广大民众之中，根脉延伸到社会生活的各个领域，具有广泛的社会基础和群众基础。[2]西部，是多民族聚居的地区。伴随着悠久的文明史，西部各族人民创造了丰富而绚丽的民俗文化。随着我国改革开放，西部民俗文化已走出国门、走向世界，深受世界各国朋友的喜爱。

西部大开发，给西部各省、市、自治区带来了前所未有的发展机遇。西部各中心城市牢牢抓住"西部大开发"这一契机，加大对外开放力度，采用各种形式和路径吸引东部地区和世界的目光，倾力提升本城市的知名度，让世界各国、东部发达地区更多地认识和了解西部，让更多的跨国公司、名牌企业看好西部。为此，西部各中心城市纷纷提炼本地区、本城市最美丽的风光、独有的资源、灿烂的历史以及最具特色的民俗文化，聘请著名导演，采用大手笔制作城市形象广告片。这批城市形象片，通过网络、电视、大型招商活动等途径对外传播，大多收到了很好的宣传效果。西部城市形象广告片的成功，西部民俗文化发挥了极其重要的作用。笔者以成都、重庆、西安、昆明、桂林五市为例，着力分析民俗文化在西部城市形象广告片中的运用，以探索西部城市形象广告片的创作规律。

一、《成都，一座来了就不想离开的城市》折射蜀文化

2003年，成都市政府聘请著名导演张艺谋历时半年拍摄制作了号称国内第一的城市宣传片——《成都，一座来了就不想离开的城市》。这部由张艺谋执导、著名演员濮存昕配音的成都形象片，以"成都是一个传统与现代和谐统一的城市"为主题，以"奶奶对成都的思念"为主线，以一个外地人对成都的感受为线索，通过快慢结合、动静结合的一组组镜头，生动地展示了成都现代与传统、喧嚣与宁静、开放与固守、和谐与包容的生活画卷。[3]

---

[1] 中国广告杂志社.2006—2007中国影视广告案例年鉴[M].北京：东方出版社，2007：174-178.

[2] 钟敬文.民俗学概论[M].上海：上海文艺出版社，2005：1-5.

[3] 城市经济导报：形象片　城市新表情[EB/OL].（2006-07-24）[2007-05-02].http://www.xawb.com/gb/cityherald/2006-07/24/content_931939.htm.

成都民俗文化十分丰富，而丰富的民俗文化恰是成都最鲜活的城市符号。张艺谋在执导这部成都形象片中，巧妙地摘取了成都民俗文化大花园中最绚丽的花朵，用来作为诠释成都这座古老而现代的西部大都市的音符。川西民居是成都民俗文化的固化物，随着嬉笑的顽童、蹬着满载蔬菜的三轮车的老农的背影，影片将青瓦白墙的川西民居、民居小巷带入观众的视野，让观众首先从特有的建筑风貌将成都与其他城市区别开来；紧接着，盖碗茶、火锅、川菜、露天夜宵等成都特有的饮食文化，让人们领略到了成都作为美食之城的魅力；变脸、吐火、顶灯等川剧绝活，以及四川清音、四川方言、蜀绣，让观众体验到了成都厚重的传统文化底蕴；影片还通过成都鸟市、成都茶馆等场景，向观众展示了成都人独有的舒缓而沉稳的生活。[1]

今天的成都是现代的、开放的，她与其他大都市一样，有着无数的高楼、现代化机场、宽阔的高速公路、滚滚的车流……然而，成都之所以是一座来了就不想离开的城市，就在于它独有的蜀文化，以及特有的现代与传统、外来文化与本土文化的水乳交融。导演独具匠心地将民俗文化与现代都市文化糅合在一起，成功地反映出成都的城市文化特质，给受众留下深刻而美好的印象，这是此形象片取得成功的关键所在。

二、新重庆系列宣传片展示山城文化

借庆祝重庆成为直辖市十周年之际，重庆市政府投资拍摄了反映新重庆的系列宣传片——《奇迹之城，梦想之都》《重庆奇迹，一起参与》《美不胜收，我的重庆》。系列宣传片从不同的侧面，着力反映这座新中国最年轻的直辖市发生的翻天覆地的变化，给观众展现出红红火火的山城生活画面。

重庆民俗文化是巴蜀文化的重要组成部分，它与蜀文化有着紧密的联系，但又具备自身特有的内涵。重庆历史上长期归属四川，重庆城市形象片成功与否的关键，不仅在于如何去展示重庆新的建设发展成就，还取决于如何去表现重庆独有的文化，尤其是特有的民俗文化，让重庆从蜀文化中跳跃出来，塑造起长江畔雄伟山城的鲜明形象。在新重庆系列宣传片中，导演将纤夫、"山城棒棒军"与重庆现代大都市图像交融，给人强烈的视觉冲击力；将赛龙舟、舞火龙、抛铁花、巨无霸火锅与繁华的都市场景交相辉映，展现出重庆独有的火红生活和重庆人的顽强、坚韧、豪迈的性格；展现了晒辣椒、天井小院、长嘴铜壶茶艺……一幅幅美丽的画面，反映了山城人悠闲生活的另一面；将方言评书、地方民歌与大三峡糅合在一起，表现出厚重、朴实而悠久的巴渝文化。[2]

由三部短片组成的新重庆系列宣传片，总体上看，较好地将民俗文化与现代文明进行融合，表现了山城重庆特有的魅力，表现了重庆的奋进与开放。笔者认为，此系列形象宣传片较成功地运用了民俗文化元素表现城市形象，但制片人对重庆民俗文化独有的内涵还略显提炼不够，重庆人特有的生活方式、生活文化没有完全展现出来。若能在民俗文化

[1] 中共成都市委宣传部、成都电视台. 成都，一座来了就不想离开的城市 [CD-ROM]. 成都：成都音像出版社，2004.
[2] 新重庆系列宣传片 [BD/CD]. (2006-01-17) [2007-05-03]. http://www.cq.gov.cn/video/20060117290.HTM.

上作更深的挖掘，重庆形象广告片会给受众留下更深的印象，影片会取得更佳的传播效应。

三、《荣耀西安》传播秦川文化

由著名导演侯咏执导的西安城市形象宣传片《荣耀西安》，再现了古都西安历史的辉煌，展现了西安现代化进程中取得的成就，表现了西安面向世界、面向未来的雄心，给观众描绘出一幅古都沧桑巨变的宏伟画卷。

西安拥有三千多年的历史，曾是十三个王朝的都城。悠久的历史、灿烂的文化，使今日的西安人坐拥着十分丰厚的民俗文化遗产。《荣耀西安》不仅向观众展示出西安众多的古迹、历史的荣耀、现代都市的新貌和今日的成就，还展示出了西安人平凡的生活。普通西安人的生活与西安民俗文化息息相关。影片中，导演采用高亢的秦腔、西皮流水、众说方言"撩杂"，将西安人刚健、豪放的性格凸现出来；大红灯笼高挂的民居大院、热闹的婚礼、吸引"老外"的古玩市场、热气腾腾的羊肉泡馍、大红大绿的踩高跷表演，一幅幅生动的民俗文化图将西安人朴实而充满激情的生活描绘得淋漓尽致；神话与历史糅合，宫廷舞蹈与秦川大鼓辉映，尽显千年古都特有的文化内涵。[1]

《荣耀西安》聚焦的民俗文化，不仅让受众看到了一个积淀历史文化的古都和正走向全面现代化的科技新城，它还让受众看到了灿烂在古城的一张张淳朴、温厚、豪放的笑脸，感受到这座城市厚德载物、开放包容、天人和谐的文化传承，让人们真正明白了什么是西安。总体上看，《荣耀西安》是成功的，它较好地诠释了这一西部古都的文化内涵。但是，令人遗憾的是，影片的后半段反映西安的工业化成就，没能很好地将人文精神融合其中，不免给人以干涩之感。这一不足，也正印证了民俗文化对创作城市形象广告的重要性。

四、《绽放的春城》展现多民族文化

昆明市政府聘请著名的广告片导演唐高鹏执导，拍摄了昆明形象宣传片《绽放的春城》。形象宣传片由"缤纷昆明""和谐春城""安居昆明"三章组成，伴以一首欢快的"浪漫昆明"主题歌，展现出花团锦簇、日新月异、和谐安详的春城景象。[2]

云南是我国少数民族种类最多的省份之一，昆明作为云南的首府，最集中地展现了云南各族人民灿烂的文化。昆明的民俗文化，凭借多民族民俗文化的相互交融，具有其他城市不可媲美的丰富而独有的文化内涵。《绽放的春城》的创作者，首先抓住"花文化"这一昆明民俗文化最鲜明的特色，以之为主线，通过慈祥的吸水烟老者、身着传统民族盛装的姑娘和幼童等一系列人物形象，将少数民族服饰、歌舞、泼水节、独木花舟等民俗文化串联起来，映衬以云南特色民居、小巷，编织成一只美丽的民俗文化花环，陪饰在现代都市文明的颈项上，给观众展现出了一个多民族和谐相处的昆明，一个博大包容

---

[1] 荣耀西安 [BD/CD]. (2007-02-27) [2007-05-03]. http: //www.chinaevw.com/movie/7388.htm.

[2] 昆明日报: 再造形象宣传片 昆明递出新"名片"[BD/OL]. (2005-11-02) [2007-05-03]. http: //www.xinhuanet.com/chinanews/2005-11/02/content_5491268.htm.

的昆明，一个正走向现代化、走向世界的昆明。[1]

一座城市的韵味在于它的民风、民俗，只有抓住了民俗文化，才能拍摄出一个城市独特的气息。昆明丰厚的民俗文化给专题宣传片的创作者提供了取之不竭的源泉。影片创作者总体上把握住了城市形象片的创作规律，采集和提炼了一部分民俗文化去诠释昆明这座多姿多彩的城市，然而，也许由于宣传片的容量有限，而昆明的民俗文化内涵太丰富，影片将一些昆明独有的文化符号给舍弃掉了，让人感到昆明的韵味还没有完全表现出来。若能在此下更大的功夫，影片应当会更加完美。

五、《天绘山水，仙境桂林》描绘漓江山水文化

2006年，桂林市政府在中国东盟自由贸易区建立、中国东盟博览会举办之际，聘请著名广告片导演吴杰执导桂林形象片《天绘山水，仙境桂林》。形象宣传片由"天绘山水""仙境桂林""互动桂林"三个部分构成，以桂林山水感动人为线索，向人们描绘出一幅幅山水与人和谐共处，自然、传统与现代文明包容共存的美好图画。[2]

桂林是一座文化古城。两千多年的历史，使它具有丰厚的文化底蕴，有着"游山如读史，看山如观画"的美誉。在这一片神奇的土地上，生活着壮、瑶、苗、侗、仫佬、毛南等十多个少数民族。迷人的自然风光、多彩的民族风情、厚重的历史文化，让桂林拥有了十分丰富的民俗文化底蕴。桂林是一个以旅游为支柱产业的城市，桂林形象片必然着力于自然景观、人文与旅游基础设施的展示。《天绘山水，仙境桂林》的制作者精心提炼了一部分民俗文化，将其与桂林山水、现代化旅游设施糅合在一起，赋予了桂林更多的灵性。影片中，漓江上荡漾的竹筏、竹筏上的鱼鹰，山坡上身着民族盛装的少女、少女那嘹亮的山歌，夜色中的水乡民居、江面漂浮的河灯、斗笠、蓑衣、竹竿舞、刘三姐传说……一串串民俗文化元素，让观众看到了一个美丽而生动、奋进而祥和、内敛而开放的桂林。[3]桂林的山水是天绘的，而天绘的山水因人而成为风景。民俗文化是桂林人的符号，是桂林人的精神。《天绘山水，仙境桂林》的制作者能牢牢抓住民俗文化这条主线，将自然与人文有机的融合，是形象片取得成功的主要原由。

纵观西部五市形象广告片，民俗文化在其创作中发挥了十分重要的作用。分析上述形象广告片在利用民俗文化方面的成功与不足，就如何利用民俗文化为城市形象广告的创作服务的问题，笔者认为，一是应注重民俗文化的典型性。西部地区民俗文化具有许多共同之处。在城市形象广告片的创作中，原则上不应采集与其他城市共有的民俗文化，而应着力提炼本城市独有的、最具特色的民俗文化。只有通过典型的文化符号的运用，

[1] 绽放的春城[BD/CD].（2006-12-07）[2007-05-03].http：//www.chinaevw.com/movie/7105.htm.

[2] 杨柳. 天绘山水，仙境桂林旅游形象片首映式在南宁举行[BD/OL].（2006-11-06）[2007-05-03].http：//www.gxce.cn/Article/ShowArticle.asp?ArticleID=18481.

[3] 天绘山水，仙境桂林. 桂林旅游形象宣传片[BD/CD].（2002-02-28）[2007-05-03].http：//www.guilinok.com/data/2007/0228/article_1961.html.

才能在受众脑海里形成清晰的城市形象。二是注重民俗文化的知晓度。城市形象广告片的创作，不仅要采用本城市独有的、最具特色的民俗文化，还要考究它是否已具有广泛的影响。原则上，在城市形象广告片的创作中，不应选用生僻的、鲜为人知的民俗文化。若选用生僻的民俗文化素材，处理不当，会让受众对城市形象产生疑问，无法与观众产生共鸣；三是应注重民俗文化的美感度。城市形象广告片是对城市形象的艺术再创造，所采用的文化元素都应符合受众的审美需求。西部民俗文化的内容十分丰富，但不是任何民俗文化都适合影视表演这一艺术形式。只有选择适宜视觉审美需求的民俗文化，对其进行必要的艺术加工，方能使之成为城市形象广告作品的有机组成部分，让民俗文化在城市形象广告片中起画龙点睛的作用。

总之，西部五市形象广告片的成功，在某种程度上，应归功于本土文化、民俗文化。西部城市形象推广，乃至西部产品和服务的推广，其广告作品的创作，都应更多地从丰厚的西部民俗文化中汲取营养，才会具有鲜明的特色。广告创作，特色即创新。广告人只有植根于本土文化，走自己特有的发展道路，广告作品才能在激烈的市场竞争中具有旺盛的生命力。

练习题

一、思考题
1. 简述电视广告的要素。
2. 简述电视广告的基本特征。
3. 举例说明电视广告的听觉要素在电视广告创意中的重要性。

二、讨论题
1. 选择两则电视广告案例，具体评述其不同的创意方式及表现手法。
2. 以东部沿海城市的形象广告片为例，分析民族文化元素在其中的运用。

三、案例分析
以下是李宝赢堂参茸酒电视广告的案例简介：
广告主题：父爱
广告客户：香港李宝赢堂（国际）集团有限公司
广告内容：
字幕：1976年　我小时候
画面：农村的傍晚，夕阳西下，家家户户开始做饭。父亲用独轮车带着兄弟俩走在回家的路上，他们的笑声回荡在天际。

　　旁白：小时候，爸爸总是把最好的留给我们，他说我们是他的希望。

　　画面：院子里，父亲在劈着柴，兄弟俩在旁边做作业，父亲偶尔回过头欣慰地笑笑。

　　画面：古朴、干净的老房子里，古灵精怪的孩子吸着鼻子偷偷溜进厨房，掀起锅盖偷吃，父亲慈爱地拍开他的手。

　　画面：一家人围着桌子吃饭，父亲慈爱地把肉夹到孩子碗里。看着孩子狼吞虎咽地吃着。

　　画面：父亲疲惫地靠着门，特写父亲累得敲敲自己的背。

　　旁白：直到有一天，爸爸病了。

　　画面：孩子们看着父亲疲惫的样子，看着父亲舍不得地倒出最后几滴酒，顿时明白了一件事。

　　旁白：我才明白，他更是我们的希望。

　　画面：兄弟俩看着在河里抓到的鱼，兴奋地欢呼。

　　画面：兄弟俩跑进李宝赢堂店里，稚嫩的声音带着坚定。

　　配音：爷爷，我们要参茸酒。

　　画面：特写，老板从带有红色标志的大酒缸里倒酒进酒壶，特写酒和老板亲切的笑容。

　　画面：兄弟俩抱着酒壶飞快地跑回家。父亲看着孩子这么懂事，欣慰地摸摸他们的头。

　　配音：爸爸。

　　画面：镜头切换，现代化的李宝赢堂店里，已经长大的孩子从营业员手上接过参茸酒。

　　旁白：回家看爸，就要参茸酒。

　　画面：儿子开车在回家的路上，车座旁的参茸酒随着汽车颠簸着。儿子想着父亲，不由得微笑。

　　画面：一家团聚，其乐融融。孩子长大了，父亲的脸上却精神依旧。全家人围着参茸酒，对着镜头露出了幸福的微笑。

　　画面：Logo、包装定格。

　　旁白：点滴之间，尽显亲情。李宝赢堂参茸酒。

　　　　请分析该广告的成功之处。

　四、案例分享

　　　　请同学们分别挑选一支最令你感动和你认为最具有民族文化元素的广告与同学们分享，并说明理由。

推荐网站

　1. lookcf 影视广告汇

　2. 中国广告门户网

▼

第六章

微电影广告

随着消费时代的到来，传统广告的信息传播方式已满足不了消费者对品牌商品信息的接收心理的需求，广告商需要不断探索发现新的传播方式来满足消费者复杂的需求，加之以互联网为代表的新媒体的崛起，融媒时代的来临，故事形式的微电影广告应运而生。

第一节 微电影广告概述

微电影广告是在微电影的基础上发展起来的，有别于早期 CF（Commercial Film）、TVC（Television Commercial）形式的新兴广告形式。微电影的概念发端于我国，《一个馒头引发的血案》是我国微电影的雏形。所谓微电影（Micro Film），即微型电影，指的是在电影和电视剧艺术的基础上衍生出来的具有完整的故事情节和可观赏性的小型影片。它能让观众更清楚地记得发生在 30 分钟以内的故事，并且长时间记忆犹新。微电影是微时代——网络时代的电影形式，事实上是国外早已有之的"短片"的中国改良版。微电影以短小、精练、灵活的形式风靡于中国互联网。微时长、微制作、微投资是其被称为"微"电影的原因。

一、微电影广告的诞生

第一部微电影广告存在着诸多争议。早在 2002 年，广告人谢晓萌就已拍出了中国第一部广告式电影《城市画报之欲望 70》，并在 2005 年推出了百度系列小电影广告，特别是《百度唐伯虎篇》的出现，被业界称为"中国广告走向数字娱乐小电影的奠基之作"。在此之前，还有两次著名的电影式广告网络传播活动——在国外是 2001 年宝马汽车请全球八大导演各拍摄一部 10 分钟左右的电影，放置在网络上供人下载观看；在国内是 2003 年丰田威驰汽车请张艺谋导演了一部小电影，也同样进行了网络传播，这两次广告传播活动都相当成功。2006 年阿里巴巴、雅虎推出了冯小刚、陈凯歌、张纪中为雅虎搜索拍摄的三部小电影广告，可以看成是微电影广告早期发展的代表作品，但中国的微电影广告时代是从 2011 年正式开始的，2011 年 1 月，被称为"微影之父"的杨志平率先在理论界提出了"微影"概念。实际上凯迪拉克于 2010 年 12 月推出的《一触即发》被业界普遍看成是中国微电影广告成熟的标志性作品。

二、微电影广告的内涵

基于目前学界对于微电影的研究成果，可将微电影广告定义为：由广告主付出代价，以新媒体为主要投放渠道的经过科学提炼与艺术加工的"类"电影视频广告短片（时长在 30 ~ 300 秒），以期达到品牌故事的讲述和企业形象与品牌理念的传播目的。[1]其本质仍然是广告，且具有商业性或目的性。微电影广告，采用了电影的拍摄手法和技巧，大大地增加了广告信息的故事性，能够更深入地将商家的品牌形象、理念进行渗透和推广，实则达到了化无形为有形的境界。微电影广告，也是电影，但是微电影时长比电影短小精悍，且产品或理念成为了整个电影的第一角色或是线索。这也是区别于电影植入式广告的最大特点。从微电影广告本身而言，具有四个鲜明的特征：受众的双重定位，即既是网络用户又是品牌消费者；素材的草根性，甚至导演、演员的草根性；时间"微"，剧情"全"；故事的"新""奇""特"。[2]

微电影广告通常是运用新媒体平台（计算机、平板、手机）进行播放，有完整的故事情节，以产生话题为目的的视频短片，可单独成篇也可系列成剧，有互动性、灵活性强的特点。在网络视频日益发达的互联网时代，微电影广告的互联网播放平台，不仅使微电影广告具有网络广告所有的特点，而且极强的故事性特色，起到了电影植入式广告用故事的吸引力、娱乐性降低广告受众对广告商业特性带来的先天性抵触情趣的作用。微电影广告的时长通常为 5 ~ 30 分钟，对比传统 60 秒以内的常规标准时段的电视广告，极大地扩展了广告人的创意空间，电影艺术的表现形式也增强了微电影广告的艺术魅力。总之，微电影广告的传播优势明显，更具亲和力的情感式娱乐体验，传播渠道多样化，具有更强的互动性集群式扩散效果，体现出精准营销的特色，与品牌、产品理念的有机结合能产生巨大的社会影响效应和商业效应。

---

[1] 高诗劼．"碎片化"语境下电视广告发展的"聚"挑战与"微"契机 [J]．东南传播，2012 (9)：104.
[2] 肖红．浅析微电影广告作品的特点 [J]．东南传播，2013 (3)：27.

三、微电影广告的类型及发展模式

微电影广告根据表现的内容可分为三大类：一是产品广告；二是品牌形象广告；三是观念广告。产品广告是指向消费者介绍产品的特征，直接推销产品，其核心是要采用各种方式介绍、宣传产品的特点和优点，利用各种劝说内容和形式，诱导人们购买。例如，诺基亚的《N9，不跟随》，凯迪拉克的《一触即发》和《66号公路》，OPPO手机的《FIND ME》等。品牌形象广告是广告主向公众展示其实力、社会责任感和使命感的广告，通过同消费者和广告受众进行深层次的交流，力图使品牌具有并且维持一个高知名度和美誉度的品牌形象。例如，城市微电影《相约山楂树》《岸边的记忆》，台湾大众银行的《梦骑士》，百事集团出品的《把乐带回家》等。观念广告不是直接宣传商品，而是引导消费者改变原有的消费观念，树立新的消费观念和消费方式。观念广告有助于企业获得长远利益。例如，支付宝出品的《郑棒棒的故事》、腾讯旗下的支付品牌财付通推出的《魅力女人的成长故事》等。[1]

目前微电影广告在中国的发展模式分为两种：一种是由视频网站或者商家发起的向民间征集微电影，再进行评选加工制作，此类微电影广告成本较低，制作人员大都非专业，制作不够精良但是有很多好的创意点。另一种是由商家直接量身定做微电影广告，此类微电影广告成本较高，制作人员较专业，制作精良但思维较局限。

随着传统模式广告逐渐被取代，品牌定制微电影广告成为商家广告营销的新手段，随着凯迪拉克《一触即发》等微电影广告的成功，微电影的广告形式受到了越来越多商家的青睐和受众的追捧，但另一方面，微电影广告过度商业化，广告成分过多，让微电影广告也受到了一部分受众的质疑。

第二节　微电影广告经典案例及评析

经典案例6.1　微电影广告早期代表作品——雅虎广告《跪族篇》

【案例简介】

广告主题："生活因找到而快乐！"

广告客户：阿里巴巴雅虎

品牌：雅虎搜索

导演：冯小刚

---

[1] 许娅. 微电影广告的类型研究 [J]. 广告研究，2012（7）：67.

主演：范伟、尹晓洁、赵丽颖

编剧：邹静之

故事主要人物：秦总——范伟饰；女秘书——尹晓洁饰；贵族小姐——赵丽颖饰

广告内容：（剧本）

（宽敞的车上，秘书尹晓洁给范伟倒一杯红酒。）

尹晓洁：秦总！

范伟：就这样干喝？？

尹晓洁：秦总，我刚来，不太了解您的习惯。

范伟：哎呀！兑雪碧嘛！现在老板都掺雪碧喝！年轻人，要注意观察。

尹晓洁：秦总，您当着我怎么喝都没事！正式场合您可千万别掺着喝。

范伟：什么意思？

尹晓洁：您想想啊，这欧洲人研究了几百年，最难的工艺就是从红酒里把糖分给抽出来。您这一兑，不是又给兑回来了吗？

范伟：哦！那干喝雪碧，总行了吧？

尹晓洁：那当然，您就记住，正式场合千万别掺着喝就行了。

范伟：气……，哎呀，总忘。干杯那英语是气死谁来着？

尹晓洁：不是气死谁。是 cheers。

范伟：是嘛！cheers 嘛。

（马场，范伟相中一匹马，正要抚摸）

赵丽颖：Don't touch... 别碰！

范伟：唉！你这个人可笑得很。噢，你可以骑，我不能摸。

赵丽颖：人跟人有异，马与马不同。丹尼尔是英国纯血马 Northern Dancer 的亲外孙，血统纯正。

尹晓洁：北方舞蹈家，非常名贵的马。

范伟：噢！还挺飞沫丝的哈！好，开个价，我买了。

赵丽颖：那得看你的祖上有多贵了。

范伟：你是何许人也？

赵丽颖：祖上汝南周氏，和这马一样，血统纯正。

范伟：做啥生意的？

赵丽颖：什么都不干，贵族。Baby, let's go。

范伟：三天，我要她知道我有多贵。（车上）

范伟：花钱！请专家！给我一定查出一个歪～～瑞飞沫丝的祖宗。那个，八代以内的就不要查了，最出名的听说也是个劫道的。让他们往远远的十八代以前的查，我就不信我们秦氏赶不上他们周氏。

（专家讨论室，一个长胡子老专家手拿一串佛珠侃侃而谈。）

老专家：关于寻根溯源之事，在下有几句要汇报。往古者，所以知今也。秦总如此成功人士，能有认祖归宗之心，实乃君子之道……

范伟：拣那个要紧的说。

老专家：姓氏源流乃一深奥之学问。倘若由源头顺流查找，颇为容易。但现在我们是由旁枝别叶，逆流而上，难免迷途啊。加之秦总是既无族谱又不知郡望堂号……

范伟：不是跟你说过吗？南山石头村嘛。

老专家：是……，我们将根据这一细微之线索，先做资料汇总，查出分支流向，做各房男丁年庚谱表，还要细辨婚丧嫁娶行踪，然后出图……列顺序，以探微寻巨之心，找到南山石头村这枝别叶，再反推回去，以求这次认祖归宗之万分之正确……

范伟：给你们三天时间咋样？

老专家：三天？倘若没有新出土文献的干扰，我们这些人查清楚了大约需要三十年。

（车上）

范伟：三十年！那丫头和那马老得还能看吗？

尹晓洁：秦总，其实您真的没必要迷信专家。用雅虎搜索，输入秦氏名人，一搜，结果不就出来了吗！

范伟：搜一回多少钱。

尹晓洁：免费的。

范伟：那还等什么，赶紧搜啊！！

（范伟正在享受踩背）

范伟：使劲，使点劲，我受力。偷懒不给钱啊。

（手机响）范伟：啊，是我。……这么快就搜到了？？

尹晓洁：秦琼，瓦岗寨起义的那个。

范伟：轻点丫头！……不是跟你们说过吗？劫道的不要嘛……秦香莲？她的娃姓陈嘛！

尹晓洁：还有秦少游。

范伟：干嘛的？

尹晓洁：苏东坡的妹夫，是个词人。

范伟：还有谁？……秦海璐？文艺界的都不要。要找就找个官大的，像秦始皇那个级别的。

尹晓洁：我汇总您的条件，再搜范围就缩小了。（然后边打字边念）官居显赫……

范伟：等等，还得妇孺皆知，问一个穿开裆裤的小娃娃都知道的人。

尹晓洁：（打字：妇孺皆知，二十四史有传，跪族。）性格呢？脾气秉性都随您吧。

范伟：随我干啥呀？是我随他老人家！……结账吧，实在受不了了。

尹晓洁：（喊司机）张师傅！您跟秦总时间长，说说他有什么特长吧。

张师傅：哎！怎么说呢？特别能给别人定罪名。

（尹晓洁打上"莫须有"，然后按搜索。）

（认祖大会现场，大屏幕上写满网友的信息，全写的是"秦桧"。）

范伟：哎？这咋会是他呢？这敢情是下跪的那个跪族啊！

尹晓洁：这条件都符合您的要求啊。大官，职位相当于现在的美国国务卿；妇孺皆知，爱好也随您。

范伟：问题是他是陷害岳飞的大奸臣啊。

尹晓洁：您可以换一个角度想啊，岳飞当时是和北方少数民族打仗，是吧？打的是内仗吧。按现在的说法你祖上也是和平主义者呀！

范伟：不认了，不行吗？

尹晓洁：人生当知来处，不认即为不孝。宣布吧。

图6.1　冯小刚版雅虎微电影广告《跪族篇》情节片段
（图片资料来源：优酷网）

司仪：现在我宣布，秦先生是秦桧第二十八代嫡孙，系血统纯正之跪族。雅虎搜索结果公正有效。

（礼仪小姐递上塑有秦桧跪像的奖杯，范伟表情无奈接过）

（范伟将奖杯镶在车头驶入马场）

范伟：先祖秦桧，曾官居显赫。历任太学学正，职方员外郎，御史中丞，直至宰相。家喻户晓，妇孺皆知，二十四史中人。……爱和平。

赵丽颖：恭喜秦先生，雅虎搜索已经搜到了您的坐骑，蛮般配的。

范伟望去，只见一头驴在哼哼……

【案例评析】

2006年1月4日，阿里巴巴雅虎启动"2006雅虎搜索创意盛典"，投资3000万，盛邀三位国内著名导演——陈凯歌、冯小刚、张纪中拍摄了三支以"雅虎搜索"为主题的广告片，即冯小刚的《跪族篇》（见图6.1），陈凯歌的《阿虎篇》，张纪中的《前世今生》，三支广告各具特色。

"冯氏幽默"是微电影广告《跪族篇》的最大特色和亮点。其幽默性首先体现在标题"跪族"二字上，谐音"贵族"，暗指广告片中的主人公身份——一位暴发户式的"土豪"，其字面意义的"下跪"，也紧扣故事情节的设置——秦桧的跪像，从而引发广告受众的好奇心；其次，主人公的形象设计极具喜感，"土豪"秦总的"任性"特色被家喻户晓的著名喜剧演员范伟演绎得淋漓尽致；再次，在情节的设计上，一个寻根问祖的故事，场景层层推进，环环相扣，暗含悬念，渐入高潮，其结局令人捧腹。豪华汽车中关于红酒兑雪碧的对话引出主人公的身份，马场身份的受挫是寻根故事的起因；寻根大会上的讨论引发雅虎搜索的使用，按摩室的搜索要求设置悬念，公证大会揭开谜底——"跪族"祖先秦桧的出场引发高潮，马场的炫耀令人回味。最后，台词的设计也具有爆笑性的效果，如"三天，我要她知道我有多贵"，台词的经典能够制造很多话题，形成网络热点，增强广告的传播性。

在广告的创意方面，故事情节紧扣"生活因找到而快乐"的主题，雅虎搜索在一瞬间完成了专家要30年才能完成的搜索，本身就说明了雅虎搜索的强大，广告的诉求点——雅虎搜索"找到"这一功能特征在影片中呈现自然，表现充分，是推动故事情节发展必不可少的环节，品牌展示明确，如"雅虎公证有效"的细节设置。广告调性的娱乐性定位，讽刺幽默的风格特色，能带给目标受众精神上的愉悦感，同时穿插的漫画表现手法起到画龙点睛的作用，增强了讽刺幽默的效果。

经典案例6.2　中国广告走向数字娱乐小电影的奠基之作——百度广告《唐伯虎篇》

【案例简介】

广告主题："百度更懂中文"

广告主：百度

广告代理：协作广告 china-team AD

广告制作：制作谢晓萌导演工作室

广告内容：

该广告讲述的是：在古代中国，趾高气扬，身边美女如云的洋人看着官府绕口令般的"我知道你不知道"的悬赏告示，自以为无所不知。这时，江南风流才子唐伯虎出现了，断言："你未必知道。"唐伯虎开始念告示："我知道，你不知道我知道，你不知道。"这个外国人仍然傻傻地念着："我知道。"唐伯虎继续念："我知道你，不知道我。"围观者为唐伯虎的聪明拍手喝彩。这个外国人还嘴硬，不愿认输地嘟囔着："我知道。"唐伯虎嘲弄地摇摇头说："未必。"然后接着念："我，知道你不知道我不知道。你不知道我知道你不知道。"三次断句成功地将洋人身边的众多女子从师奶到尼姑悉数吸引过来，最后一次甚至将其女友也一并夺去，还当众亲热，直至将这个洋人气至当场吐血倒地，众人一片哗然，接着齐声欢呼："百度更懂中文。"

一组字幕相继出现："有问题百度一下""最理解中文，特有中文分词和切词技术，理解更精准""最明白中文，人性识别及音译关键词，合乎中国人习惯""最

图6.2　百度广告《唐伯虎篇》

（图片资料来源：《国际广告》，2005，12（19）.）

尊重中文，完全中文自然语言处理，与网页分析技术""最专注中文，全球最出色的中文技术团队，无可匹敌""最享受中文，拥有全球最大中文社区，贴吧"。

【案例评析】

该广告荣获第12届中国广告节全场大奖，2005年度中国品牌建设十大案例，也被称为"中国广告走向数字娱乐小电影的奠基之作"，广告的经典性不言而喻。在当时业界还没有提出微电影广告的概念，今天再来审视这支网络视频广告，更准确地说应该称为"中国网络微电影广告的奠基之作"。广告界的权威杂志《国际广告》曾连续两期对这支在当时广告界引起轰动的广告的创意、营销传播进行专题研究，但同时也是一支具有争议性的广告。

广告在创意表现层面当时引发争议的焦点之一：好广告是否需要打破定式，好广告是否等于简单。很多广告人从专业的角度出发，认为这部片子拍得太复杂，内容太多，不够单纯，不符合某些规则。广告制作人则反驳道："这是因为很多广告人用电视台广告的标准来看待这部在网络上播放的广告小电影。"当然，在今天看来，微电影广告已然在网络中大行其道，这一争议已不存在，微电影广告已被业界普遍承认为一种新的广告类型。

引发争议的焦点之二：该广告是不是本土创意对国际创意标准的反动与觉醒？有人称这是广告界国际派与本土派的一次对抗，一次前所未有的对决。有来自国际广告公司的人士表示，这样的创意在其公司连内部评估都无法通过，不少人表示这样的片子不可能拿到戛纳奖，因此是有欠缺的，还有广告人则认为片子很无聊。而另一种意见认为，这才是真正的中国本土创意。一位曾在本土和国际公司都做过创意总监的人士认为，这条广告远比之前多年的全场大奖更能打动中国人，并认为此片"将揭开中国广告创意的新篇章"，之所以有这样的争议，是因为百度唐伯虎篇不仅仅是运用了一些中国元素，而是呈现出一种非常不同过往获奖广告片的表达方式和态度，是一种极为纯粹的中国式幽默和非常鲜明的中国意识。无厘头这一获取年轻人信赖的制胜法宝在百度《唐伯虎篇》中真是大放光芒（见图6.2）。滑稽的人物造型、荒诞的故事情节营造了一种周星驰式的幽默，在充斥了大量矫情、煽情、滥情的电视广告的今天，百度的这支广告让人会心一笑。纯粹中国元素的运用有力地阐释了百度作为"中文第一搜索引擎"的含义。实际上，周星驰的无厘头电影本身也引发了诸多争议，广告的创意、表现风格还是应当取决于广告目标受众的定位分析。[1]

该广告还有一个法律层面的争议焦点：该广告的创意是不是对法律规定巧妙的规避？根据《中华人民共和国广告法》第十二条规定："广告不得贬低其他生产经营者的

---

[1] 百度唐伯虎. 中国广告走向数字娱乐小电影的奠基之作 [J]. 国际广告1，2005（12）：9.

商品或者服务。"该广告同时也是一支竞争广告，有极强的目的性，广告中设计的主要形象，唐伯虎和吐血的外国人，象征意义非常明确，那就是"更懂中文的百度"和当时百度最大的竞争对手谷歌搜索，中国营销传播网称其为"中国第一支通过赤裸裸打击对手并为自己叫好的广告片"，甚至有人称这支百度广告是"一次冒险的，杀父式的品牌独立行动"。此片的主要创意人之一的陈格雷也表示本片要达到的目标：建立百度用户的使用自豪感，直接打入对手用户的心理体验。贬低竞争对手谷歌搜索的意图非常明显，但即使对手提起法律诉讼，谷歌是很难提出直接证据的，这就是这支广告创意上的巧妙了，加之使用的是网络病毒式营销传播策略，对于网络广告，现有法律规定是缺失的。在日益重视法制健全的广告市场，《广告法》的修订草案已于 2015 年 4 月 24 日经全国人大表决通过，健全的法制才能保证广告市场的有序竞争，从这个角度来看，百度的这种行为是不值得提倡的。

该广告在营销传播上的策略及效果则是令人称道的。病毒式营销传播的策略在中国的预演，取得了意想不到的传播效果。《唐伯虎篇》从百度员工发电子邮件给朋友和在某些小网站挂出链接开始传播，仅仅一个月的时间就在网络上吸引了超过 10 万人次下载或观赏。此后，许多网站和不计其数的个人博客以及许多 BBS 论坛为该片提供下载链接。截至 2005 年底，已经有近 2 000 万人观看并传播了此片。病毒式营销传播这种鼓励目标受众将市场信息像病毒一样传递给他人，使之在曝光率和影响上产生几何级增长速度的营销推广策略可以耗费较少的人力、物力，将信息在短暂的时间内快速地、爆炸式地传递给成千上万的消费者。该广告仅用十万级的拍摄费用，达到了近亿元的传播效果，病毒式营销已经成为网络营销最为独特的手段。

经典案例 6.3 好莱坞大片式的广告——宝马系列广告之《实时引爆》（*Ticker*）

【案例简介】

广告客户：宝马

品牌车型：宝马（BMW）——Z43.0i

导演：乔·卡纳汉

主演：克里夫·欧文、丹·驰道尔

广告内容：

影片讲述了一个拯救与逃脱的故事：在一个不知名的异国城市，车手冒着被直升机袭击的危险，载着一个拿着神秘箱子的受伤男人。箱子在遭遇袭击时被子弹击中，上面的显示屏开始倒数计时，弹孔中还流出不知名的液体。车手摆脱直升机的追击后，拒绝前进，质问箱子里装的是什么。情节逐渐推移，原来这个男人守护着

图6.3 微电影广告《实时引爆》（*Ticker*）情节片段
（图片资料来源：优酷网）

一颗心脏，将要移植给国家的一位元首。这个国家人民的自由就维系在他的生命和为和平所作的努力之上。车手及时把箱子送到了这个政要做手术的地方。在那里一个军官候在一旁。据车手搭载的男人称，如果这位元首死去，这名军官就会接管国家，让国家陷入专制。美国士兵们看管着他，保证他不会影响手术的进行，最终他不得不放弃用武力夺得政权的野心。

【案例评析】

该广告是2001年4月宝马公司推出的宝马系列广告《雇佣》（*THE HIRE*）中的一集，

虽然当时广告界还没有明确提出微电影广告的概念，但该系列广告对微电影广告的发展影响巨大。

该系列广告共分八集，包括《伏击》（Ambush）、《人质》（Hostage）、《实时引爆》（Ticker）、《打败魔鬼》（Beat the Devil）、《抉择》（Chosen）、《跟踪》（The Follow）、《明星》（Star）、《火药桶》（Powder Keg），集结了8位国际一流的电影大师，包括吴宇森、乔·卡纳汉、托尼·斯科特、约翰·弗兰肯海默、李安、王家卫、盖·瑞奇、伊纳·瑞特，而且邀请到众多世界级明星的倾情加盟。八部宝马微电影广告围绕着"宝马——极品驾驶工具"这一主题，分别通过速度、时间、时尚、机敏、预知、关爱、娱乐、怜悯这八个角度，诠释宝马 BMW 汽车，采用或庄重、或幽默、或调侃的氛围和故事，将消费者牢牢锁定在期望的联想中，唤起了人们对宝马这一品牌的向往之情以及驾驶的欲望。《雇佣》（THE HIRE）推出后，曾横扫各项国际广告大奖，包括 2002 年的戛纳国际广告节网络类全场大奖、两次克里奥广告奖等。在传播效果方面，该系列广告四年内被点击超过 1 亿次；在销售效果方面，宝马凭借该系列广告更是取得了骄人的业绩，2001 年，宝马的年销售额与去年相比上升了 12.5 个百分点，突破了宝马历年来最高的销售纪录。2002 年，宝马的年销售额再创新高，攀升 17.2 个百分点，打败竞争对手奔驰，一跃成为豪车市场上仅次于雷克萨斯的第二大品牌。2014 年 2 月，宝马公司又重启该系列电影，由《心灵捕手》的导演格斯·范·桑特执导首集。

乔·卡纳汉导演的《实时引爆》（Ticker），最大的特点就是在惊险刺激的情节中侧面展示宝马 Z4 在驾驶方面的优越性能和强大的操作性能，紧扣"宝马——极品驾驶工具"这一广告主题（见图 6.3）。从影片中可以很清晰地看到很多细节，如汽车发动机声音中爆发出来的速度和力道；原地自如地掉头，并与直升机的掉头作了一个对比，从时间上和操纵的方便性来讲，都是那么完美；汽车的玻璃上，虽然沾了很多的化学物品，但是用手便可轻轻擦掉；在逃脱的过程中，可以看出车子在越野方面表现出来的优越性能；当子弹打在车子的外壳上，即使外壳被打破，也丝毫不影响驾驶。

紧张、悬疑、积极是该广告的风格特色，正面主题思想是自由与和平，反映了人们为争取自由与和平而不懈抗争的勇士精神以及为生命争分夺秒的拼搏精神，时间是影片关联宝马产品的诠释角度，在表现技巧上，主要采取的是时间倒叙和对比的方式来表现宝马车在速度和操纵性能方面的能力，导演在时间镜头的不断切换中，把重点部分很直白地展现出来，同时也紧紧扣住广告受众的紧张情绪，产生一种欲罢不能的心理效果。驾驶员的高超技术加上安全的宝马车给广告受众带来一种安全的心理，导演为了凸显情节的波澜，故意让车子在最危险的时候启动开出去。巧妙运用悬念手法，直到最后才把故事中箱子的用途告知观众，同时也从侧面反映了宝马车的速度优势，27 英里路的任务在很短的时间内便完成了。影片的对比技巧运用娴熟，直升机对比宝马，在影片中主要通过两个镜头表现，第一是 180° 掉头所花费的时间，第二是卷起的沙子，在沙尘那样严重的情况下依然可以正常驾驶，但是直升机却因此失事。在短短 8 分钟内，整个故事充满张力，闪回、插叙运用得非常纯熟，带给广告受众一种好莱坞大片式的观影体验。

经典案例 6.4　微电影广告成熟的标志——凯迪拉克的微电影广告《一触即发》

【案例简介】

广告客户：凯迪拉克

品牌产品：凯迪拉克 SLS 赛威 2.0T

广告代理：麦肯光明广告公司

主演：吴彦祖

广告内容：

电影围绕一次高科技交易讲述了一个类似 007 电影的惊险、刺激的短故事：在以香港为背景的一座大厦中，一位神秘人正拿着望远镜在观察，这时主角吴彦祖现身酒店交易密码箱，却遭神秘黑衣人组织跟踪追击，危急时刻他纵身从顶楼跃下，与神秘组织展开一场分秒必争的殊死较量。此时影片真正的主角凯迪拉克 SLS 赛威 2.0T 出现，一连串的追逐逃脱场面刻画出其所具有的良好性能，包括车辆定位、自动解锁车门、后视镜雷达、最强 T 引擎、全程音控领航等强大功能。在这些功能的帮助下，吴彦祖一连闪过顶楼刺客、飞车党、火箭炮三批阻击者，终于化险为夷，

图 6.4　微电影广告《一触即发》情节片段

（图片资料来源：凯迪拉克携手吴彦祖首部微电影《一触即发》首映．优酷网）

此时剧情却斜刺里杀出了一个180度的回马枪，吴彦祖揭开脸上的人皮面具，原来是一位"邦女郎"似的漂亮女子，在她通知交易可以开始后，电影片头的那位神秘人也揭开面具，这才是真正的吴彦祖，交易成功进行。最后的标版镜头是绝对主角凯迪拉克 SLS 赛威 2.0T、品牌标志以及"凯迪拉克，傲然科技"的广告语（见图6.4）。

【案例评析】

影片被称为史上首部微电影广告，具有里程碑式的意义。模式亦颇有好莱坞大片的叙事风格，扑朔迷离的剧情和紧张刺激的镜头，让广告受众领教了凯迪拉克"瞩目风范、震撼表现"的强大气场。

从广告的传播效果分析，这部微电影广告无疑是非常成功的。首先，所谓"史上首部微电影"的概念引发全网关注，借"微电影"新概念、吴彦祖明星的影响力，营销战役从预热开始就获得了广泛关注。通过娱乐、汽车新闻传播、社区微电影话题营销、官方微博滚动微直播、视频花絮抢先曝光、影评人口碑推荐等手段，全面打造"凯迪拉克携手吴彦祖将拍史上首部微电影"的话题热度，吊足网友的胃口。其次，全网同步震撼首映，微电影吸引超 1 亿人次观看。2010 年 12 月 27 日晚上 8 点 30 分，微电影在官网、视频网站、微博同步上映。一小时内，"凯迪拉克""吴彦祖""一触即发"三大关键词，同时登录新浪微博最热话题榜。一周后，微电影《一触即发》进入优酷、土豆、奇艺、迅雷最热视频排行榜 TOP10。一个月后，微电影总观影人次超过 1 亿。其三，凯迪拉克官方微博全程"微直播"成就行业微博 NO.1。随着微电影热度的推进，2010 年 12 月底，凯迪拉克新浪官方微博粉丝突破 12 万，成为汽车行业 NO.1，被称为豪华车界的"微老大"。其四，借助"微电影"凯迪拉克 SLS 赛威的网络关注度全面提升。12 月底，"SLS 赛威"百度用户关注度同比上月提升 71%，百度媒体关注度提升 288%。凯迪拉克官网流量提升 5.8 倍。成功的网络营销，助力 2011 年第一季度凯迪拉克 SLS 赛威的销量提升 100%。最后，引发 2011 年全网络微电影营销热潮，《一触即发》的出现，标志着微电影广告在营销界和广告界的正式登堂入室，具有开创性的价值意义。

以上传播效果的取得离不开好的创意。首先从整体创意来看，微电影的表现形式是成功的关键。《一触即发》有别于以前的电影植入式广告，不再是"电影植入广告"，而是"广告植入电影"，即目的是做广告，但手法是电影。这样的广告表现策略，将观众带入电影氛围，让消费者获得电影欣赏过程中的愉悦性，这实际上就是传播理论中的"培养理论"在广告实务中的具体运用。凯迪拉克品牌总监刘震认为微电影必须具备以下要素："其一就是完整的电影叙述结构，要有故事；其二就是与品牌形象相契合的明星主角，制造话题；其三就是强大的制作班底，也就是品质。总之，就是让消费者在短时间内欣赏剧情的同时，能够接触到品牌和产品。"[1] 其次，创意团队对凯迪拉克

---

[1] 李会娜. 微电影：凯迪拉克的广告新尝试 [J]. 中国广告，2008（12）：29.

SLS 赛威的精准定位，"POWER 力量 / 动力与实力"是定位关键词，并由此展开创意构思，表现这一诉求点，引发关注度和爆发点。影片采用好莱坞制作班底，使用国际知名演员，画面场面宏大，视觉冲击力强，无疑都是对以上定位关键词的精心设计。更重要的是剧本的故事性强，与品牌商品的粘连度高，凯迪拉克 SLS 赛威的强劲性能，紧扣剧情，毫无生硬之感。90 秒长度的影片中，当吴彦祖从摩天大厦极速坠落开始，主角凯迪拉克 SLS 赛威出场，开始展示"POWER 力量 / 动力与实力"：第 24 秒，该车的安吉星（OnStar）系统带来的车辆定位功能，以及自动解锁车门功能助吴彦祖逃脱；第 39 秒，吴彦祖不断通过后视镜观察身后追敌，后视镜内不断闪烁的黄灯展示的是该车侧向盲区雷达监测系统（SBZA）的功能，当发现有车辆或障碍物靠近时，就会闪烁图标，避免车辆变线时发生碰擦，扫除驾驶过程中变向和转弯时的后顾之忧；第 52 秒，在直升机的火线追击下，吴彦祖驾车漂移、甩尾，赛威 2.0T 卓越动力和操控性能让其潇洒摆脱敌人的纠缠；第 65 秒，安吉星（OnStar）系统拥有的全程音控领航，实现人车对话，吴彦祖得以隧道脱险。

当然，该广告片也存在着一些不足，作为一部网络视频广告，互动性不足，受众对产品的体验性不强，影片限于 90 秒的长度，节奏过快，第一次观影往往只会聚焦于剧情本身，真正主角凯迪拉克 SLS 赛威被忽视等都是问题，但瑕不掩瑜。《一触即发》配得上"微电影之父"的美名。

经典案例 6.5 贺岁经典——百事"把乐带回家" 2012

【案例简介】

广告主题：把乐带回家

广告主：百事公司

广告代理：上海 BBDO 上海 DDB

主演：张国立、古天乐、周迅、张韶涵、罗志祥

广告内容：

该新春贺岁广告，邀请众多实力明星围绕"把乐带回家"这一主题（见图 6.5），针对旗下的百事可乐、纯果乐、乐事三大品牌演绎了一个春节回家团聚的亲情故事。

春节临近，天空中飘着鹅毛大雪，冷清的火车站中，张国立扮演的父亲发现车站椅子上坐着一位年轻人（古天乐饰），他走上前去关心地问年轻人要去哪里，刚才已经是最后一班火车，年轻人却说自己的目的地就是这里。在得知年轻人晚上没有住处时，父亲便把他带回自己的家。父亲抱着给年轻人的被子说："本来以为孩子们会回来过年。"正在看墙上照片的年轻人问："他们在哪儿呢？"父亲却转移了话题。给年轻人煮饺子的父亲看着窗外的大雪，眼神落寞，他想起给孩子们打过

图 6.5 百事微电影"把乐带回家"2012 情节片段
（图片资料来源：9KK 手机电影之家）

的电话，大女儿（周迅饰）是一家杂志社的主编，她在电话里告诉父亲杂志要提前出版，谁都不能放假，更别说一个礼拜，今年自己没法回去了；二女儿（张韶涵饰）爱好摄影和旅游，告诉父亲她和朋友约了去旅行，明年春节再陪父亲；小儿子（罗志祥饰）是个歌手，他告诉父亲这次新年演出是自己一辈子难得的机会，让父亲在电视上看他。陪年轻人吃完饺子，父亲不禁感叹："这年就这么过喽！"年轻人却笑着说："那不一定吧！"年轻人似乎在暗示着"年一定不会这么过"，其实，年轻人是一位能带来快乐的使者。

接下来的故事发生在年轻人和三个儿女身上。在杂志社门口，大女儿撞翻了年轻人拿的袋子，里面的橙子掉了出来，大女儿捡起来还给他时。他却说："这是你的。"大女儿拿过橙子，看到上面画着的笑脸，想起自己小时候也在橙子上画过笑脸，并且告诉父亲这是她的朋友，父亲听后笑着并充满慈爱地擦掉她嘴边的橙子粒。大女儿从回忆中回过神的时候，年轻人已经离开。随后，年轻人出现在儿子的彩排场地，在休息时，打开可乐的声音吸引了儿子的注意，儿子接过年轻人扔过来的可乐，年轻人一句"别想一口气喝光哦！"使儿子想起了自己和父亲在车站的那一天，在车站，父亲看着喝着可乐的儿子，也说过一句"别想一口气喝光哦"，调皮的儿子为了逗父亲开心，喝光了可乐，父亲用帽子拍着儿子的头。儿子回忆着，嘴角露出了微笑，抬头时看到年轻人离去的背影。在机场，小女儿去超市买东西，一句"你的乐事"在她耳边响起，她惊讶地看着递给她一包乐事薯片的年轻人，年轻人的一句"回家吧"也让她陷入了对父亲的回忆。小时候她和父亲去逛小卖部，想买乐事却不知道如何开口，父亲看穿了她的心思，于是把打算买的手套放回去，拿起一包乐事对她说："你的乐事，回家吧。"小女儿拿着乐事笑了，付钱的时候却被告诉已经付过了，原来是那个离开的年轻人。

父亲在走街串巷分发年货，一天结束回家的时候，遇到回来的年轻人，年轻人告诉他："这是家人团聚的时候，我该走了。"父亲听后很失望，唯一可以陪自己过年的人也要离开了。

除夕之夜，父亲一个人在家吃年夜饭，既孤独又冷清。突然听到门锁的响动，父亲站起来迷惑地看着，门在此时被推开，影片的背景音乐此时变得欢快起来。门外站着大女儿，她告诉父亲自己让全公司的人都回家过年了，就在父亲和大女儿拥抱的瞬间，门外突然响起一声"茄子"，原来是小女儿回来了，她开心地投入父亲的怀抱。就在父女三人围坐在电视机前等着看儿子演出的时候，门外响起了汽车声，小女儿好奇地打开门，原来是儿子回来了，他把演出现场搬到了家里。父亲看着回家过年的儿女们，眼睛里闪动着泪光，他回忆起孩子们小时候过年的点滴。吃过饭后，儿子在搭好的舞台上为大家演出，父女三人给大家分发薯片、可乐等，全家团圆的幸福感洋溢在每个人的脸上。广告的最后，儿子喝可乐的时候，一个美女的主动搭讪也预示着爱情的开始，更是增强了广告带给人的幸福感。广告结束时打出的字幕是："我们已经在回家的路上了，你呢？"

【案例分析】

这支典型的贺岁微电影广告曾荣获2013年大中华区艾菲奖金奖，传统文化中的家意识和亲情带来的浓浓的人情味是广告成功的关键，也是外来大品牌本土化广告策略的成功运用。

在广告战略上，在广告界越来越重视整合营销传播的今天，百事提出了"PO1"（Power of One，统一的力量）的品牌形象打造策略，意思是将旗下的几个品牌整合在一起开启宣传攻势，发挥整体效果。并在 2011 年开始实施，2012 年加入了纯果乐这个品牌，在影片中（见图 6.5），分别由周迅饰演的大女儿代言百事旗下的纯果乐、张韶涵饰演的二女儿代言百事旗下的乐事薯片、罗志祥饰演的儿子代言百事可乐，利用中国人买东西一般求吉利、图喜庆的消费心理，巧妙地用"大吉大利（粒），年年有乐事，百事可乐"的广告语和春节全家团聚齐欢乐的故事情节将百事的三大品牌整合在一起。

中国正在飞速发展，然而发展太快有时带来沉重的代价，一些珍贵的"人情味"和家庭关系越来越被忽视，尤其是中国年轻人，从前在春节期间无论距离多远，全家人都要欢聚一堂，但现在已今非昔比，这支广告想要提醒中国年轻人传统文化的重要性，让大家明白生命的快乐其实源自于"人情味"以及传统的家庭亲情。百事的消费群体定位在"小于 16 岁"和"16~30 岁"这两个年龄段的学生、白领和层次较高的自由职业者，他们年轻、富有激情。"新鲜、刺激、求异，独树一帜"是百事常见的广告定位，一直以围绕吸引年轻人的酷、炫等元素来进行创新，但这支广告却回归到中国的传统文化，以传统文化中根深蒂固的家意识为创意出发点，设计了"把乐带回家"的广告主题，展现血浓于水的亲情之乐，家不仅仅局限在血缘关系之内，家不仅仅是一座房子，而是任何有爱的地方。片中也对主题关键字"乐"诠释了它的多重含义：其一，"乐"字的主题含义：欢乐，过年了，把欢乐带回家，带给亲人！其二，"乐"字的广告含义：百事可乐，纯果乐，乐事三种产品！其三，"乐"字的隐藏含义：古天乐扮演的带来快乐的使者，也是一种快乐的心理状态；其四，"乐"字的电影含义：助人为乐！正因为父亲乐于助人的品格，才使他把"快乐"（古天乐）带回家中，而"快乐"正是为了报答父亲的助人为乐，才通过画着笑脸的橘子（纯果乐广告），一句"别想一口气喝光哦"（百事可乐广告），一句"你的乐事，回家吧"（乐事广告）成功地唤起了儿女们对父亲的温暖回忆！从而圆了父亲和子女过一个团圆年的梦。

广告在诉求策略上是典型的情感诉求策略，通过亲情的渲染来获得消费者的共鸣和认可。广告内容是在外漂泊的人们的现实写照，家中父母的真实心理。目的在于唤醒人们对家的渴望，呼吁人们过年再忙，还是要回家看看，这样才能把乐带回家，强烈的情感渲染、心理共鸣，唤醒了人们对家的渴望。

植根于中国传统文化背景下的亲情故事，使百事这一品牌融入中国人的生活中，拉近了外来品牌与中国人的心理距离，同时也产生了很好的传播效果，该广告推出后，迅速成为网络中的热门话题。据星睿传媒 2012 年 3 月发布的数据显示，该广告上线后仅两个多月点击率就达到一千六百多万。

该广告取得成功后，百事又在 2013 年和 2014 年分别推出"把乐带回家"系列微电影广告，同样获得了成功。

经典案例6.6　爱情的味道——益达《酸甜苦辣Ⅰ》系列微电影广告

【案例简介】

广告主题："关爱牙齿，更关心你""不管酸甜苦辣，总有益达"

广告主：箭牌公司

广告代理：BBDO广告公司

品牌商品：益达（Extra）口香糖

广告内容：

广告讲述了一对青年男女朦胧的爱情故事，以老歌为音乐背景，色彩处理较为暗淡，场景包括许多风土人情和自然风光，整个广告给人一种怀旧的感觉。

《酸甜苦辣Ⅰ》由序篇和四则小故事组成，如图6.6所示。

序篇为《缘起》：广告的音乐背景为《给我一个吻》，男主角（彭于晏饰）骑着摩托车来到沙漠的一个加油站，误以为工作人员是个男人，在他只关注自己牙齿的时候，一句"不错嘛，兄弟"让他猛然抬头，原来工作人员是个美女（桂纶镁饰），两人进行短暂交流后，都欲言又止。油加满了，在那人准备离开的时候，女子叫住他，告诉他"你的益达也满了"。男人走了一段后停了下来，加油站的女人听到车鸣声由远及近，脸上露出会心一笑（见图6.6）。

图6.6　《酸甜苦辣Ⅰ》系列广告序篇《缘起》情节片段
（图片资料来源：优酷网）

故事一"甜"：音乐背景为《我要你的爱》，两人骑车来到喧嚣的小镇集市，男人丢下一句"等我"就突然自己跑掉，女人还未回过神来就看见男人拿了两串糖葫芦回来。女人拿过糖葫芦偷偷扭过脸笑，摩托车却一直无法发动，女人坐在摩托车上得意洋洋地看着男人，最后女人一句"兄弟，先弄好你的牙齿吧，这个我来"之后发动了摩托车。离开的时候，女人坐在摩托车后面环住男人的腰："看路，我们还要去海边呢。"女人依偎着男人，两个人脸上都洋溢着幸福而满足的微笑，那一丝丝情愫就在空气里慢慢发酵，原来有人同行是那么美好的事，如图6.7所示。

图6.7　《酸甜苦辣丨》系列广告"甜"情节片段
（图片资料来源：优酷网）

故事二"酸"：音乐背景为《我的心里只有你没有她》，故事发生在一个小面馆，老板娘漂亮且风情万种，她和男人之间眉来眼去，让女人很窝火。在吃面的时候，女人不小心把整瓶醋都倒进了碗里，却倔强地不肯换一碗，强迫自己流着泪把面吃完，吃完之后却发现男人不见了。这时候老板娘却给了她一瓶益达说："其实他挺关心你的。"两人和好如初。两人之间的小别扭虽然带给人小小的酸涩，却无意间增进了彼此的感情（见图6.8）。最后看到老板娘在对一位白发苍苍的老人说出那句熟悉的"帅哥，要吃点什么"时，女人又偷偷地笑了。

图6.8　《酸甜苦辣丨》系列广告"酸"情节片段
（图片资料来源：优酷网）

故事三"辣"：两人因迷路来到郊外，女人因男人不听自己的意见导致迷路很生气。两人在一个烧烤摊前停下来，女人气急败坏地要了十串烤肉，接过烤肉后拿起一串就往嘴里送，男人急忙阻止，女人却不顾劝阻，结果被狠狠地辣到。当她抬起头看到"辣得跳"的招牌时更加生气，大声质问男人"你怎么不告诉我！"不料却惹到旁边的几个小混混（见图6.9）。当被警告"小声点"的时候，女人爆发了，几句反驳的话彻底惹怒了小混混。男人拉着女人边跑边笑，最终甩掉了追来的小混混，两人再一次冰释前嫌。面对又一个分叉路口，选择哪一个方向都无所谓了，因为只要有彼此就够了。

图6.9 《酸甜苦辣Ⅰ》系列广告"辣"情节片段
（图片资料来源：优酷网）

故事四"苦"，背景音乐选择了《风继续吹》。两人来到海边，唯美浪漫的场景是完全属于两个人的温馨时光，面对和明信片上一样的风景，女人很激动。女人很兴奋地在海水里嬉戏，却突然没了踪影，男人慌忙跳下海去寻找。男人抱着浑身湿透的女人回到岸边，虽然女人被海水呛到，但仍掩不住地开心。女人问："接下来我们怎么样？"不解风情的男人开始滔滔不绝地说他的旅行计划，却没有注意到女人黯淡下去的眼神。她问的不是下一个地点，而是两人会怎样走下去。第二天清晨，女人留下一封信和一个吻，便选择了离开。她一直期待男人会追过来，然而没有。在离开的公车上，想起两人一起经历过的酸甜苦辣，女人泪流不止（见图6.10）。

图6.10 《酸甜苦辣Ⅰ》系列广告"苦"情节片段
（图片资料来源：优酷网）

【案例分析】

该广告在"2011首届微电影节"中获得最佳推广、最佳形象代言两项金奖，并斩获亚洲实效营销金奖、艾菲实效营销金奖，微电影金瞳奖等诸多奖项，给商业微电影树立了一个新的标杆。

首先，该广告的成功得益于在广告战略上对益达品牌的价值延伸。广告创意人围绕益达原有的"吃完喝完嚼益达"的品牌诉求点延伸发散，将快消品的功能诉求与酸甜苦辣的爱情有效地结合在一起，使品牌形象更加鲜活。创意者洞察到在中国人的生活方式中，无论是谈恋爱、结婚、分手，人的情感关系都在饭桌上。所以，"吃"对中国人来说不仅仅是获取食物，还印刻着许多人的情感经历，人生的味道和食物的味道可以有机结合在一起。在此基础上凝炼出广告的情感利益点以及理性利益点："你的益达也满了"——温暖的关爱；"难怪你笑得那么帅"——有益达，你也能笑得和他一样帅；"不管酸甜苦辣，总有益达"——千言万语，总在不言中；"不管是酸的醋，还是辣得跳，有益达，可以实现酸碱平衡，保护牙齿，关爱你的健康。"

其次，广告剧情的设计浓缩了目标消费群体生活方式的细节，使受众在心理上产生共鸣感。益达口香糖的目标消费群体为15~34岁中高收入、中高教育水平、注重牙齿及身体健康的人群，彭于晏和桂纶镁作为益达口香糖《酸甜苦辣篇》的形象代言人，男士帅气清爽、女士清纯自然，他们的几分另类、几分叛逆的个性特征与目标消费群体的特性十分吻合，广告的语言风格如"兄弟""不让女人说话了吗"等，表现出了女性敢作敢当、做自己、不做作的特点，通过他们的旅行生活，他们在旅行中的恋爱、分手、重逢满足了都市白领在幽闭空间中对广阔世界的无限向往与遐想，正好弥补了他们在生活中所缺少的刺激、激情与挑战。

广告锁定的目标消费人群对爱情充满无限向往，而益达口香糖的广告赋予了关爱对方的含义，运用续集式故事体讲述两人邂逅之后爱情的酸甜苦辣故事，是这个年龄段的消费群体自己可能经历或是正在经历着的，或许他就发生在昨天的自己身上，体现在一点一滴的生活之中，女主角撒娇、偷笑、男士见到美女的愣神、女士的醋意、女士想要的安定、男士想要的自由等无处不在的小冲突，其实就是人性化的创意表达，只是汇集在《酸甜苦辣篇》中集中体现和表达了，这种人性化的创意沟通技巧是优秀广告创意不可或缺的重要元素。益达是女主角表达爱情的信物，通过女主角的"你顾着弄你的牙齿""弄好你的牙齿吧"，充分表达了"关爱牙齿、更关心你"。"你就是传说中的兄弟""我知道要两粒在一起才最好"及情敌间的对话，配合彭于晏将两粒口香糖扔进嘴里的利落、帅气的动作，广告无形中改变了消费者以往对口香糖只嚼一粒的消费习惯，消费者在广告之后牢记"要两粒一起才最好""吃完喝完嚼益达"，扩大了产品的使用范围与使用量。

另外，清新、风趣的广告文案设计，也是广告获得成功的重要因素。整个广告文案抓住了品牌与消费者之间的情感联系，在整体广告活动中营造了良好的氛围，并利用字幕将已经形成的情感进行明确或升华取得更为明显的效果，而字幕也起到了总结与提示创意的作用，引发受众对之后创意的遐想。广告场景选择的是塞外、沙漠、海边，出现的磨刀的屠夫、看书的一群地痞，整个情景与两位主角清新的形象形成强烈的对比反差，效果明显。"吵得越多，爱得越辣""谢谢一路过来的酸甜苦辣""你就是传说中的兄弟""要两粒在一起才最好""我问你要的安定，你始终没有回答。如果你能挽留，我就多了些勇气，放弃安定"，所有的文字都是简单、纯粹的，像是女主角的个性。画外音、人物语言（包括内心独白）、字幕都真实可信、生动亲切，消费者易于融入广告文案的境界中，产生强大的品牌感召力。

最后，契合主题的广告背景音乐将广告受众带入故事中，是广告共鸣效果产生的关键。《酸甜苦辣篇》背景音乐分别为《给我一个吻》《我的心里只有你没有他》《我要你的爱》《风继续吹》等一系列的经典老歌，有怀旧之感。如《苦》中的《风继续吹》，张国荣沧桑的歌声把女主角的悲伤心境衬托得淋漓尽致；加油站篇中的背景音乐是《给我一个吻》，表现了女主角对爱情的向往，你的益达充满了其实是酷酷的女生对自己所钟情男士的爱的表达，配合"给我一个吻，可以不可以"的音乐，可以理解为女主角对男主角爱的表白；《酸》中的《我的心里只有你没有她》，表明了男主角对女主角的专情，虽然也会看美女、也会走神、也会忽视女主角的存在，但我的心里只有你没有她，音乐与广告信息传达的一致性，强化了广告主题的表达，有利于消费者理解、接受广告信息，并且可以提高消费者对品牌信息的回忆度。[1]

益达系列微电影广告历时三年，前有《便利店篇》，后有《酸甜苦辣Ⅱ》，完整地呈现出益达的品牌个性特征。在酸甜苦辣系列广告推出后的8个月内，调查显示，消费者对益达品牌的诉求点——"吃完喝完嚼益达"认知增长了40～50个百分点。

经典案例 6.7　恶搞还是艺术——七喜微电影广告《圣诞许愿中奖篇》引发的争议

【案例简介】

　　广告主题："开盖有奖""七喜的中奖率高达27%"

　　广告主：百事公司

　　品牌商品：七喜饮料

　　广告代理：上海奥美

　　导演：胡戈

　　广告内容：

[1] 王波伟. 解读益达口香糖"酸甜苦辣"续集式故事体广告 [J]. 青年文学家，2013(12).

该广告以恶搞的形式讲述了一个导致一个人人生改变的中奖故事：3位百无聊赖的男青年坐在街边，看到一位由男人扮演的丑女从面前经过，其中一位青年上前搭讪，想请丑女吃饭，丑女夸张地应允了这一请求。接下来是一系列两人约会的场景，逛街同吃一根冰棒、玩游戏、男主人公给丑女画肖像、看电影同吃爆米花、接吻甚至车震。男青年一觉醒来，看到枕边丑女丑陋的睡相，提出分手，痛不欲生的丑女号啕大哭，突然呕吐起来，原来她怀孕了。她来到男青年家门口敲门，门开了，看到丑女挺起的大肚子，男青年目瞪口呆，一位打扮时髦的女孩闻声从房中走到门口，看到此情此景，愤怒地打了男青年一耳光，摔门离去。男青年不得不和丑女结婚，二人照了婚纱照，在产房里男青年的照顾下，丑女历经痛苦生下了他们的孩子。接下来的画面是男青年照顾婴儿吃奶，丑女在看电视，孩子长大了，男青年在拖地，而母子俩在一起打游戏。儿子找了一个男性化的女友要结婚，要求父母把住房让给他们。两老黯然离家，一天正在做饭的老头叫已是老太婆的丑女吃饭，颤颤巍巍走出来的老太婆突然摔倒在地。在医院的抢救室里，老太婆拉着男主人公的手说："这辈子，我没有什么遗憾，但不明白当初你为什么选择了我？"男主人公回忆起他们相识的经过，谜底终于揭开，原来当初，街边的三位男青年觉得无聊，想找乐子，看见丑女从旁经过，男主人公提议三人开手中的七喜饮料，谁中奖谁就去泡丑女，结果男主人公不幸中奖，才有了后面的故事。这时已是奄奄一息的丑女突然从床上一跃而起，对男主人公说："难道你不知道七喜的中奖率高达27%吗？"并顺手拿起床边的七喜饮料连开两瓶，都是"再来一瓶"，男主人公承受不住打击，晕了过去。最后是七喜的优惠广告。

［案例评析］

该广告曾获得2011首届微电影节最佳创意金奖，是著名网络人物胡戈2010年拍摄的"七喜三部曲"之一，也是其病毒式网络广告流传最广的代表作。胡戈2005年根据电影《无极》改编的《一个馒头引发的血案》开启了网络恶搞文化的视频恶搞时代，当年引起极大的轰动与争议，称得上是中国恶搞文化的鼻祖，也是剧情式广告的鼻祖。该广告最大的特色，同时也是达成病毒式营销传播实效的秘诀，就是恶搞。

所谓恶搞文化指的是发端于网络，对严肃主题加以解构，从而建构出喜剧或讽刺效果的胡闹娱乐文化，是一种经典的网上次文化。恶搞文化体现了颠覆经典、解构传统、张扬个性、讽刺社会的反叛精神，具有强烈的草根性和平民化色彩。"恶搞"作品具有以下四大特点：一是富有个性，它以解构传统、突出个性、追求自由的特点，给人耳目一新的感觉；二是幽默风趣，它同肥皂剧一样，具有较强的娱乐功能；三是讥讽反叛，它通过夸张、讽刺、搞笑的风格反映现实问题，以引起社会的关注；四是富有创意，它以标新立异、突破传统的方式呈现出来，具有很强的"眼球"吸引力。[1]七喜微电

---

[1] 百度百科. 恶搞文化 [EB/OL]. (2006-04-24) [2015-05-30]. http://baike.baidu.com/link?url.

图 6.11　七喜微电影广告《圣诞许愿中奖篇》情节片段
（图片资料来源：优酷网）

影广告《圣诞许愿中奖篇》将"恶搞"作品的幽默风趣、富有创意这两大特征发挥得淋漓尽致（见图6.11）。诚如胡戈自己整理的病毒式网络广告理论：只有雷人和搞笑才是网络病毒广告的唯一途径。上网找乐子的人，多少都有一些落井下石的心态，喜欢看不走运的、倒霉的故事。他不太在意画面的美感，道具也普遍很粗糙，更不拿拍摄设备当回事，他现在用的主要摄像设备还是一台佳能5D2的单反相机。和他拍摄的纯恶搞作品相比，他的广告作品只不过多了一项功能：不单恶搞，还要叫好。他用的也是最简单粗暴的方式，不停地让片中的角色捧着产品面对镜头夸奖。[1]雷人，经常咆哮，男扮女装，充满当下网络上的时髦元素，以夸张的方式直接宣传产品、还有几件经常亮相的邋遢道具，是该广告的恶搞模式。另外，广告片中的人物造型善于借势

[1] 网络恶搞代言人胡戈的财富生活 [EB/OL]. (2012-02-20) [2015-05-30]. http://money.cnfol.com/120220/160, 1538, 11793127, 00.shtml.

网络中的话题人物，2010年"小月月"事件刚在天涯炒热后不久，"小月月"的形象就被移植在广告中成为女主人公，抓住了网民的心态。广告创意人提出的"搞笑但不恶趣味，用想象力和创意去增加娱乐"这一创意目的后一句基本上得以实现。该广告一经上线，便引起了空前的反响和效应。在人人网、开心网、微博和优酷等各大时尚门户网站被大家转载得不亦乐乎，粉丝们又自发转载，产生了病毒式营销的效果，当年仅优酷视频网点击次数就突破2 000万，同时七喜当年的销售额也借势在饮料市场中跃居三甲。

但问题是该广告的"搞笑是不是恶趣味"则引发争议，这一争议从实质上看实际上也就是对恶搞文化本身的争议。在这个"娱乐至死" [1] 的年代，恶搞文化的流行显示着现代社会中人们广泛的娱乐需求，人们抱着娱乐、消遣的心态，选择网络这个既方便快捷又能迅速传播的平台来抒发情感，他们在带给别人快乐的同时，自己也陶醉其中，但同时也消解着精英文化，降低大众文化的水准。唐虞在《"恶搞"中国文化后果堪虞》一文中尖锐地指出，恶搞中国文化给世界带去的是对优秀文化认同秩序的破坏，给中国留下的是国家"软实力"的硬伤。南师大社会学教授金一虹则认为，恶搞的潜台词是"你吓不着我，我不相信你"，这种形式有发泄和恶作剧的特点，表明对现状的不满和戏谑。它反映的是社会剧烈转型带来的价值多元让人无所适从的现象，并且看到的负面东西太多，其背后，是我们精神层面的生存困境，很多人失去了道德底线和信仰，缺少值得敬畏的东西。而回到该广告作品本身，我们反对上纲上线的指责，也承认七喜微电影广告所产生的巨大传播力量和带给品牌商品的实效性，但我们也反对恶搞式广告走向极端化，从娱乐消遣走向文化颠覆，甚至突破人们的道德底线。至少恶搞式广告作品是否算得上艺术作品是值得讨论的，它与凯迪拉克的《66号公路》这类具有艺术美感和人性自由思考的真正微电影艺术作品是不同的创意思路，且广告活动是一种负有社会责任的信息传播活动，作为文化产品中的艺术作品，我们更应该提倡一种健康向上、符合人的自由发展的具有正能量价值意义的文化，艺术的特质并不单单只是消遣和娱乐，它有着更美好、更令人心旷神怡的精神价值追求。

第三节　专论：微电影广告的创意特色——以"可爱多"《这一刻，爱吧》为例

广告创意是指在广告活动中的创造性思维，狭义的广告创意是指广告主题之后的广告艺术创作与艺术构思，即创造性的广告表现，即它需要通过文字、图像、声音等元素将与众不同的作品表现出来，迎合消费者的心理需求，以达到传播品牌形象、营销产品

---

[1] 出自尼尔·波兹曼所著的《娱乐至死》，他指出现实社会的一切公众话语日渐以娱乐的方式出现，并成为一种文化精神。我们的政治、宗教、新闻、体育、教育和商业都心甘情愿地成为娱乐的附庸。

的目的。"创意是广告的灵魂与生命",同样广告创意也是微电影广告的核心,广告创意帮助塑造品牌形象,广告创意也决定了微电影广告的传播效果。据 DCCI 2011 年中国网络购物行为调查结果分析,近一半网友偏好"比较有意思的视频广告",而就 SNS 用户喜欢分享的信息调查结果得出六成网友喜欢分享精彩的视频,因此,将微电影广告做得"有意思"是微电影广告成功的第一步,也是微电影广告实现有效传播的重要一步。[1]那么微电影广告应具有怎样的创意特色呢?

一、微电影广告的人物形象定位要符合品牌个性特色

微电影广告所要表达出来的品牌理念需要人物形象来实现,通过生动、具有吸引力的故事情节塑造个性鲜明、有血有肉的人物形象,往往人物形象的个性特征就是品牌形象的个性特征。以"可爱多"《这一刻,爱吧》系列广告为例,广告的基调从一开始就被定义为甜美、清新,延续了之前电视广告中的校园爱情题材,两大男主角陈柏霖、柯震东更是当下热门的小清新基调作品《我可能不会爱你》《那些年我们一起追的女孩》的主演,影片中的主要人物韦小友、可东、可可、任心宜等虽然性格各异,但在他们身上或多或少表现出的青春、清新、甜美气息给受众留下了深刻的印象,这恰恰就是广告创意人需要移植在"可爱多"这一品牌上的个性定位。

二、微电影广告的主题和风格要符合目标受众的审美心理

在这个广告信息无处不在的时代,人们只要接触到媒介就会接触到广告,然而能记住的广告却是少之又少,于是出现了类似"恒源祥"和"脑白金"这样的吆喝式广告,这种可以让受众在短时间内记住的广告,对品牌商品不断重复地疲劳轰炸是其法宝,往往会让受众产生厌烦心理。微电影广告则属于创意广告,它以故事形式出现,整个创意形成的过程建立在确定的目标受众的心理、生活方式、行为分析基础之上,并凝练出与之相符合的广告主题,再通过或诙谐幽默或感人至深或悬念迭生等手法表现在故事情节中,其故事的表现风格也需要考虑目标受众内在的审美情趣,才能使目标受众对广告主题产生认同,同时在情感上产生共鸣,才能使受众在一种情绪愉悦的状态下,通过潜移默化的广告信息影响,达成广告在认知、态度甚至行为层面的传播效果。

"可爱多"微电影广告目标受众的年龄段在 15~25 岁,他们大多正在经历或者已经经历校园生活,有着希望被认同的诉求和追求特立独行的心理,"可爱多"采用校园爱情的题材,将他们的爱情展现在他们面前,用他们熟悉的校园爱情故事塑造出个性鲜明的人物形象,诠释"爱情象限"和"爱情时态"的爱情理论,传达誓要勇敢爱到底的爱情宣言,"这一刻,爱吧"的电影主题以清新甜美的风格呈现出来,抓住了目标受众

---

[1] DCCI. 2011 年中国网络购物行为调查 [EB/OL]. (2011-09-13) [2015-06-10]. http://www.dcci.com.cn/dynamic/view/cid/4/id/512.html.

向往爱情、憧憬爱情、体验爱情的青春期心理和心目中对"男神""女神"的审美认知心理，从影片中获得爱情代入感的情感体验，从而引起广泛讨论、分享和持续关注。

三、微电影广告的故事情节设计要生活化、娱乐化

微电影广告的典型特征就是故事性，正是这一特征使其区别于传统广告，故事情节设计就是创意是否成功的关键，这也是微电影广告吸引受众、产生良好传播效果的主要因素。微电影广告的媒介投放渠道主要是互联网，这就必然需要广告创意人创意时考虑网络文化鲜明的生活化、娱乐化文化特征，生活化的故事情节让受众产生情感体验的联想，吸引受众；而故事情节的娱乐性，满足了受众精神上的愉悦需求。

《这一刻，爱吧》系列是典型的校园爱情青春剧，它将很多人校园时期对校花的暗恋情节、对"高富帅"的追求、对"好朋友"的爱、"死对头"的互相喜欢、爱情的选择等在学校中会遇到的事通过故事情节展现出来，既有搞笑的场景，也有动人的场景，各种场景的表现、矛盾冲突都带有丰富的娱乐性元素，而故事中涉及的人物都是平凡的大学生，他们可能有很多浪漫又不切实际的想法，可能有对物质的追求，可能有心目中遥不可及的男神女神，但是最后都回归到平凡普通的爱情，最重要的是表现出青春面对爱情的思考和勇敢。"可爱多"系列微电影广告以最接近生活的方式表达爱情主题、诠释爱情概念、发表爱情宣言、与消费者产生共鸣。故事中的那些人那些事，也是目标受众记忆中的那些人那些事。

四、微电影广告的品牌理念及品牌商品植入要与故事巧妙结合

微电影广告是电影与广告结合的产物，具有电影与广告的双重属性，其商业性和目的性的特质是创意原点，电影的属性特征只是表现形式，表现品牌商品及理念才是目的，真正意义上的主角是品牌，不是故事中的人物，这就需要将目的和形式有机结合在一起，这也是微电影广告与常规电视广告最大的区别，因而在创意层面就需要将品牌理念和品牌商品巧妙地植入在故事的主题意义和情节之中。

《这一刻，爱吧》系列中讲述爱情的几种不同形态，有过去的，现在的，将来的；有相信爱情的，不信爱情的；有依恋的惯性和重新上路，有失速的幸福，甚至有当世界只剩最后 8 秒时对爱情的考验，但是微电影的中心都是一个方向，即告诉人们无论在哪种情况下都不要放弃对爱情的追求，勇敢去爱，充满了正能量，也成了当下人们对爱情的一种态度。故事所表达的爱情主题，实则就是"可爱多"这一品牌的情感特质。

影片中无论是男女主角的对话场景中，还是各种道具，处处都能见到"可爱多"的影子，它将"可爱多"植入了人们的生活中，为"可爱多"提供了很多的食用、使用的场景，将诸多微电影广告的观众转换成直接的消费者。

"可爱多"微电影的另一个独特之处是打造了"爱吧"这一刻同名背景音乐，抒情

悦耳甜蜜的背景音乐结合剧情一起为观众打造了一场视听盛宴，将受众带入"可爱多"营造的情境中，产生共鸣。同时背景音乐作为歌手单曲出品时标示为"可爱多"同名微电影主题曲，也是对品牌的一种植入传播手段。

五、新媒体的投放渠道选择要做到定位精准，引起话题性

根据中国互联网络信息中心（CNNIC）发布的调查数据显示，网民的注意力越来越集中于少数的几个知名网站，呈现出"马太效应"，[1]几家大型门户网站已经成为广告客户在选择载体时必然要考虑的对象。微电影广告的投放既要考虑到"马太效应"，同时对大型门户网站的选择更要考虑目标受众对网络媒介的接触习惯，大型社交网站是重中之重，更易在互动中引发话题。

"可爱多"系列微电影广告，在拍摄之前就精准锁定了大学生这个目标群体，集中程度高，口碑营销速度快，广告的传播效果也很明显。在SNS网站上的大量广告的投放，尤其是在人人网登录界面以及内部的投放让学生群体观看、转载、参与讨论，并且很多大学生正处于电影描写的青春阶段，仿佛看见了自己的故事。比起传统的媒介，网络媒介的传播速度更快，范围更广，人际关系式的传播更是拉近了品牌与受众的关系，因而达到了很好的传播效果。

微电影广告在以大型社交网站为主的门户网站的媒介投放，还可及时获得观众的反馈信息，了解受众的需求，并能清楚地统计出微电影的到达率，了解广告的效果如何，观众的反应如何，最重要的是还能及时与观众进行互动。

六、根据不同文化背景的目标受众创作不同的微电影广告

传播学中的实证研究证明了受众的文化背景对受众的理解会产生较大的影响，也就是说，越符合受众文化背景的信息越能带来受众的理解，因此，广告创意必须考虑国际化、标准化和本土化相结合的问题。而本土化就需要广告创意人根据目标受众不同的文化背景创作不同的微电影广告。

"可爱多"系列微电影广告除了推出中国版外，还针对国外市场投放了国际版，国际版相对于中国版广告更精练、简洁，广告的成分更少，表达得更抽象化，更符合西方受众的文化背景和思维方式。

"这个世界所爱并记住的并不是一个恋人，而是一个个爱情故事"，这是"可爱多"国际版的微电影广告《丘比特的故事》里面最经典的一句台词，整个微电影采用音乐加旁白的形式，对话很少，几乎是旁白叙述整个故事。除了开头结尾"可爱多"的品牌标识外，没有任何"可爱多"的产品，故事简洁易懂，节奏轻快活泼。整体风格一致，与中国版题材相同，丘比特本身在西方就是爱的使者，丘比特的形象更符合西方受众对爱

---

[1] 马太效应：指科学界的名声累加的一种反馈现象，最早由美国学者罗伯特·莫顿于1968年提出。其名称来自于《新约圣经·马太福音》中的一则寓言——"凡有的，还要加给他，叫他有余；凡没有的，连他所有的也要夺去。"

情认知的文化语境，电影中反复渲染了丘比特一词，让丘比特同时成了"可爱多"的代名词。不同的受众有不同的文化背景、不同的审美和需求。针对两个市场投放不同类型的微电影广告让"可爱多"的品牌传播更加丰富、贴近受众。

当然，微电影广告发展到今天，在创意层面也存在着一些问题：

首先是微电影广告时长的限制带来的问题，相比一般电影的时长而言，微电影广告讲求在相对较短的时间段内完成一个完整的故事，并且要有创意、有吸引力，因而只能选择单一的表现主题；相比较电视广告而言，微电影广告有3~5分钟的、1分钟左右的，但是大多数是10分钟左右，因此不适合在电视媒介上进行投放，益达《酸甜苦辣》系列曾尝试拆分后在电视媒介投放，这样的拆分反而破坏了微电影广告的故事性特征，因而导致微电影广告的投放渠道较为单一；另外微电影广告虽然是广告，但是它受到受众追捧的原因是因为其电影的属性，如何在有限的时长内对电影元素和广告元素进行协调，有效地结合起来，将有形的广告转化为无形的，也是较难控制的问题。

其次是微电影广告投资的限制带来的问题，成功的微电影广告往往成本预算较高，名导演、明星演员阵容、高科技的电影特技都需要高投入，而这些恰恰是最易引发广告话题性的创意要素；而一些微电影广告因为预算少投资低，导致创意设想无法实现，创意执行力缺失，广告质量低劣，甚至走向恶俗的极端，这样的微电影广告大量涌现，必然会影响微电影广告市场的生态状况。

最后是微电影广告形式的限制带来的问题，微电影广告受自身故事性强、表现主题单一、视频网站与SNS社交网站为主要传播渠道等因素的影响，导致受众范围较小，适合做微电影广告的品牌具有限制性；相对于传统广告来讲，微电影广告更多的是对品牌理念的传播，在这个缺乏思考的时代，受众往往更多的关注点集中在影片故事的表面，而故意忽视品牌商品，因此导致不易产生品牌联想的问题；与传统媒介广告不同的是，传统媒介的广告是强制性收看而微电影广告则需要人们进行手动点击，这种自由自主选择观看的模式本身可能对微电影来说就是一种挑战，它需要有很吸引人的故事、明星，或者是让人有点击观看欲望的话题，因而这种非强制性收看会导致点击率不高。

针对以上这些问题，微电影广告要有长足的发展，一方面必须从源头抓起，提高门槛，提升整体的质量，培养专业人才，产生更多更好的创意，微电影广告才能有更大的发展空间；另一方面需要借鉴国外成功微电影广告的创意方法、先进的拍摄技术和技巧并将其本土化，才能让微电影得到更好的发展。因此，在微电影广告在创意层面，要充分发挥微电影广告的娱乐性特性，淡化广告的商业味；同时广告创意人要关注时事热点，紧跟这些热点，特别是网络中的热点，善于借势，激发灵感，缩短影片的创意制作周期，及时推出作品，引导话题，达到病毒式传播的广告效果。

　　总之，微电影广告创意为王，广告主并不是投资拍摄微电影就能取得成功，首先需要一个有创意的好剧本、一个好话题和一群能够理解协助的微电影专业人士。微电影本身的产业化、人才专业化、思维拓展化是重要的发展步骤。微电影广告的发展需要通过时间和市场的检验，当微电影广告自身市场完善、人才充足、得到观众认可，这一产业才能更好地发展。

练习题

一、思考题
1.什么是微电影广告？微电影广告具有哪些特征？
2.什么是恶搞文化？你如何看待恶搞广告，请举例说明。
3.试举一例分析微电影广告的创意特色。
4.谈谈你对百度广告《唐伯虎篇》引起争议的看法。

二、案例分析
以下是微电影广告蒙牛焕轻《最好吃的饭》的案例简介：
广告主：内蒙古蒙牛乳业（集团）股份有限公司
品牌商品：焕轻系列牛奶
广告代理：华扬联众数字技术股份有限公司（Hylink）
广告内容：

　　影片讲述了一个根据真人真事改编的亲情故事：63岁的张雨莲接到女儿从城里打来的电话，听说女儿生病了，母亲非常担心，决定去城里照顾女儿，亲手给女儿做顿饭，带着自己养的鸡、自己种的新鲜蔬菜，她第一次一个人走出大山，翻山涉河、走28公里山路、转3次车、跨越4个省。虽然母亲做的这顿饭，女儿吃起来米太硬菜太咸，甚至小鸡还没死、鱼鳞也没去掉。略显失落的老母亲第二天便回了家，当女儿病愈后回家探母时，才发现母亲已几近失明以及母亲一个人生活的艰辛与不易，明白了那顿饭背后承载的沉甸甸的亲情：永远对自己吝啬，对儿女倾其所有。最后的标版镜头是：焕轻让年轻继续，向母爱致敬。

　　请用共鸣理论分析该广告的成功之处。

三、案例分享及讨论
1.搜集整理"雅虎搜索"三支广告片——冯小刚的《跪族篇》、陈凯歌的《阿虎篇》、张纪中的《前世今生》的资料，并对三支微电影广告在风格和创意上的不同进行讨论。
2.搜集整理宝马系列广告《雇佣》中的除开《实时引爆》（Ticker）以外的另七支广告作品，并任选一支进行具体评析后与同学们分享。
3.收集整理凯迪拉克的微电影广告《66号公路》，并从创意角度分析与《一触即发》的不同。
4.收集整理百事"把乐带回家"2013年和2014年的贺岁广告，并进行比较和评析。

推荐网站
1.微影吧
2.中国影视广告网

第七章

网络广告

信息产业的发展迅速地改变着人们的生活，同时也对传统的广告媒体产生着深远的影响。随着信息产业的高速发展，以网络为传播媒介的网络广告已成为当今广告界最热门的广告表现形式，与传统意义上的四大传播媒体，电视广告、广播广告、报纸广告、杂志广告以及近来备受青睐的户外广告对比，网络广告前所未有的得天独厚的优势，更是今天广告界实施营销媒体策略的一个重要组成部分，甚至呈现出赶超电视广告的发展势头。

第一节　网络广告概述

迄今为止，网络广告的发展历史不到 11 年，但它表现出来的巨大商业价值越来越受到广告界的重视，网络广告不仅可以进行品牌、网站推广、促进在线销售，还可实现在线调研、建立和改善顾客关系以及进行信息发布。特别是在整合营销传播盛行的全媒体时代，线上线下的整合模式中，网络广告是实现与现实消费者和潜在消费者线上沟通的主要手段。

一、网络广告的诞生及发展

网络广告发源于美国，1994 年 10 月 27 日，美国著名的《*Hotwired*》（连线）杂志推出了网络版，并首次在网站上推出了网络广告，立即吸引了 AT&T 等 14 个客户在其主页上发布广告 Banner，[1] 这标志着网络广告的正式诞生。而中国的第一个带有商

---

[1] Banner，指网络广告中的旗帜广告、横幅广告。

业性质的网络广告，则出现在 1997 年的 3 月，传播的网站是 Chinabyte，广告主是美国的 Intel，广告的表现形式是 468×60 像素的动画广告。中国网络广告从 1999 年初的稍有规模开始，经过十几年的发展，网络广告行业经过数次洗礼已慢慢走向成熟，网络广告的市场规模增长速度强劲，根据艾瑞咨询发布的 2013 年度中国网络广告核心数据显示，2013 年国内网络广告市场规模已突破千亿大关，达到 1 100 亿元人民币，同比增长 46.1%，整体保持平稳增长，说明通过网络广告的高速发展，网络媒体的营销价值已得到广告主的极高认同。在全球广告市场的中心美国，根据美国 IAB（Interactive Advertising Bureau）最新研究显示，美国 2014 年互联网广告收入增长 16%，达到 495 亿美元。

二、网络广告的内涵

美国著名的传媒研究学者霍金斯将网络广告定义为电子广告，认为网络广告就是指利用数字技术制作和表示的基于互联网的广告。具体来讲，所谓网络广告就是指确定的广告主以付费方式运用互联网媒体对公众进行劝说的一种信息传播活动。

网络广告具有以下几大特征和优势：受众范围广；交互性强；针对明确的网络目标群体；受众数量统计精确；实时、灵活、成本低；感官性强；制作成本低，速度快，更改灵活；能进行完善的统计，方便监控；可跟踪和衡量广告的效果；投放更具有针对性；受众关注度高等特征。[1]

三、网络广告的类型

纵观现今的网络广告，依据广告在网络上的载体和发布方式这一标准来划分，如今流行的网络广告主要有网页广告、搜索引擎广告、电子邮件广告、在线游戏广告、软件广告、富媒体广告（Rich Media）等几大类别。其中网页广告在互联网上的运用最为普遍，一般又分为以下几种：主页广告、弹出式广告、文字链接广告、漂移广告、分类广告、插播广告、按钮广告等。特别值得关注的是富媒体广告，这种能达到 2D 或 3D 的具有复杂视觉效果和交互功能的网络广告形式结合了视频、音频及受众互动为一体，把网络广告的表现形式提升到另一种新的境界。同时富媒体技术还可以运用在其他网络服务中，如 Button、[2] 电子邮件、Banner、网站设计、插播式广告、弹出式广告等。

四、网络广告的移动式新媒介形态广告

随着融媒时代的来临，网络广告逐渐开始与移动媒体融合，开发出越来越多的更

---

[1] 靳鸿. 网络广告特点与优势研究 [J]. 新西部，2009（24）:157.
[2] Button，指网络广告中的按钮广告。

加具有受众针对性的快捷方便的移动式新媒介形态广告，移动广告的发展方兴未艾。据 IAB（Interactive Advertising Bureau）的研究资料表明，移动广告收入 2014 年增长 76%，达到 125 亿美元，首次超越横幅广告，仅次于搜索广告。说明广告主已充分意识到消费者正过着移动为先导的生活。

时下流行的微博营销广告便是一个最好的佐证，美国《时代》周刊评价微博营销的强大功能——"微博是地球的脉搏"。越来越多的企业已经敏锐地察觉到：每一位微博用户的后面，都是一个活生生的消费者。2009 年 8 月，新浪推出"新浪微博"之后，来势汹涌，很大一部分上网的主流人群渐渐成为微博的忠实使用者，微博广告逐渐受到广告主的青睐。"凡客诚品"利用微博发布的"凡客体"广告，一时间红遍网络大江南北，其病毒式传播的效果，在网友们甚至线下群体口中被津津乐道。

另外，微信营销广告也开始渐渐进入人们的视野。2015 年，腾讯微信试水朋友圈广告，宝马、可口可乐、VIVO 智能手机在当时成为第一批朋友圈广告投放的客户，根据 48 小时之后的反馈效果，品牌总曝光率过亿次，从用户角度看，接受度好于之前市场预期，引发业界和社会的广泛关注。网络技术的高速发展，将使网络广告的形式越来越丰富。

第二节　网络广告经典案例及评析

经典案例 7.1　怀旧情感的体验——"美的"30 年活动

【案例简介】

广告标题：30 年改革开放 30 年辉煌历程 30 年我们一起成长！

广告主：美的（Midea）集团

客户代理：HyLink Ad 华扬联众广告有限公司（广州）

广告内容：

记录我们 30 年"美的"历程，

30 年改革开放，30 年辉煌历程，30 年，我们一起成长！

书写你的故事，上传那些珍贵的图片，记录你和你们 30 年的历程，

你的历程，"美的"历程，

让我们一起成长！

【案例评析】

该广告荣获第七届（2009 年）中国互动网络广告金奖（见图 7.1），充分体现了网

图 7.1 "美的"30 年活动互动广告
（图片资料来源：网络广告人社区）

络广告交互性、参与性、开放性的特质。广告受众既是广告的目标对象，同时也是广告活动的积极参与者，广告内容素材的提供者，使得广告内容更加丰富，随时变化的画面突破了传统广告内容单一的特点，提高了受众的关注度。

广告在设计上利用可拖动的时间轴记录了"美的"30 年的成长历程，以全新的互动形式来讲述老百姓的故事。这 30 年不仅是中国改革开放发展的 30 年、美的集团茁壮强大的 30 年，更是你我成长的 30 年。网友通过上传文字、图片，记载个人成长的 30 年，与美的一同见证国家改革开放的风雨巨变，不仅增强了与网友之间的互动沟通，更为大家提供了一个讲述老故事的平台。

整个广告在创意上也体现了广告创意人性化的发展趋势，将老百姓的情感故事以图、文、声、像的形式与美的品牌的成长历史融为一体，使品牌也具有了情感特质，从而带来认知度和美誉度的良好传播效果。

情感共鸣是该广告成功的关键，互动过程直接展示目标对象所珍藏的经历，唤起目标对象的怀旧意识，同时紧扣广告主题——"美的"历程，"美的"二字，一语双关，将品牌名称和目标对象所珍藏的经历融为一体，拉近品牌与广告受众之间的距离。

经典案例 7.2 游戏植入式广告的微信化——艺龙网"与小艺一战到底"微信广告

【案例简介】

广告主题：与小艺一战到底

广告主：艺龙旅行网

广告类型：在线活动广告

广告内容：

艺龙网基于自定义回复接口开发的 App，将答题赢奖品的模式植入微信中，采取了有奖答题闯关模式，设置了每日有奖积分，最终积分最高的用户获得丰厚大礼。

2013 年 3 月，艺龙网启动了"与小艺一站到底"活动，题目设置为：与小艺一战到底！赢旅行梦想大奖（见图 7.2）。

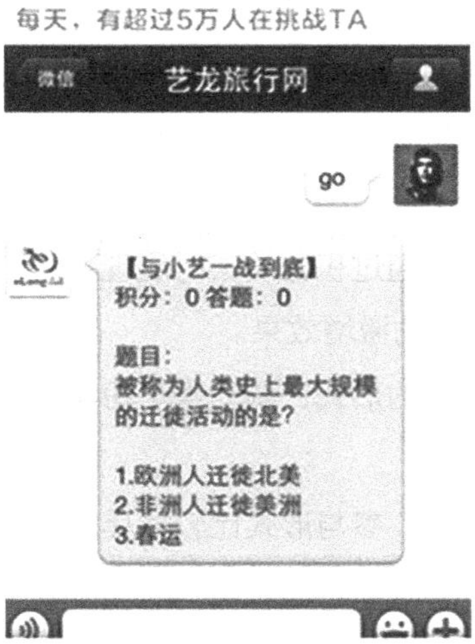

图 7.2 艺龙"与小艺一站到底"活动
（图片资料来源：艺龙网）

活动具体规则如下：

1. 每天 15 道题，分 4 天发布（3 月 5 日至 8 日）。回复答案选项即可，如 1。

2. 一旦开始便计时，答题结束后会有正确数和用时统计，每日累积成绩。一人限一次机会。

3. 答题截止时间为 3 月 11 日 12：00。

最后，统计出最快最准的人，价值 5 000 元的旅行大奖（至国内任一目的地往返机票 +3 晚酒店住宿）归你啦！

第 2 ～ 7 名，第 11、111、1111、11111 名，分别获得价值 210 元的婺源景区通票 1 张。

准备好就回复"go"开始吧！

【案例评析】

随着智能手机的普及以及即时通信工具——微信在智能手机上的普遍使用，微信营销广告日益受到业界的关注，微信广告主要有两种形式，即微信公众号广告和朋友圈广告。微信公众号广告是一个基于微信公众平台，可提供给广告主多种广告形式投放，并利用专业数据处理算法实现成本可控、效益可观、精准定位的效果广告投放系统。朋友圈广告则将会通过微信广告系统进行投放和管理，广告本身内容将基于微信公众账号生态体系，以类似朋友的原创内容形式进行展现，在基于微信用户画像进行定向的同时，通过实时社交混排算法，依托关系链进行互动传播。

艺龙网"与小艺一战到底"微信广告之成功之处在于应用了互动式推送微信（见图 7.2）。根据艺龙的"一站到底"活动数据资料显示，每日参与的互动活跃度高达五六十万，微信的订阅用户也同步新增几万。而整个活动的资金投入也比微博活动少得多。

从活动形式分析，此种活动的好处在于：

首先，成本低廉，可凭借较少的资金和物质投入，获得极好的用户互动效果，增强粉丝的黏性。

其次，采取积分累计制度，通过积分的实时展现，达到刺激用户粉丝的效果，进而产生强互动关系，产生回复数量的激增效果。

再次，通过公布用户排行榜的形式，调动整个粉丝的争先心理，进而刺激回答回复的产生数量。

最后，活动的设置比较新颖，参与形式比较简单，比较适合传播，进而利于粉丝的增长和活跃度的提升。

从活动功能开发上讲，此活动基于微信的自定义回复接口开发，实现了"一站到底"活动与微信的对接，利用粉丝的回复来触发指令，在其中实现了活动的功能。

此外，借助频繁的回复，在回复的答案中，巧妙地植入自身品牌的信息，抑或是热推产品的信息，进而实现品牌的最大限度的曝光以及产品的推广。这种互动式的营销方式优于所有的单一告知型广告媒介，同时也体现出关系营销的核心理念。

由此延伸开来，此种形式类似于一种游戏，正如很多互联网人士所说，微信上比较适合做游戏类的开发应用，要实现游戏的微信化。艺龙网"与小艺一战到底"微信广告活动的成功预示着游戏植入式广告的微信化时代的来临。[1]

经典案例7.3　关注环保——WWF 地球一小时活动（雾霾袭击）

【案例简介】

广告主题："蓝天自造·关注雾霾"

广告主：WWF 公益组织（世界自然基金会）

广告公司：BBH 广告公司

广告内容：

该广告是配合 WWF（世界自然基金会）2014 年发起的"地球一小时"公益主题活动推出的网络互动类广告（见图 7.3），该活动是从 2014 年 1 月 16 日起至 2 月 16 日止，并向全国公众征集蓝天自造计划，主题定为"蓝天自造"，目的是为了呼应当前中国最急迫、最受关注的环境议题——雾霾。WWF 世界自然基金会和豆瓣等几大网站合作，在用户访问这些网站时，弹出雾霾警示，整个窗口都被雾霾覆盖，中间出现广告语"忍受不了眼前的视窗，那为何要忍受窗外的雾霾"，而每个广告都是根据用户所在地区显示不一样的 PM2.0 数值，通过这样的形式号召大家一起行动起来。

图 7.3　WWF 地球一小时活动（雾霾袭击网络广告）

（图片资料来源：网络广告人社区）

【案例评析】

该广告荣获 2015 年亚太广告节互动类铜奖。雾霾问题是目前中国环保问题中最突出的问题，也是公众在现实生活中最有切身感受的问题，中央电视台著名主持人柴静自

---

[1] 解析艺龙网微信营销活动的案例事件 [EB/OL]. (2013-11-12) [2015-06-10]. http://course.ecmaitian.com/yunyingtuiguang/2013/10989.html.

费拍摄的雾霾纪录片《穹顶之下》在今年初成为民众关注的焦点，网络总播放量破亿，同时还引发了网友的评论热潮，掀起了一场指尖上的传播风暴，可见公众对雾霾问题的关注度。情感、理性混合诉求策略的运用，互动体验是该广告最大的特色。

主题的现实性、表现的号召性、社会的效益性是公益广告的三大特点，该广告无疑将以上三大特点体现得淋漓尽致。首先"雾霾袭击"的表现主题，现实性、严峻性、关切性突出，不仅是公众关注的热点，同时也上升为中国发展战略中迫切需要解决的主要问题之一。广告表现的号召性则主要体现在创意层面，广告利用受众点击屏幕视窗的时机，视窗出现的突然变化，设置一个巧妙含蓄的比喻，用被雾霾覆盖的屏幕窗口比喻被雾霾笼罩的城市，广告语"忍受不了眼前的视窗，那为何要忍受窗外的雾霾"引发体验式的情感共鸣效果，不同城市PM2.0数值的数据显示，作用于受众的理智，深刻揭示本质，不是居高临下的教训说服，而是具体的事实数据。主题的关联性，表现形式的原创性，加之广告在形式技巧上的动之以情，广告信息内容上的晓之以理，双重刺激受众的情感、理智，起到警示的效果。作为WWF（世界自然基金会）2014年度"地球一小时——蓝天自造·关注雾霾"的公益活动广告，人们通过不同的电子终端设备登录几大合作社交网站，视窗中强制性弹出的雾霾警示，极具广告效果的震撼性，也引起人们对广告主世界自然基金会以及"地球一小时"公益活动的关注，强化了受众的环保意识，产生了良好的社会影响。

经典案例 7.4　人文关怀 ——《老人院关怀计划》

【案例简介】

广告主题："旧手机新生命"

广告主：新加坡电信公司 SingTel

广告代理：奥美（Ogilvy & Mather）广告公司（新加坡）

广告内容：

SingTel 是新加坡最大的电信公司，该公司号召全社会的人捐献自己的智能设备，主要是供给 iPhone 手机等电子产品使用的由苹果公司开发的移动操作系统——iOS 给老人院，捐献者将获得 SingTel 电信公司一项全年性质的通信优惠计划，而对于这些二手的 iPhone 手机，SingTel 为他们特意开发了应用程序（见图 7.4），应用程序包括几个主要功能：鼓励、链接、关怀、发现、紧急事件。

Inspire　　Connect　　Well-Being　　Discover　　Emergency

图 7.4　SingTel 为二手 iPhone 手机开发的应用程序图标
（图片资料来源：网络广告人社区）

当老人们单击应用程序图标后，可以切身体验到为老人们带来的鼓励、链接、关怀、发现、紧急事件五大功能，如关怀功能主要是提醒老人们注意喝水、吃药等，如图7.5所示。

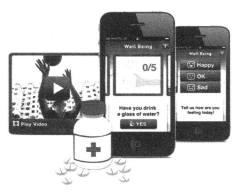

图7.5　SingTel为二手iPhone手机开发的关怀功能示意图
（图片资料来源：网络广告人社区）

同时养老院的老人如果自己申请出门，二手iPhone的定位功能可以帮助工作人员很容易地找到该老人（见图7.6）。更重要的是养老院的老人还可以在发现功能中自己找到适合自己的各种有趣的活动。

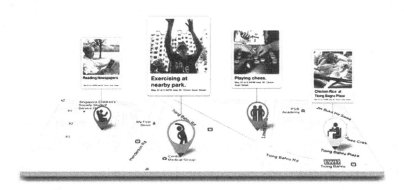

图7.6　SingTel为二手iPhone手机开发的发现功能示意图
（图片资料来源：网络广告人社区）

总之，就是通过iPhone的App功能，对这些老人进行关怀、照顾，提高生活乐趣、效率。

【案例评析】

该广告荣获2013戛纳广告节移动类金狮奖，该广告案例在形式层面和创意层面呈现出两大特色：

其一是广告在形式层面表现出来的体验式营销背景下的App营销广告的体验式特色。体验营销是以创造、引导并满足消费者的体验需求为目标，以服务产品为舞台，以有形产品为载体，通过整合各种营销方式，营造顾客忠诚的一个动态过程。体验营销的核心理念是：不仅为顾客提供满意的产品和服务，还要为他们创造有价值的体验。通过实施"全面客户体验"，即以体验为桥梁，真正实现所有顾客的理想和价值的过程，其实质就是帮助所有顾客真正达到自我实现的崇高境界。伯德·施密特博士（Bernd H.Schmitt）在《体验式营销》一书中指出：体验式营销站在消费者的感官（sense）、情感（feel）、思考（think）、行动（act）、关联（relate）五个方面，重新定义、设计营销的思考方式。此种思考方式突破了传统上"理性消费者"的假设，认为消费者消费时是理性与感性兼具的，消费者在消费前、消费时、消费后的体验，才是研究消费者行为与企业品牌经营的关键。App 营销广告主要是指通过运营商定制手机、定制 App 软件、预装软件以及通过广告平台将广告信息植入应用程序中的信息传播方式。在该广告案例中，新加坡电信公司 SingTel 利用社会捐献的二手 iPhone，开发出针对养老院老人生活方式的鼓励、链接、关怀、发现、紧急事件五大 App 应用程序功能，让老人们在 App 应用程序功能的体验中去贴身感受到 SingTel 是一家具有社会责任感的电信企业，在体验者的感官、情感、思考、行动、关联层面，这比任何动人的广告词更有沟通效果，从而达到塑造品牌形象的目的。

其二是广告在创意层面表现出来的商业广告公益化发展趋势下的人文广告特色。品牌形象的塑造是广告的根本目的，这不仅涉及知名度指标的衡量，在社会营销观念的营销理念下，更涉及美誉度指标的考量，公益性的商业广告，即人文广告的出现，则对提升品牌的美誉度有着不可小觑的作用。所谓人文广告即是内容以主持社会公道，倡导社会伦理道德，关注人类的生存环境，体现人文精神的商业广告形态，公益性是人文广告的灵魂，商业性是人文广告的最终目的。商业广告公益化对品牌塑造优势明显：有利于提高品牌的知名度；有利于提高品牌的美誉度；有利于树立一个良好的整体品牌形象；有利于促进消费者的购买。在该案例的创意层面，通过"旧手机新生命"的广告主题去实现关爱老人的老人院关怀计划，整个广告活动的显性功能在广告活动的表层就是一场大型的公关活动，而广告主 SingTel 电信公司的商业性目的则是作为一种不易觉察的隐性功能而在深层相生相伴而已，极大地减少了广告受众也就是活动参与者因广告先天功利性目的导致的抵触心理。

经典案例 7.5　游戏娱乐——Only Coke 畅快只有"可口可乐"

【案例简介】

广告主题：畅快只有"可口可乐"！

广告主：可口可乐公司（The Coca-Cola Company）

广告代理：AGENDA（安捷达）广告公司

广告内容：

活动网站的背景是一则以全屏幕的方式出现的可口可乐的电视广告。该广告以潘玮柏为形象代言人，画面主要是炎热的夏季，在城市街景的场景中，突显运动的年轻人畅饮可口可乐所带来的冰凉畅快的体验！广告语"畅快只有可口可乐"也是整个微型网站的广告主题，如图7.7所示。

图7.7　活动网站的背景电视广告
（图片资料来源：可口可乐官方活动网站）

该活动网站的主体广告内容则是一个分四步完成的互动体验游戏式的参与过程，通过这个参与过程，消费者可以选择自己的精彩时刻，结合在广告影片中，创造自己的可口可乐畅快体验影片，制作完后产出博客贴纸及网址来邀请朋友进入欣赏专属影片。具体的四步互动参与过程如图7.8所示。

（a）畅快第一次：请网民勾选"印象最深刻的第一次经验"

（b）透过电视广告影片转接网民加入的趣味图照片，自己化身可口可乐广告主角

（c）网民的精彩时刻结合在广告影片中，创造自己为主角的可口可乐畅快体验影片

（d）下载城 -Fans 专属 coke 桌布、屏幕保护程序及可口可乐专属音乐铃声下载

图7.8　广告的四步互动参与过程
（图片资料来源：网络广告人社区）

【案例评析】

该广告荣获 2008 年第六届中国网络广告大赛金奖，虽然已是多年前的网络广告作品，今天看起来仍不失经典性，可以说在网络游戏植入式广告逐渐成熟盛行的今天，具有里程碑式的承前启后的作用。

所谓植入式广告（Product Placement），是指把产品及其服务具有代表性的视听品牌符号融入影视、舞台、游戏等产品中的一种广告方式，从而给观众留下印象，以达到营销目的。网络游戏植入式广告作为植入式广告的一种方式，把产品及品牌信息融入网络游戏中的这种娱乐化的做法，可以减少广告本身的商业味，起到"润物细无声"的广告传播效果。该广告本身其实就是一款类似角色扮演类的网络小游戏，当游戏者将自己选择的精彩时刻结合在广告影片中，创造自己为主角的可口可乐畅快体验影片时，影片本身就已经成为一种用户生成广告（Users Generated Ad），这就形成了该广告极强的参与体验性特色，使广告也具有了娱乐性的效果，影片中游戏者化身为主角的强烈代入感，则强化了这种"畅快"的体验感受，使广告又具有了体验式营销广告的特色。

特别值得一提的是广告设置的程序中通过网址来邀请朋友进入欣赏专属影片这一环节也是一大亮点。该环节的设置将友情维系的人际传播特点融入广告中，不但满足了参与者的娱乐心理和炫耀心理，而且巧妙地发挥了点对点的网络传播特色，产生商品、品牌信息的扩散效果。

经典案例 7.6　病毒式营销经典——依云矿泉水超强悍的轮滑宝宝！

【案例简介】

广告主题："保持年轻"（Live Young）

广告主：法国达能集团

品牌商品：依云（Evian）矿泉水

广告代理：法国 BETC 灵智广告公司

广告内容：

该视频广告共长 60 秒，背景是在一家城市公园，主角们是清一色的外国婴儿。一开始，伴随着说唱团体"糖山帮"的 Hip Hop（嘻哈）单曲《说唱者的喜悦》（*Rapper's Delight*）的音乐声，几名穿着纸尿裤的宝宝脚踩旱冰鞋，隆重出场（见图 7.9）。这些宝宝还只是几个月大的婴儿，他们却拥有无比的神力，旱冰鞋在他们脚下如哪吒的风火轮一般自如。他们忽而跳跃，忽而跳上栅栏，忽而翻跟头，忽而又大跳 Hip Hop，简直比专业 Hip Hop 明星还要酷。最后标版镜头的广告语是："保持年轻"（Live Young）。

图 7.9　依云矿泉水视频广告情节片段
（图片资料来源：法国依云矿泉水创意广告　宝宝轮滑 . 优酷网）

【案例评析】

该广告被《创业邦》杂志评作"史上最佳病毒营销案例"，《时代》杂志评选为2009 年十大最佳电视广告。从广告创意、技术表现、传播效果来看，该广告都具有鲜明的特色。

首先在广告创意上，该广告体现出好广告的三大特质：关联性、原创性、震撼性[1]。广告与商品没有关联性，就失去了意义；广告本身没有原创性，就欠缺吸引力和生命力；广告没有震撼性，就不会给消费者留下深刻印象。同时实现"关联""创新"和"震撼"是个高要求。针对消费者需要的"关联"并不难实现，有关联、点子新奇也容易办到。真正难的是，既要"关联"，又要"创新"和"震撼"。在依云矿泉水视频广告，创意者巧妙地通过婴儿形象实现了与"保持年轻"的品牌个性的关联，大卫·奥格威曾提出了著名的"3B"（Baby、Beauty 和 Beast）理论，即在广告创意中加入儿童、美女或者动物的元素，那么这则广告就具有很强的吸引力。婴儿形象本身是生命延续的象征，处于生命的本真状态，婴儿之心乃赤子之心，带给受众心灵纯净、澄明之感，直接关联到"保持年轻"的依云（Evian）的品牌个性。整个广告的创意源自于婴儿喝水，Evian 是拉丁文，本意就是水的意思。广告中穿着纸尿裤的宝宝在形象上就非常可爱，滑旱冰的技术如此之好，超出了消费者的心理认知，给人意外和惊喜的感觉，具有强烈

---

[1]　20 世纪 60 年代的广告大师威廉·伯恩巴克根据自身创作积累总结出来的实用的广告创意理论——ROI 理论。该理论认为好的广告应具备三个基本特质：关联性、原创性、震撼性。

的新鲜感,体现出广告鲜明的原创性。广告明快动感的音乐,画面中特技带来的炫目效果,视听觉双重刺激,极具震撼性。法国 BETC 灵智广告公司全球创意总监 Remi Babinet 评价该广告说"首先是广告创意好,没有人会想到宝宝们滑旱冰的技术会高超到如同舞蹈;其次是音乐,我们请了非常优秀的音乐制作人为广告制作了好听的说唱音乐;最后是广告中传递的乐观向上的情绪——面对眼下看不到尽头的各种危机,乐观的情绪是最好的一剂解药。"[1]

其次在技术表现上,该广告体现出极致的技术追求实现大胆的想象之特色,代表了视频广告的未来发展方向。广告拍摄是在澳大利亚的墨尔本完成的,现实中并没有滑旱冰如此眼花缭乱的可爱宝宝,整个制作是通过 3D 动画完成的。为了不让广告片中的宝宝们看起来像克隆出来的一样,拍摄人员选择了现实中各种宝宝的面部进行拍照。一个 1 分钟的广告就用了 96 个特效技术来制作轮滑宝宝。这段视频是在伦敦松林工作室制作完成的,视频中的宝宝们只需坐在绿色的幕布前,工作人员一边吸引宝宝们的注意力,一边跟着音乐拍子轻轻地前后摇动他们的身体,录制他们的表情等。与此同时,工作人员已拍摄好专业溜冰者的视频,然后将电脑生成的宝宝们的身体替换溜冰者。最后,工作人员再加上宝宝们的头像就大功告成了。正是由于电脑技术的革新拓展了广告创意人的发散思维和大胆想象。

最后在传播效果上,病毒式营销手段的运用收获了意想不到的传播效果。"这次广告战役充分利用了病毒式营销与社交网络的力量,使得客户仅用很少的预算就达到了超高的收视率和曝光率。"[2]灵智整合营销传播集团上海及华东区集团董事总经理苏立(Edward Su)在评论该广告时这样说道。所谓病毒式营销(viral marketing)是一种常用的网络营销方法,常用于进行网站推广、品牌推广等,厂商通过网络短片、网络活动或是电子邮件的方式在全球网络社群发动营销活动,利用口碑传播成为与消费者交流强有力的媒介形式。它的本质就是让用户们彼此间主动谈论品牌,这种与品牌之间有趣、不可预测的体验,往往显示出强大的影响力。而且,这种传播模式是用户之间自发进行的,所以不需要大量的资金,绝妙之处就在于"让每一个受众都成为传播者",通过受众主动自发地传播企业品牌信息。赛斯·高丁(Seth Godin)在《喷嚏营销》一书中将传统的营销理念统称为干扰式营销(marketing by interrupting people):"营销者是在花钱买广告去干扰那些不耐烦的客户",而提出一种称为"喷嚏营销"的新营销模式:通过释放极具感染性的概念病毒,让客户之间相互交流品牌信息,相互营销(market to each other),而营销人员退居幕后。病毒虽然也是一种口碑,有自己的社会传播网络,但是与口碑营销不同,病毒营销具有自我复制性和快速传播的特点。蓬勃发展的互联网技术更是为其提供了极大的动力。病毒式视频营销要获得成功需要三个要素:第一个是

---

[1][2] 祁巨昆. 揭秘依云可爱旱冰宝宝广告的台前幕后 [J]. 广告主,2009(10).

种子，也就是好的、有价值的内容；第二个是易感人群；第三个是媒介通路。关键要找到最核心的易感人群，这群人会把种子呈几何级数地传播开来。精彩的创意、极具视听冲击力的表现，社交网站的媒介通路，视频娱乐形式的易感人群定位，让该视频广告在视频网站 YouTube 上引起轰动，短短一周内，这个视频的点击量超过了 600 万次，彰显出依云矿泉水病毒式视频营销强劲的传播效果。

经典案例 7.7　借势回归——"霸王"洗发水今天你 Duang 了吗?

【案例简介】

霸王洗发水是源自中药世家、以弘扬博大精深的中华中草药传统文化为己任的霸王国际旗下的一款主打产品，2005 年，霸王国际斥巨资力邀国际巨星成龙加盟霸王后，霸王以"中药世家"鲜明的品牌差异化定位，一举成长为"中国中药日化领导品牌"。

该案例的过程较为复杂，时间跨度长，涉及一次危机公关事件，三支主要广告和诸多的病毒式传播的用户生成广告（Users Generated Ad），该过程分为以下四个阶段：

第一阶段：2014 年霸王国际推出了成龙代言的霸王洗发水电视广告，该广告以证言方式突显"防脱"和"中药世家"这两个霸王品牌最显著的特征。当时的原装版广告词为："当我第一次知道要拍那个洗头水广告的时候，其实我是拒绝的。因为我觉得你不能叫我拍就马上拍，第一我要试一下，我又不想说，你拍一个广告拍完以后加了很多特技，那头'duang'，很黑，很亮，很柔！结果观众出来一定骂我，根本没有这种头发！这证明上面那个是假的。我说先要给我试一下，后来我用过也知道它们是中药的，而且是没有那种化学成分的。那洗了这个月，这个月下来之后呢，起码我用了很舒服。现在每天还在用，我还给了我成家班用，来，来，来！大家试试看！那我跟导演讲，拍的时候就拍，拍完之后，这个头发就是我的头发，就不要再加特技上去，加到没有就是这样子。我要给观众看到，我用完之后是这样子，你们用完之后，也是这样子。"广告播出后引起了较大的社会反响（见图 7.10）。

图 7.10　成龙代言的霸王洗发水原版电视广告情节片段

第二阶段：霸王洗发水就卷入了危机公关事件，霸王洗发水广告被国家工商部门打假。2010 年 7 月 14 日，香港《壹周刊》爆出众多日化品牌产品含有二恶烷，其中就包括霸王洗发水，而二恶烷是致癌物质，国内各大媒体就此事反响强烈。随后霸王国际特别发表声明，称所有产品均严格按照中国现行法律、法规及标准之要求规范生产。与此同时，国家食品药品监督管理局对霸王洗发水进行检测，结果显示，抽检样品中二恶烷的含量水平不会对消费者健康产生危害，可以放心使用。2010 年，霸王集团曾向香港高等法院提起诉讼，控告《壹周刊》的《霸王致癌》报道"恶意中伤、诽谤"，并要求赔偿损失 5.6 亿港元。但在该事件中，成龙代言的霸王洗发水广告也受到牵连，被推上风口浪尖，一度被国家工商行政部门打假，品牌形象遭到毁灭性的打击。该事件后，加之霸王洗发水两大代言人王菲、成龙代言期已到，随着霸王洗发水广告的停播，霸王洗发水也逐渐淡出公众视野。

第三阶段：霸王洗发水恶搞视频席卷社交网络，各种延伸版本风起云涌，进行病毒式传播。2015 年 2 月，一个糅合了霸王洗发水成龙版经典广告与庞麦郎神曲《我的滑板鞋》的恶搞视频以席卷之势在社交网络上疯传，全国的网民都 duang 起来了。这个恶搞视频针对当时的霸王洗发水危机事件中，曾被国家工商部门打假的霸王洗发水成龙原版广告的广告词进行了改版："当我第一次知道要拍洗发水广告的时候，其实我是，是拒绝的，我跟导演讲，我拒绝，因为，其实我，根本没有头发……导演跟我讲，拍完加特技，头发很黑很亮很柔……加了一个月特技之后呢，头发 duang。后来我也知道他们是假的，是化学成分的。我现在呢，每天还是加特技，加了很多特技，头发 duang～duang～duang～，我的头发乌黑浓密，因为我，加特技……"一时之间"duang"成为网络热词，揭开了一场可以媲美当年"凡客体"的网络狂欢盛宴，各种"duang 体"延伸版出现在微博论坛以及各大社交网络上，"贿赂版""逃课版""结婚版""校霸版""跳楼版"……层出不穷，掀起了一场病毒式传播风暴，这场风暴中"duang"的含义也被反复讨论。英国媒体 BBC 表示"Duang"字在微博出现超过 800 万次，是最热门的关键标签，被讨论超过 30 万次，在内地网民最常用的搜索引擎百度中更获得 60 万次搜寻纪录。从广告传播的意义上说，最早的霸王洗发水恶搞视频和各种延伸版本，都可以看成是用户生成广告（Users Generated Ad），看到它们的网民必定会联想到霸王洗发水。

第四阶段：霸王洗发水推出正版网络视频广告，助推这场病毒式传播风暴，借势回归。在这场病毒式传播风暴中，霸王洗发水一改往日严肃的风格，在 2015 年 3 月 28 日火速推出一条《我是拒绝盗版的，正版 Duang 降临》的视频迅速作出了回应（见图 7.11）。该视频广告借网络红人"小红帽"之口，与全民"互 duang"，供全民娱乐。更是在视频中喊道："我加特技了么？你还要来黑我，连续七年销量第一你说我容易吗？一百块钱买两瓶，我还要让你 Duang，一百块钱都不给我，好坏好坏的。

图 7.11　霸王洗发水正版网络视频广告情节片段

买瓶洗发水，大家一起 Duang，这个世界将会多么的欢乐，Duang~Duang~Duang~一百块钱都不给我，好坏好坏的～"，视频以幽默的风格吐露了霸王洗发水的苦衷。至此霸王洗发水再次强势回归公众视野。与此同时霸王国际也借机酝酿推出一款"Duang"系列的洗发水，专供线上销售，专门针对年轻群体的消费者。

【案例评析】

该案例不仅是一个经典的广告传播案例，同时也是一个成功的网络营销案例，全球顶尖创意分享平台"顶尖文案"也将其作为营销案例进行了讨论，它在品牌的传播策略、应对网络危机公关的广告创意两个方面给我们都带来了有益的启示。

在品牌的传播策略方面，首先作为品牌要时刻关注网络话题的变化。关注这些热点话题的变化，不仅可以找到品牌营销中的切入点，同时也可以及时应对危机。该案例中"duang 体"席卷社交网络，霸王洗发水算是"躺着中枪"，不过也火速抓住了这次难得的自我营销机会，以一则《我是拒绝盗版的，正版 Duang 降临》视频广告迅速作出了回应，成为"duang 体"狂欢盛宴的一分子，引导话题，关注自己，并获得了网民的点赞。其次传播的小众化和无厘头化也值得关注。在互联网时代，传播越来越分散，你不知道始作俑者是谁，但当它发酵的时候你会突然恍然大悟。破解这样一个传播规律时，我们需要关注小众人群当中出现的流行，甚至包括小的兴趣团体当中，兴趣人群当中的一些语言与态度。另外在品牌传播中我们将传统品牌营销思维单纯地移植到互联网，看来已经不奏效了。品牌有一套在线下积累和传统世界积累的经营逻辑，但是在互联网世界中话语环境已经发生了变化，即便是同样的品牌诉求和品牌传播，在互联网世界你也需要用另外一种方式表达。被"恶搞"不代表"恶俗"，被"娱乐"不代表"愚蠢"，而今天对于很多品牌来讲，往往不缺乏"端"（架子）而是缺乏"duang"（精神）。

在应对网络危机公关中从广告创意方面分析霸王洗发水的回应视频广告，我们可以得出以下结论：

首先，广告策略的恰当运用是关键，霸王洗发水正版网络视频广告采用"自嘲、自黑"的低调策略，放低身段博同情，以一种娱乐的姿态迎合了网民的心理，正如霸王洗发水媒介公关部总监汪亮回应："自嘲也好，自黑也罢，全民娱乐的年代，霸王不能再端着，必须选择顺势而为。"同时他也表示，本着娱乐和恶搞的精神，这次事件为霸王洗发水提供了危机公关的机会：一来能体现娱乐的精神，展现品牌的大度；二来通过娱乐恶搞，duang 出品牌锐意年轻化的态度，放下身段建立网络化、年轻化的形象。

其次，在恶搞文化盛行的网络传播中，网络广告越具有娱乐性越接地气，娱乐是年轻网民们的基本需求，娱乐是王道。

再次，网络广告文案设计句式要像 RAP 说唱一样，短小精悍，富有节奏感，同时朗朗上口，通俗易懂，传播性就越强。

最后，在广告的表现形式上，重复是娱乐的法宝，包括关键词的重复，各种动作的重复，比如抖头发、摸头发，这种典型动作的重复，也能提升画面的冲击性，带来娱乐感。

但是广告创意不应只追求传播的商业效果，至少还应有审美效果和长远的社会效益，从艺术的角度审视案例中的两支网络视频广告，则具有较大的争议性，娱乐并不等于是艺术，所谓艺术，是人类更高雅、更令人心旷神怡的那一部分生活方式，它深层次地作用于人们精神世界，带来心灵的净化和愉悦。娱乐是短暂的，艺术的生命力是长久的，艺术是有价值内涵意图的，艺术的目的是润泽人类的心灵。著名美学家宗白华曾说："艺术的目的并不是实用，乃是在纯洁的精神的快乐。"[1]如果我们把广告的性质定位为艺术，而不是技术，即使是带有功利性目的的艺术，再来审视这两支网络视频广告，则流于肤浅低俗，恶搞带来的愉悦感，指向的更多是生理层面的刺激，至少不是高雅、更令人心旷神怡的心灵层面的慰藉。所以说，广告先天存在的功利性目的和艺术的追求之间本身就是一个二元悖论的难题，这就需要广告创意人对广告作品的创意在实效与艺术之间实现一种恰到好处的平衡，同时需要不断提高广告受众的审美水平。

第三节　专论：微博广告的传播价值

随着新媒体时代的兴起，微博作为具有影响力的媒介传播平台越来越受到企业品牌传播的重视，微博广告的传播价值也越来越受到广告界的关注。

一、微博及微博广告的概念

微博，即微博客（MicroBlog）的简称，是一个基于用户关系的信息分享、传播以

---

[1] 宗白华. 宗白华全集 [M]. 合肥：安徽教育出版社，1994：789.

及获取平台，用户可以通过 Web、Wap 以及各种客户端组件个人社区，以 140 字以内的文字更新信息，并实现即时分享。全球最早出现的微博是美国的 twitter，中国最早出现的微博是"饭否"（已关闭），将微博推广普及的是"新浪微博"。根据中国互联网信息中心（CNNIC）发布的第 35 次中国互联网发展统计报告显示，截至 2014 年 12 月，我国微博客用户规模为 2.49 亿，网民使用率为 38.4%。

微博广告则是依附于网络媒体技术而产生的新型广告形式。关于微博广告的概念目前有两种观点较为流行：一种观点是偏向于微博广告在企业营销应用层面的界定方式，认为微博广告就是利用微博平台为企业推销产品和服务、塑造品牌、树立形象做广告；另一种观点则偏重于微博广告的活动过程，把微博广告当作一个整体的运作过程看待，认为微博广告就是发布在微博网站或个人微博页面上的广告，是网络广告的一种新兴的形式。

从广义的角度来看，所谓微博广告，就是一切以微博为平台的广告表现和广告行为，包括显性的微博广告和隐性的微博广告。

显性的微博广告把广告信息放在微博网站的首页上或者个人微博网站的主页面上，广告形式比较直观。隐性的微博广告，主要通过微博主的博文内容以口碑传播的形式，把广告信息传递给目标受众，以影响受众的态度和消费行为。

二、微博广告的诞生及发展

2006 年 10 月，美国 twitter 公司正式成立，最初的使用者只是技术人员。直到 2007 年 6 月，twitter 给戴尔公司开设了一家经销店，用优惠券的方式进行低成本营销，随即开启了微博广告时代。

2007 年饭否、叽歪等在中国建立，但是一直没有成为主流，于 2009 年 7 月停止运营，其中广告运作也就没有形成模式。

2009 年 8 月，中国最大的门户网站新浪，推出"新浪微博"内测版，成为门户网

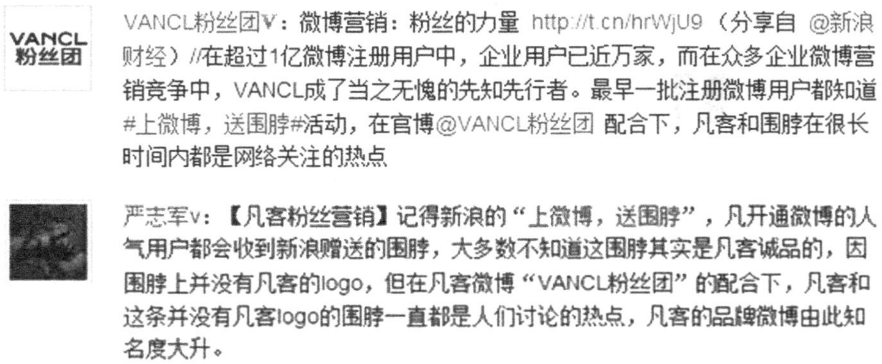

VANCL粉丝团 V：微博营销：粉丝的力量 http://t.cn/hrWjU9（分享自 @新浪财经）//在超过1亿微博注册用户中，企业用户已近万家，而在众多企业微博营销竞争中，VANCL成了当之无愧的先知先行者。最早一批注册微博用户都知道 #上微博，送围脖#活动，在官博 @VANCL粉丝团 配合下，凡客和围脖在很长时间内都是网络关注的热点

严志军 v：【凡客粉丝营销】记得新浪的"上微博，送围脖"，凡开通微博的人气用户都会收到新浪赠送的围脖，大多数不知道这围脖其实是凡客诚品的，因围脖上并没有凡客的logo，但在凡客微博"VANCL粉丝团"的配合下，凡客和这条并没有凡客logo的围脖一直都是人们讨论的热点，凡客的品牌微博由此知名度大升。

图 7.12　凡客送围脖行动及产生的品牌效应
（图片资料来源：新浪微博）

站中第一家提供微博服务的网站，微博正式进入中文上网主流人群的视野。这时，新浪与网络服装品牌VANCL合作，在冬天给达到活动要求的用户派送特制围脖，如图7.12所示。

凡客与新浪合作的"开微博送围脖"活动成了经典案例，从此拉开了国内微博广告的序幕。各种微博广告、企业活动广告、网幅广告都接踵而至，开始了微博营销的时代。

三、微博广告的形式

作为网络广告的一种形态，微博广告与传统网络广告既有相同又有区别。按照广告的不同形式给微博广告分类如下。

（一）微博网站、网页上刊登的网络广告

微博仍具有传统门户网站的性质，也采用了普通网络广告的形式——静态网幅广告，就是把已经制作好的网络广告，放在微博网页上（新浪微博一般在右边和页面底部），通过用户浏览或点击参与来传递广告信息（见图7.13）。这种广告通常粘贴在微博网站的页面上，广告形式清晰直观。

图7.13　新浪微博网页上刊登的网络广告
（图片资料来源：新浪微博）

（二）以博文形式发布的广告

这是目前微博营销中最普遍的一种广告模式。博主以自愿者的身份在微博上发布广告或进行转发评价，利用自身庞大的粉丝群进行口碑或病毒式营销，进而获得广告费的分成。博主通过撰写博文，在博文内容中表现出广告主的产品信息，并把广告产品的信息通过评论转发或代发的方式发表（见图7.14）。

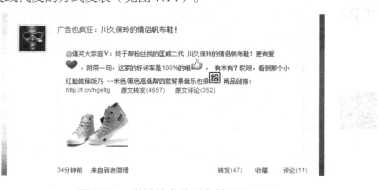

图7.14　微博转发的帆布鞋广告
（图片资料来源：新浪博客）

（三）微博活动广告

微博活动广告是微博网站上出现的一种广告形式，只需在微博页面上列出一个带有超链接的文字标题，写明奖励情况，吸引用户主动参与到其中，就可发挥广告效应（见图7.15）。受众根据个人兴趣，决定是否参与。这种广告对微博浏览者的干扰较小，主动权掌握在受众的手中，虽然有利于增加企业或产品的认知度、好感度，但容易失去对受众的控制。

图7.15　微博活动广告
（图片资料来源：新浪博客）

（四）企业专题微博

顾名思义，企业专题微博就是企业自己建立的微博，企业专题微博具有广告的功能，是企业微博营销的一种手段。企业专题微博既是微博又是广告，能够代表微博的本质，体现微博广告的特点。企业专题微博主要用于企业产品和品牌形象的宣传和推广。企业在网络上以虚拟的身份与网民受众平等交流，并获得及时有用的消费者的反馈信息（见图7.16）。

图7.16　凡客送礼品活动
（图片资料来源：新浪博客）

企业专题微博可以成为一种企业与消费者之间长期互动营销关系的维持和服务工具，[1] 在大型企业的营销推广中起着重要的作用。如通用汽车公司建有企业的专题微博，利用微博平台，及时地发布产品信息，并同消费者互动交流（见图7.17和图7.18）。三星手机也建立了企业官方微博，加强同消费者的交流，提高三星品牌的影响力和知名度。

图7.17　通用汽车官方微博
（图片资料来源：新浪博客）

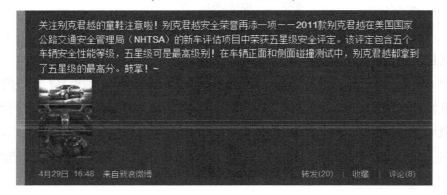

图7.18　通用汽车利用微博进行产品宣传
（图片资料来源：新浪博客）

（五）背景模板广告

背景模板广告是指利用微博自定义页面的背景设置，植入广告图片。在新浪微博的模板中，有一项是自定义，允许用户自行上传大小不超过5 M，尺寸建议为800×150的jpg、gif、png图片，作为微博页面模板使用。

或许很多企业和个人在利用微博进行品牌宣传时都比较注重话题内容的引导，反而忽视了页面装饰等细小的地方。由于话题内容是不断更新变动的，容易被错过，而像页面背景等设置则相对更持久，也更容易被记住，其广告效果也不应被忽视（见图7.9）。[2]

---

[1] 林景新. 创意营销传播 [M]. 沈阳：辽宁科学技术出版社，2008:271.
[2] 梦幻. 微博自定义页面背景广告宣传效果不容忽视 [EB/OL]. (2010-07-31) [2015-06-10]. http://TechWeb.com.cn.

图 7.19　盛大文学的页面背景广告
（图片资料来源：新浪博客）

四、微博广告的传播价值

微博广告的传播价值体现在它的传播特性上，正是微博广告具有的独特传播优势，使得其传播价值凸显。

（一）微博广告传播的针对性强

微博广告的传播价值根源于分众传播模式，即按照用户的群体特点分类，精确广告定位，有针对性地投放广告，实现精准传播，这是 Web 2.0 时代赋予微博广告的传播优势。

微博是以个人为中心的传播，用户们可根据自己的兴趣、爱好进行有选择性的关注，择群而居是微博的一大特点。如喜欢美容资讯的用户会关注美容类口碑性用户的微博，喜欢新闻类的用户会选择浏览或关注新闻类微博。微博用户的群体性在无形中对广告受众进行了一次细分，有利于广告的精准传播。

（二）微博广告传播的互动性强

与单向传播的传统媒体相比，微博的一大优势是互动性强。"Web 2.0 所提倡的个性化使个人不是作为被动的客体而是作为一种主体参与到了互联网中，个人在作为互联网的使用者之外，还同时成为互联网主动的传播者和生产者，参与话题的传播和创造。"[1]

微博广告依托于微博，具有很强的互动性。微博广告受众的自主性和参与性的增强，能更加及时地反馈信息，实现传播双方的互动。

（三）微博广告传播更新及时

微博作为互联网的新应用，具有实时发布信息的特性。和传统网络媒体相比，微博的信息发布更加方便快捷，用户只要可以上网，不管何时何地都可以分享自己的新鲜事，

---

[1] 方兴东．这个世界有 Web 2.0 吗？[EB/OL]．(2006-11-02)[2015-06-10]．http://www.popocy.com/extract/blog20061102.htm.

更新自己的微博。4G时代的到来使得便捷的上网更加方便，特别是在一些突发事件时，微博表现出来的实时性、快捷性和真实感超过了其他任何媒介。因此，微博广告也可及时地更新，受众也能在最短的时间内接收到最新的广告信息。

微博广告作为新兴的广告形式，有着自身独特的传播优势。但在微博广告发展的背后仍然存在诸多的问题，如微博广告的监管问题、可信度问题、效果评估问题、媒介利用方式单一等问题，这些问题如果得不到很好的解决，将会影响微博广告的发展。

针对以上问题，在微博广告的发展过程中，需要从加强微博广告主体的"把关"作用、完善互联网传播的相关法律法规、加强相关职能部门对微博广告的监管这几个层面来解决微博广告的监管问题。

对于提升微博的媒体公信力的问题，一方面，可以借助于影响力事件提升微博媒体的影响力。微博新媒体在主流媒体无法发挥作用时，更容易赢得受众的关注和参与。另一方面，微博媒体也需积极参与公益事业，增强媒体的社会责任感。负责任的媒体才能赢得受众的尊重，提高媒体的品质和形象，架起媒体影响力和广告传播的新平台。

同时还应积极完善微博广告效果评估体系，一方面借鉴传统门户网站的评估办法；另一方面，由于博主对受众的认知、态度和行为有一定的影响，博主自身的影响力也是微博广告定性效果评估的主要参考依据，因此，要重视博主作为意见领袖的影响力角色，完善定性的广告评估体系。

另外，要与受众进行深度交流，加强关系维系，媒体在扮演信息发布者角色的同时，也要尝试做聆听者和交流者，与受众进行更加深入的交流，听取他们的意见，并根据这些意见及时对媒体内容、市场定位等进行微调。市场的调查数据是滞后的，但微博上的意见却是即时的，从这个意义上来说，微博可以成为一种预警系统，提醒媒体业务和营销人员及时注意受众动向。

最后针对媒介利用方式单一的问题，可以利用多种媒体手段结合，实现优势互补。媒体自办网站（指平时说的"官网"）、SNS网站、微博这三种平台各有其特征。针对这三种媒体工具的不同特点，可设计一条功能定位更加清晰和明确的新闻链，使得新闻的价值得到最大限度地发挥，也使媒体的影响力在三个平台上得到叠加。以下是一种可能的功能定位模式：媒体的自办网站由于其功能完善而平均，可作为最基础的信息查询平台，将新闻的相关背景信息整合起来，如读者希望了解事件最完整和清晰的资料，可在媒体自办网站上找到答案。SNS网站由于其互动性较强，而且网站自身带有投票等功能，因此，除了作为新闻实时发布的平台，还可以作为信息反馈的平台，收集受众意见。而微博由于字数的限制，可以作为即时新闻发布的平台，而且由于微博的语言风格较为随意，可多用评论的方式阐述新闻，再对受众的评论加以评述，达到加强与受众情感和关系维系的效果。需要明晰的是，三种媒体平台的功能可以重叠，比如说，媒体自办网站目前也有投票和评论功能，只是在将这三种网络平台作为一个整体时，需要各个平台协作，在功能上各有侧重。

随着媒介技术的不断进步，微博也将呈现出新的特性，出现在微博平台的广告形态也会更加丰富多样。随着移动互联网和手机 4G 技术的成熟，"微内容"蕴含的广告价值和潜力将是微博广告研究的新方向。

练习题

一、思考题

1. 简述网络广告的特征。

2. 什么是人文广告？请试举一支网络广告分析其人文性的表现。

3. 简述 ROI 理论的主要内容，并试举一支网络广告进行分析。

4. 霸王洗发水的两支网络视频广告在创意层面具有哪些特点？

5. 什么是微博广告？微博广告有哪些种类？具有怎样的传播优势？

二、案例分析

以下是泰康人寿 App 植入广告《意外保障》的案例简介：

广告主题："我们尽最大的努力，为您提供意外保障 - 泰康人寿"

广告主：泰康人寿（taikang）

广告代理：杰尔鹏泰广告公司（Cheil OpenTide）

广告内容：

这是一支推广泰康人寿意外保险的 App 植入广告，广告创意人和几个 App 合作，在 App 中植入广告，当且只有当用户下载了 App 且手机不慎跌落时，才会激活广告（检测手机的重力陀螺仪是否变化），当用户捡起手机时，银幕上显示碎屏的"假象"；在用户看到手机碎屏，懊恼不已时，手机碎屏突然变好了，并弹出广告"我们尽最大的努力，为您提供意外保障 - 泰康人寿"（见图 7.20）。

请从创意的角度分析评价该广告。

图 7.20　泰康人寿意外碎屏保护广告植入的 App、碎屏模式、弹出广告
（图片资料来源：网络广告人社区）

三、案例分享及讨论

1. 互动性是网络广告的主要特征之一，请收集一支你认为最能体现该特征的网络广告与同学们进行分享。

2. 体验式营销往往需要通过体验式营销广告来说明如何实现体验的过程，请收集一支网络广告分析其体验性特色。

3. 植入式广告的植入方式多样化，请收集几支网络广告对比说明其不同的植入方式和特色。

4. 主题的现实性、表现的号召性、社会的效益性是公益广告的三大特点，请收集一支你认为最能体现三大特点的网络公益广告与同学们进行分享。

推荐网站

网络广告人社区

下篇　综合策划

　　古人云："凡事预则立，不预则废。"预在这里是指预备、准备，即策划之意。策划的历史渊源悠久，甚至可以推究到原始社会部落的狩猎、居住活动中，我国悠久灿烂的文化历史，也给我们留下了诸多优秀的策划典籍，从《周易》到《孙子兵法》，从《三国演义》到《三十六计》……即使是在今天的经济领域也凝聚着中华民族智慧的宝贵财富。

　　策划思想在广告活动中的引入是广告活动科学化、规范化的标志。美国哈佛企业管理丛书编纂委员会指出："策划是一种程序，在本质上是一种运用脑力的理性行为，基本上所有的策划都是关于未来的事物的，也就是说，策划是针对未来要发生的事情做当前的决策。"[1] 所谓策划就是根据现有资源信息，判断事物变化的趋势，确定可能实现的目标和预算结果，再由此来设计、选择能产生最佳效果的资源配置与行动方式，进而形成决策计划的复杂思维过程。

　　本书下编根据策划的程序特色，分别选取经典的广告策划案例和20世纪90年代后盛行的整合营销传播案例分两章进行介绍。

---

[1] 杨荣刚. 现代广告策划[M]. 北京：机械工业出版社，1989:3.

▼

第八章

广告策划

20世纪60年代，英国广告专家斯坦利·伯利坦率先提出了广告策划的战略思想，并迅速风靡西方广告界。中国香港、台湾地区较早引进这一战略思想，中国内地则在80年代中期也明确提出："以策划为主导，以创意为中心，为客户提供全面服务"的口号。广告策划概念的引进大大提升了广告运作的效果。

第一节　广告策划概述

广告策划是策划的一个子系统，而从广告活动的角度看，现代广告策划本身又是一个系统工程，广告策划中的6M基本囊括了其中的子系统。6M即：

Market（市场）：对广告的目标市场的选择及其特征的把握。

Message（信息）：广告的卖点，诉求点，确定广告中的正确信息。

Media（媒体）：选择什么媒体将广告中的信息传播给目标受众。

Motion（活动）：使广告发生效果的相关行销和促销活动。

Measurement（评估）：对广告的衡量，包括事后、事中和事前的各种评估。

Money（费用）：广告活动需投入的经费。

学术界一般认为，我国广告的发展经历了三个阶段：1979—1986年，为广告的黄金时段，企业只要做广告就一定赚钱，不需策划，一条广告救活一个企业不是神话；1987—1994年，企业只要用足够的钱做广告，就一定能赢得市场，获得发展，如娃哈哈、乐百氏；1995年以来，企业用足够的钱做广告，未必能赚钱，运用不当反给企业背上包袱。如今的广告运动，没有有效的策划，再大的投入也会事与愿违；没有经过精心策划的广告，大都是盲目的。

一、广告策划的概念

广告策划是指通过周密的市场调查和系统的分析，利用已掌握的知识、情报和手段，合理并有效地布局广告活动的进程，是对广告活动所进行的事前性和全局性的筹划和打算。广告策划是策划中的一个应用领域，从广告活动角度看，广告策划本身有一个大系统，是一个动态的过程，是广告决策的形成过程，一系列的决策包括确立广告目标、明确诉求对象、制订广告战略、确定广告主题、构思广告创意、选择并组合广告媒体、进行广告预算及效果评估等。

广告策划的依据是市场调查，广告策划应提出广告活动的总体战略，并非仅仅是停留在具体行动计划层次上的广告计划；广告策划有特定的程序，需合理规范布局，绝不能随心所欲；广告策划的核心内容是广告策略，广告策划必须脱离平庸、与众不同，又要能产生实际效果；广告策划的结果以文本的方式来体现，即广告策划书。

广告策划一般有两种形式：一种是单独性的，即为一个或几个单一性的广告进行策划；另一种是系统性的，即为规模较大的、一连串的为达到同一目标所做的各种不同的广告组合而进行的策划。这种系统、全面、周密的广告策划也被称为整体广告策划，是站在企业整体经营的高度，从整体广告活动出发进行全面的、系统的规划部署。

二、广告策划的特点

广告策划为综合性、大规模的广告运动（活动）提供策略的指导和具体的计划，有其自身鲜明的特征，即广告策划的特性，主要体现在以下六个方面。

（一）目的性

广告主开展广告运动（活动），或是为了直接促销，或是为了提高产品的知名度，或是为了塑造企业形象，或是为了解决在市场营销中面临的实际问题，总之都有某种特定的目的。广告主的广告目的是由市场营销的目标、直接的销售目标、在市场中面临的难题、在广告活动中面临的难题等因素限定的，有其特定的内涵，而不能仅仅以广告的一般目的来概括。

（二）整体性

广告策划虽然包括很多环节和内容，但它们并不是彼此孤立的，而是通过贯穿在广告策划中的广告策略统一起来的。广告策划的各项内容彼此环环紧扣，广告策划的实施环节彼此密切配合，使广告运动（活动）成为一个和谐统一的整体，在统一的策略指导下进行，如果有任何一个环节违背了广告运动（活动）的总策略，都会直接影响广告的效果。

（三）调适性

市场和消费者是不断变化的，广告策划的决策内容也应适应这些变化并且根据这些变化及时地进行调整。如果忽视了广告策划的可调适的特性，就必然会导致广告策略的僵化，不但不会对广告主的营销活动起到促进作用，反而会成为广告主营销活动顺利进行的障碍。

（四）操作性

广告策划不但要为广告运动（活动）提供策略的指导，而且要为它们提供具体的行动计划，使广告运动（活动）能够在策略的指导下顺利进行。广告的实施是广告策划的直接目的，因此广告策划就应具有充分的可操作性，包括在实际的市场环境中有可操作的条件，在具体的实施上有可操作的方法。

（五）创造性

创造性作为对广告作品的基本要求，已受到充分的重视。但广告的创造性并不仅仅是靠广告创作人员的灵感产生的，没有具有创造性的广告策略，广告作品的创造性就失去了基础，甚至有可能因为没有根据的随意创造而影响广告策略的贯彻执行。

（六）前瞻性

任何广告策划都是着眼于未来的，因此广告策划运作中用对市场、消费者动态的科学分析来保证适应未来市场可能发生的变化，应具有前瞻性。不但应着眼于现实，而且应着眼于未来。

三、广告策划的步骤以及具体工作流程

（一）广告策划的步骤

（1）分析阶段：市场调查，对营销环境、消费者、产品、企业和竞争对手的分析。

（2）规划阶段：制订广告目标，确定产品定位、广告诉求、广告创意表现、广告媒介、促销等一系列广告策略的研讨和决策，同时制订广告计划，确定费用预算，研讨并确定广告效果预算和监测的方法，撰写并对广告策划书进行修改。

（3）执行阶段：广告表现计划的实施，广告媒介计划的实施，其他活动的具体实施。

（4）控制阶段：广告效果的检测与评估，广告策划的总结。

（二）广告策划的具体工作流程

（1）组建以客户或产品命名的广告策划小组，负责整体策划工作。一个广告策划小组一般应由以下人员组成：业务主管、文案、创意人员、美术设计人员、市场调研人员、媒介联络人员及公关人员、策划人员等。广告策划的主体是广告策划小组而非个人，策划的效果必须由广告策划的团队的运作来保证。广告策划的多人协作并不是人员数量的简单叠加，而是根据不同内容和环节的需要，寻求在知识技能经验等方面的最佳组合。

（2）策划小组制定工作时间表，以保证广告策划的各个步骤在规定的时间内完成。

（3）经协商向各部门具体工作人员下达任务。

（4）策划小组进行分析性研讨，包括广告策划的市场分析阶段的全部内容。

（5）策划小组进行战略决策性研讨，包括战略规划阶段的全部内容。

（6）广告策划小组进行战术性研讨，确定具体的广告实施计划。

（7）撰写广告策划书。

（8）向客户递交广告策划书并由其审核，并对重点问题进行必要的解释和说明，再根据客户的反馈修订策划书。

（9）将策划意图交给各职能部门实施，包括组织广告作品的设计、制造和发布。策划小组监督各职能部门的实施过程，并对不适之处加以修正。

（10）总结并撰写月于存档的总结报告。

广告策划成了现代广告活动成败的关键，广告策划在广告活动中具有相当重要的地位和特殊的意义。广告策划使广告活动目标明确；使广告活动效益显著；使广告活动更具竞争性；提高广告业的服务水平。

总之，广告策划使广告调查、广告计划、广告制作、广告效果测定等各环节的广告活动成为有机统一的整体，已成为整体广告运动的核心和灵魂，起着不可缺少的指导性和决定性作用。

第二节　广告策划案例及评析

经典案例 8.1　一场没有输家的游戏——华为 3G 悬念广告

【案例简介】

广告主：华为技术有限公司

广告代理：北京华扬联众广告公司

广告内容：

一、营销背景

华为是一个并不为普通消费者了解的品牌，然而在 2009 年开始的 3G 大潮中，华为其实与几亿国民的 3G 生活关系紧密，在国内采购招标中，华为占据中国电信超过 50%、联通 44% 的 3G 上网卡市场份额，成为名副其实的"双料冠军"，而其在全球 3G 上网卡的市场占有率高达 55%。

华为虽是 3G 终端 B2B[1] 市场的王者，但却是 3G 终端 B2C[2] 市场的新兵。此次推广的华为上网卡产品隐身在运营商身后，缺少与消费者直接沟通的机会。人们说到 3G 往往会想到运营商，而忽略了其背后支持的产品，而在电信日之前，中国移动、中国电信、中国联通的广告已铺天盖地，3G 的噪声充斥在广告市场的每一个角落。

作为中国最成功的 B2B 品牌之一的华为希望借助本轮营销攻势完成 B2B 品牌到 B2C 品牌的初期转化，初步建立消费者品牌。并逐渐成为消费者熟悉、信赖、购物时会优先选择的品牌。

二、营销思路与主要内容

华为是一个低调的王者，不以打击对手为目的和手段，在互联网营销方面也缺乏经验和成功模式。如何让低调的华为崭露头角是营销策划的一大挑战，而其投入费用也远不及各大运营商，产品的特点也不被人熟知，营销人员需要用一种非常规的方式，即"没有广告商的广告"让华为在这样纷乱的环境中凸显出来不被淹没，让消费者深刻理解华为 3G 上网卡产品，增强华为品牌的认知度及美誉度。

首先广告提出了"华为 3G 就在你身边"的概念，以展示华为与 3G 的巨大有机联系，并拉进和消费者的距离。我们决定采用一种非常规的手法，即抛开传统"狂轰滥炸"的曝光模式，反之采用悬念示众，设计了一场"没有广告商的广告"——只展示给用户一串神秘的计数器，数字随着时间的流逝不断增加，引发无限猜想。而强调的数字也是核心策略的另一重要组成部分，华为在全球终端市场占据约 40% 的市场份额，但国内的消费者却几乎不了解，悬念阶段的庞大数字给了消费者强大的视觉冲击力和深刻的印象，具象的数字也让更多的人意识到华为的实力所在（见图 8.1 和图 8.2）。

图 8.1　华为 3G 悬念广告 1
（图片资料来源：腾讯网）

[1] B2B（即 BTB，是 Business-to-Business 的缩写）是指企业对企业之间的营销关系，它将企业内部网，通过 B2B 网站与客户紧密结合起来，通过网络的快速反应，为客户提供更好的服务，从而促进企业的业务发展。

[2] B2C（是 Business-to-Customer 的缩写，而其中文简称为"商对客"）是电子商务的一种模式，也就是通常所说的直接面向消费者销售产品和服务的商业零售模式。

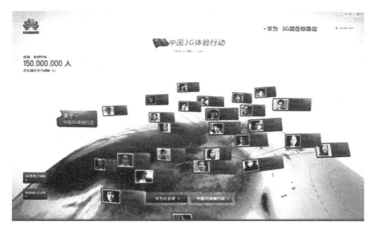

图 8.2　华为 3G 悬念广告 2
（图片资料来源：腾讯网）

从 4 月 13 日开始，神秘计数器同时在各大知名网站的显著位置出现，点击进入的后台页面为世界各地的 3G 应用场景，没有任何广告商信息的流露，只有一句"世界就在你身边 4 月 16 日敬请期待……"，可谓吊足了人们的胃口。

在国内网络广告市场中，在各大主流网站首页如此大规模地同时出现无品牌 Logo 的广告还是头一遭，众多网民及业内人士果真按捺不住内心的好奇，通过代码追踪、3G 行业分析或利用自己的人脉四处打听这到底是谁家的广告。

4 月 16 日，之前的悬念在同一时刻揭晓，数字定格在 150 000 000，并告诉电脑前的受众："此刻，全球约有 15 000 000 人正在通过华为感触 3G。"同时，之前的 3G 后台页面出现了名副其实的 3G 星球。

悬念揭晓后，3G 星球主要呈现全球各地使用华为 3G 上网的情景，并为第三阶段"中国 3G 体验行动"做预热和铺垫。

"中国 3G 体验行动"也获得网民的热情拥抱。3G 星球将虚无缥缈的 3G 从空中拉回地面，让用户亲身感受到 3G 也可以"看得见摸得着"。这是国内首次大规模的 3G 体验行动——让中国广大消费者第一次有机会如此近距离地体验 3G，在线视频互动的营销方式也属国内首次，在网络营销时代具有划时代的历史意义。

活动形式为每周邀请 5 位网络名人抢先体验华为 3G，用笔记本电脑和华为 3G 上网卡畅游自由的 3G 生活。任务期间体验者可通过活动平台利用 3G 功能和网民保持实时互动，例如，视频直播、视频对话等，让消费者真切地感受到此次华为的传播口号"华为 3G 就在你身边"。视频直播作为活动的一大亮点，在媒介推广上也做了突破和创新：每天选取一位体验者进行两个小时的视频直播。

直播开始后，网友可以选择视频对话和文字聊天的形式和体验者互动，在轻松愉悦的氛围中感受 3G。因为直播预告及时到位，再加上前期悬念营销的成功铺垫，直播页面多次接近瘫痪，许多网友反映抢不到麦，造成了一定范围内的轰动效应。

同时，活动还邀请了20位行业名人撰写与3G相关的文章，同时在他们各自的博客发表，并实现连通，以名博的力量带动华为3G向更广的范围传播。

在广泛传播的另一重要渠道内容营销上，我们通过在各大网站论坛发帖制造话题，引发用户讨论和关注。

以往，广告主总担心自己花了重金的广告在纷繁的互联网环境中被埋没，于是要求Logo够大够醒目，此次推广中，大规模无Logo的悬念广告却获得了极大的关注，无Logo的广告引发了更多的瞩目。

当然，这是华为愿意和敢于做尝试的结果，也得到各大媒体的强力支持。虽然众人对这种反传统的做法评价不一，但这样的争论实际上更大地刺激了业界对华为的关注。

业界总在强调的互联网的互动性。3G真人体验留给了消费者大量的空间和想象力去交流，他们探讨无Logo广告是谁投的，3G星球要干什么；他们借助3G和体验者视频聊天、问答……华为的广告，真正把消费者调动起来，让消费者行为成为传播的一部分，甚至是主题。而我们认为，这样的互动远比在创意上吸引网民动动鼠标、点击广告或参与游戏来得更有价值。

三、营销效果

三天的悬念广告共获得接近130万次点击量，点击成本不到1元，华为的第一次亮相不仅赚足了曝光和点击量，还收获了不错的口碑。

活动期间，6篇帖子共在207个网站出现，总点击率超过20万次，网友回复近8 000条。而此次3G星球概念也引发了业界的大讨论，Google关于"3G星球"的搜索结果超过35万条。网站互动环节不仅利用视频直播吸引网友的广泛参与，让他们了解并关注华为的3G产品；同时也通过与各大博主的强强联手，在舆论上制造出最响亮的声音。[1]

【案例评析】

从广告的做法而言，华为3G悬念广告与之前的移动G3广告区别很大，却极符合华为的低调作风。虽然这种大笔的广告费投出去却不出现一丝企业信息做法对于企业而言有极大的风险，但这可能告诉我们一个道理，也正是互动营销的魅力所在：吸引消费者不单要靠企业单向"摇铃"，而且需要勾引聪明的消费者，然后"等待猫吠"。

广告再也不是那个死板的模样了。习惯了快节奏生活的人们早就开始受不了那些枯燥无聊的说教，轻松有趣、充满激情的内容才会让他们觉得兴奋和刺激，愉悦过后带来

---

[1] 案例：华为3G星球悬念营销 [EB/OL]. (2009-10-31) [2015-06-12]. http://tech.qq.com/a/20091030/000278.htm.

的是受众对广告内容的有效记忆以及对品牌的认知和认同。当然，如果在广告中加入些游戏的成分就更好了，让受众亲身参与到广告活动中来，在互动中既增加了受众对品牌的亲密度，也能通过受众之间的人际传播扩大宣传的影响范围——"嗨，听说那个牌子的新广告了吗？有趣极了，快来一起玩吧！"例如，SONY在广告中将泡沫充斥整个城市，让大家在泡沫中尽享童真的快乐；NOKIA把Hiphop的起源追溯至了中国农村，重新定义"酷"的玩世不恭；NIKE更是将游戏与运动联系起来，一场"狂足快跑"的运动游戏不知道让多少跑步爱好者乐在其中；而华为这支悬念选出的广告，则是与众多的网友玩了一场令人充满期待的猜谜游戏。每个人的心底都有一份童真，"游戏"无疑便是那个最能激发人们心底童真的字眼。让游戏取代广告，对某些品牌来讲，或许是个不错的办法——人们常说"寓教于乐"，那么"寓品牌于乐"又何尝不是一种引导受众对品牌认知的方式呢？更何况，这原本就是一场没有输家的游戏。当然，游戏只是一个过程、一种形式，它的最终目的仍然是达到品牌宣传的效果。它的本质仍然是广告，只不过通过游戏的方式潜移默化地影响了受众对于品牌的认识。用游戏去传达诉求，让受众亲自去参与、去体会，可以在很大程度上减少受众对于广告自身的排斥，甚至更进一步地提高受众对于品牌的热爱。

经典案例8.2　"防火"让自己火起来——王老吉的品牌定位策划

【案例简介】

广告主：加多宝饮料有限公司

广告代理：广州成美行销广告公司

策划内容：

一、凉茶史话

历史和文化是产品潜在的最大卖点。

凉茶是广东、广西地区的一种由中草药熬制、具有清热祛湿等功效的"药茶"。在众多老字号凉茶中，又以王老吉最为著名。王老吉凉茶发明于清道光年间，至今已有175年历史，被公认为凉茶始祖，有"药茶王"之称。到了近代，王老吉凉茶更随着华人的足迹遍及世界各地。

20世纪50年代初，王老吉药号分成两支：一支归入国有企业，发展为今天的王老吉药业股份有限公司（原羊城药业），主要生产王老吉牌冲剂产品（国药准字）；另一支由王氏家族的后人带到香港。在中国内地，王老吉的品牌归王老吉药业股份有限公司所有；在中国大陆以外有凉茶市场的国家和地区，王老吉的品牌基本上为王氏后人所注册。加多宝是位于东莞的一家港资公司，由香港王氏后人提供配方，经王老吉药业特许在大陆独家生产、经营红色罐装王老吉（食健字号）。

2003年，来自广东的红色罐装王老吉（以下简称红色王老吉），突然成为央视广告的座上常客，销售一片红火。但实际上，广东加多宝饮料有限公司在取得"王老吉"的品牌经营权之后，其红色王老吉饮料的销售业绩连续六七年都处于不温不火的状态中。直到2003年，红色王老吉的销量才突然激增，年销售额增长近400%，从1亿多元猛增至6亿元，2004年则一举突破10亿元！

二、割据一方

红色王老吉拥有凉茶始祖王老吉的品牌，却长着一副饮料化的面孔，让消费者觉得"它好像是凉茶，又好像是饮料"——这种认知混乱，是阻碍消费者进一步接受的心理屏障。而解决方案是，明确告知它的定义、功能和价值。

在2002年以前，从表面看，红色王老吉是一个销得很不错的品牌，销量稳定，盈利状况良好，有比较固定的消费群。但当企业发展到一定规模以后，加多宝的管理层发现，要把企业做大，要走向全国，就必须克服一连串的问题，甚至连原本的一些优势，也成为困扰企业继续成长的原因。而在这些所有困扰中，主要有以下三个问题。

（一）当"凉茶"卖，还是当"饮料"卖

在广东，传统凉茶（如冲剂、自家煲制、凉茶铺等）因下火功效显著，消费者普遍当成"药"服用，无须也不能经常饮用。而"王老吉"这个具有上百年历史的品牌就是凉茶的代称，可谓说起凉茶就想到王老吉，说起王老吉就想到凉茶。因此，红色王老吉受品牌名所累，并不能很顺利地让广东人接受它作为一种可以经常饮用的饮料，销量大大受限。

另一方面，红色王老吉口感偏甜，按中国"良药苦口"的传统观念，广东消费者自然感觉其"降火"药力不足，当产生"祛火"需求时，不如到凉茶铺，或自家煎煮。而在加多宝的另一个主要销售区域浙南，主要是温州、台州、丽水三地，消费者将"红色王老吉"与康师傅茶、旺仔牛奶等饮料相提并论，没有不适合长期饮用的禁忌。加之当地在外华人众多，经他们的引导带动，红色王老吉很快成为当地最畅销的产品。企业担心，红色王老吉可能会成为来去匆匆的时尚，如同当年在浙南红极一时的椰树椰汁，很快又被新的时髦产品替代，一夜之间在大街小巷消失得干干净净。

（二）无法走出广东、浙南

在两广以外，人们并没有凉茶的概念，甚至在调查中消费者说"凉茶就是凉白开吧？""我们不喝凉的茶水，泡热茶"。普及凉茶概念显然费用惊人。而且，内地的消费者"降火"的需求已经被填补，大多是吃牛黄解毒片之类的药物。

作为凉茶困难重重，作为饮料同样危机四伏。如果放眼到整个饮料行业，以可口可

乐、百事可乐为代表的碳酸饮料，以康师傅、统一为代表的茶饮料、果汁饮料更是处在难以撼动的市场领先地位。而且红色王老吉以金银花、甘草、菊花等草本植物熬制，有淡淡中药味，对口味至上的饮料而言，的确存在不小障碍，加之其3.5元/罐的零售价，如果加多宝不能使红色王老吉和竞争对手区分开来，它就永远走不出饮料行业列强的阴影。这就使红色王老吉面临一个极为尴尬的境地：既不能固守两地，也无法在全国范围内推广。

（三）企业宣传概念模糊

加多宝公司不愿意以"凉茶"推广，限制其销量，但作为"饮料"推广又没有找到合适的区隔，因此，在广告宣传上也不得不模棱两可。很多人都见过这样一条广告：一个非常可爱的小男孩为了打开冰箱拿一罐王老吉，用屁股不断蹭冰箱门。广告语是"健康家庭，永远相伴"，显然这个广告并不能够体现红色王老吉的独特价值。

三、重新定位

再次定位的关键词是：传承、扬弃、突破、创新。

2002年年底，加多宝找到成美（广州）行销广告公司。加多宝的本意，是拍一则广告片来解决宣传的问题。可成美经过认真研究发现，王老吉的核心问题不是通过简单地拍广告可以解决的——许多中国企业都有这种短视的做法——关键是没有品牌定位。红色王老吉虽然销售了7年，其品牌却从未经过系统定位，连企业也无法回答红色王老吉究竟是什么，消费者更不用说，完全不清楚为什么要买它——这是红色王老吉的品牌定位问题。这个问题不解决，拍什么样的广告片都无济于事。正如大卫·奥格威所说：一个广告运动的效果更多的是取决于你产品的定位，而不是你怎样写广告（创意）。经过深入沟通后，加多宝公司最后接受了建议，决定暂停拍摄广告片，委托成美先对红色王老吉进行品牌定位。

品牌定位，主要是通过了解消费者的认知（而非需求），提出与竞争者不同的主张。具体而言，品牌定位是将消费者的心智进行全面研究——研究消费者对产品、红色王老吉、竞争对手的认知等。又因为消费者的认知几乎不可改变，所以品牌定位只能顺应消费者的认知而不能与之冲突。如果人们心目中对红色王老吉有了明确的看法，最好不要去尝试冒犯或挑战，就像消费者认为茅台不可能是好的"威士忌"。因此，红色王老吉的品牌定位不能与广东、浙南消费者的现有认知发生冲突，才可能稳定现有销量，为企业创造生存以及扩张的机会。

加多宝并不了解消费者的认知、购买动机等——如企业曾一度认为浙南消费者的购买主要是因为产品高档、有"吉"字喜庆。为了了解消费者的认知，成美研究人员在进行二手资料收集的同时，对加多宝内部、两地的经销商也进行了访谈。

研究中发现，广东的消费者饮用红色王老吉的场合为烧烤、登山等活动，原因不外乎"吃烧烤时喝一罐，心理安慰""上火不是太严重，没有必要喝黄振龙"（黄振龙是凉茶铺的代表，其代表产品功效强劲，有祛湿降火之效）。而在浙南，饮用场合主要集中在"外出就餐、聚会、家庭日常"，在对当地饮食文化的了解过程中，研究人员发现该地的消费者对于"上火"的担忧比广东有过之而无不及，座谈会桌上的话梅蜜饯、可口可乐无人问津，被说成了"会上火"的危险品（后面的跟进研究也证实了这一点，发现可乐在温州等地销售始终低落，最后两乐几乎放弃了该市场，一般都不进行广告投放）。而他们评价红色王老吉时经常谈到"不会上火""健康，小孩老人都能喝，不会引起上火"。可能这些观念并没有科学依据，但这就是浙南消费者头脑中的观念，这也是研究需要关注的"唯一的事实"。

这些消费者的认知和购买消费行为均表明，消费者对红色王老吉并无"治疗"要求，而是将其当作一个功能饮料购买，购买红色王老吉的真实动机是用于"预防上火"，如希望在品尝烧烤时减少上火情况的发生等，真正上火后可能会采用药物，如牛黄解毒片、传统凉茶类治疗。

再进一步研究消费者对竞争对手的看法，则发现红色王老吉的直接竞争对手，如菊花茶、清凉茶等由于缺乏品牌推广，仅仅是低价渗透市场，并未占据"预防上火"的饮料的定位。而可乐、茶饮料、果汁饮料、水等明显不具备"预防上火"的功能，仅仅是间接的竞争者。同时，任何一个品牌的定位，都必须是该品牌最有能力占据的，即有据可依的，如可口可乐说"正宗的可乐"，是因为它就是可乐的发明者。研究人员对企业、产品自身在消费者心智中的认知进行了研究。结果表明，红色王老吉的"凉茶始祖"身份、神秘中草药配方、175年的历史等，显然是有能力占据"预防上火的饮料"的。

由于"预防上火"是消费者购买红色王老吉的真实动机，显然有利于巩固加强原有市场。是否能满足企业对于新定位的期望——"进军全国市场"，成为研究的下一步工作。通过二手资料、专家访谈等研究，一致显示，中国几千年的中药概念"清热解毒"在全国广为普及，"上火""祛火"的概念也在各地深入人心，这就使得红色王老吉突破了地域品牌的局限。

至此，尘埃落定。首先明确红色王老吉是在"饮料"行业中竞争，其竞争对手应是其他饮料；品牌定位——"预防上火的饮料"，其独特的价值在于——喝红色王老吉能预防上火，让消费者无忧地尽情享受生活：煎炸、香辣、烧烤等美食，通宵达旦看足球……

四、广告传播

希望使品牌占领消费者的情感，就需要在洞察其心理需求的基础上，运用各种传播手段把产品的价值点无失真地传递到消费者的心智中。

图 8.3 红罐王老吉的电视广告片段
（图片资料来源：汉狮作品集锦）

明确了品牌要在消费者心目中占据什么定位，接下来的重要工作就是要推广品牌，让它真正地进入人心，让大家都知道品牌的定位，从而持久、有力地影响消费者的购买决策。

成美为红色王老吉制定了推广主题"怕上火，喝王老吉"，在传播上尽量凸显红色王老吉作为饮料的性质。在第一阶段的广告宣传中，红色王老吉都以轻松、欢快、健康的形象出现，强调正面宣传，避免出现对症下药式的负面诉求，从而把红色王老吉和"传统凉茶"区分开来（见图 8.3）。

为更好地唤起消费者的需求，电视广告选用了消费者认为日常生活中最易上火的五个场景：吃火锅、通宵看球赛、吃油炸食品薯条、吃烧烤和夏日阳光浴，画面中人们在开心地享受上述活动的同时，纷纷畅饮红色王老吉。结合时尚、动感十足的广告歌反复吟唱"不用害怕什么，尽情享受生活，怕上火，喝王老吉"，促使消费者在吃火锅、烧烤时，自然联想到红色王老吉，从而购买。

红色王老吉的电视媒体选择从一开始就主要锁定覆盖全国的中央电视台，并结合原有销售区域（广东、浙南）的强势地方媒体，在 2003 年的短短几个月，一举投入 4 000 多万元，使销量迅速提升。同年 11 月，企业乘胜追击，再斥巨资购买了中央电视台 2004 年的黄金广告时段。正是这种疾风暴雨式的投放方式保证了红色王老吉在短期内迅速进入人们的头脑，给人们一个深刻的印象，并迅速红遍了大江南北。

在地面推广上，除了在传统渠道的 POP 广告外，还配合餐饮新渠道的开拓，为餐饮渠道设计布置了大量的终端物料，如设计制作了电子显示屏、灯笼等餐饮场所乐于接受的实用物品，免费赠送。在传播内容选择上，充分考虑终端广告直接刺激消费者购买欲望的特点，将产品包装作为主要视觉元素，集中宣传一个信息："怕上火，喝王老吉。"餐饮场所的现场提示，最有效地配合了电视广告。正是这种针对性的推广，使消费者对红色王老吉"是什么""有什么用"有了更强、更直观的认知。目前，餐饮渠道业已成为红色王老吉的重要销售、传播渠道之一。

在频频的促销活动中，同样注意了围绕"怕上火，喝王老吉"这一主题进行。如最近一次促销活动，加多宝公司举行了"炎夏消暑王老吉，绿水青山任我行"刮刮卡活动。消费者刮中"炎夏消暑王老吉"字样，可获得当地避暑胜地门票两张，并可在当地度假村免费住宿 2 天。这样的促销，既达到了即时促销的目的，又有力地支持巩固了红色王老吉"预防上火的饮料"的品牌定位。

同时，在针对中间商的促销活动中，加多宝除了继续巩固传统渠道的"加多宝销售精英俱乐部"外，还充分考虑了如何加强餐饮渠道的开拓与控制，推行"火锅店铺市"与"合作酒店"的计划，选择主要的火锅店、酒楼作为"王老吉诚意合作店"，投入资金与他们共同进行节假日的促销活动。由于给商家提供了实惠，红色王老吉迅速进入餐饮渠道，成为主要推荐饮品，同时加多宝可以根据现场的特点布置多种实用、有效的终端物料。在提升销量的同时，餐饮渠道业已成为广告传播的重要场所。

这种大张旗鼓、诉求直观明确的广告运动，直击消费者需求，及时迅速地拉动了销售；同时，随着品牌推广进行下去，一步步加强消费者的认知，逐渐为品牌建立起独特而长期的定位——真正建立起品牌。

红色王老吉的巨大成功，其根源在于企业借助了行销广告公司的力量，发现了红色王老吉自身产品的特性，寻找到了一个有价值的特性阶梯，从而成功地完成了王老吉的品牌定位。对中国企业而言，没有什么比建立品牌更重要的了。而要建立一个品牌，首要任务就是品牌的定位，它是一个品牌能否长久生存和腾飞的基石。[1]

【案例评析】

加多宝重新对王老吉凉茶进行策划与定位，将其重点放在了"怕上火，喝王老吉"上面，由于"上火"是一个全国普遍性的中医概念，而不再像"凉茶"那样局限于两广地区，这就为红色王老吉走向全国彻底扫除了障碍。同时，王老吉的"凉茶始祖"身份也是"正宗"的保证，是对未来跟进品牌的有力防御，而在后面的推广中也证明了这一点。肯德基已将王老吉作为中国的特色产品，确定为其餐厅现场销售的饮品，这是中国大陆目前

[1] 李莉. 王老吉："防火"让自己火起来 [J]. 大市场广告导报，2005(01).

唯一进入肯德基连锁的中国品牌。

这样一来，将产品的劣势转化为优势：淡淡的中药味，成功转变为"预防上火"的有力支撑；3.5元的零售价格，因为"预防上火的功能"，不再"高不可攀"；"王老吉"的品牌名、悠久的历史，成为预防上火"正宗"的最好的证明。另外，正由于红色王老吉定位在功能饮料，区别于王老吉药业的"药品""凉茶"，因此能更好地促成两家合作共建"王老吉"品牌。为了和王老吉药业的产品相区别，鉴于加多宝是国内唯一可以生产红色王老吉产品的企业，宣传中尽可能多地展示包装，多出现全名"红色罐装王老吉饮料"。由于在消费者的认知中，饮食是上火的一个重要原因，特别是"辛辣""煎炸"食品，因此成美在提交的报告中还建议在维护原有的销售渠道的基础上，加大力度开拓餐饮场所，在一批酒楼打造旗舰店的形象。重点选择在湘菜馆、川菜馆、火锅店、烧烤场等，并根据品牌定位对红色王老吉实施全面大规模的推广。红色王老吉作为第一个预防上火的饮料推向市场，由于定位精准，使得广告策划获得非常大的成功，也使得人们通过广告知道和接受了这种新饮料，从而使王老吉成为中国凉茶及饮料类市场的赢家。

经典案例8.3　剑走偏锋——统一润滑油高端突围

【案例简介】

案例主体：北京统一石化有限公司

市场地位：市场赶超者

市场意义：

"多一些润滑，少一些摩擦"的成功有其历史背景的偶然性，但从统一调整自己的市场定位及产品结构这一"蓄谋已久"的战略来看，它又是必然的。在高端市场，本土企业心中的痛，统一有广泛的示范意义。

市场效果：

2003年1月至6月，统一SG以上级别的润滑油销售量占企业全部产品的40%，上年同期只有14%；SF以下级别润滑油的销售从上年同期的23%降至15%。统一润滑油2003年实现销售12亿元的目标已经完成，2004年的目标锁定为20亿元。

案例背景：

2002年，中国汽车保有量超过2100万辆，而在未来五年内，中国汽车保有量将达到5000万辆，车用润滑油品的需求量剧增。在需求量逐年上升的同时，用油档次也将实现跨越式发展。到2005年，高端用油占整个车用油的比重将上升到48%左右。而中国现在有4500家润滑油工厂，这些润滑油厂的产品级别非常低，生产的产品以中端和低端为主，很少有高端产品，国内4500家润滑油厂生产的高端用油总销量只占目前高端用油市场的 20%。其他 80% 的高端市场都被美孚、壳牌等国外品牌所占据。排名在前五名的品牌在高端市场份额也不过占 2%~5%。在这种市场环境中，突破高端，成为国产润滑油在明天立足的关键。

2002 年 11 月 18 日，统一润滑油首次参加中央电视台黄金广告段位的招标，中标额 6 000 多万元，为 2003 年统一品牌强势的塑造之旅举行了一个盛大的"奠基仪式"。2003 年年初，"统一石化"将这一年作为自己的品牌营销年，提出了"成为中国高端润滑油最大的专业制造商"这样一个新目标定位，所有的营销运作都以此作为准则。2003 年 3—7 月，统一推出了与当代世界先进水平同步的若干系列高档润滑油产品。2003 年 3 月 21 日伊拉克战争爆发，统一润滑油抓住中央电视台所进行的前所未有的大规模直播报道的机会，迅速出击，推出"多一些润滑，少一些摩擦"的经典广告，形成了空前的品牌影响力，也为统一润滑油带来了优秀的销售成绩。2003 年 11 月 18 日，统一再次在央视中标。2003 年年末，统一石化高层人士表示，统一将于 2004 年取消低档产品的生产计划，全面转向生产 SG 以上级别的润滑油，建设高档润滑油品牌形象。

一、定位调整，热推高档系列产品

2003 年，统一提出了"成为中国高端润滑油最大的专业制造商"这样一个新目标定位，所有的营销运作都以此作为准则。在产品研发工作中，"统一"瞄准了高端润滑油市场的发展前景，面向飞速发展的轿车市场推出与当代世界先进水平同步的若干系列高档润滑油产品。2003 年 3 月，"统一经典超能力纯合成机油"在全国上市，该款高级别机油是"统一"为国内城市轿车用户量身打造的旗舰护理产品，是国内首个获得世界跑车之王"保时捷"全面认证的产品，完全达到与国际顶尖同级产品相抗衡的水平；5 月，统一尖锋系列摩托车油登陆市场，引起市场强烈反响；配合"尖锋"的销售，统一在 6 月又推出"刀锋"产品；6 月中旬，新款 4L"油压王"面市，全面丰富了正在热销的中桶"油压王"产品系列的结构，使"油压王"在市场上锋头更健；7 月，"飘香"女士摩托车专用润滑油和"迅驰"男士摩托车专用润滑油，将风靡欧洲的法国环保核心技术引入国内，用国际化观念为市场带来清新的空气。产品的高档化，为统一进军高端市场奠定了坚实的基础。

二、品牌策略调整，大手笔央视投放

2002 年 11 月 18 日，对统一来说是一个具有里程碑意义的日子。这一天，统一润滑油首次参加中央电视台黄金广告段位的招标，中标额 6 000 多万元，成为第一个在电视媒体投放广告的润滑油品牌。

在统一公司内部，这一重大决策经历了反复酝酿。作为一个专业产品，到底要

不要投放央视广告？公司的销售网络是否支持大力度的广告投放？

以前，统一的品牌、产品宣传主要依靠 30 多家全国性的报纸和一些与车有关的专业媒体，除了平面广告，最多的是软文的形式，进行一些消费理念上的灌输。随着汽车在人们日常生活中影响力的加大，润滑油已开始向日常消费品转变，因此，宣传媒介应向更具有大众影响力的电视媒体倾斜。而统一还拥有数量最多、利润最好的销售网络和业界最多的销售服务人员。如果没有覆盖全国的销售网络，做央视广告是不合适的；在具备了覆盖全国的销售网络条件以后，投放央视的广告就会有比较好的效果。

在决定投放中央电视台的广告后，接下来产生一个问题：到底投多少合适？这在统一公司内部有比较大的争论，而且跟外部合作的咨询公司、广告代理也有比较大的争论，这些"外脑"认为，第一年投一两千万元就行了，投多了有很大的风险。

经过反复讨论，统一公司认为，既然要做中国最好的品牌，就要选择中国影响力最大的媒体；既然选择了影响力最大的媒体，就应该大胆地投入。当时，统一公司做了一个预算，是 7 500 万元，实际上花了 6 000 多万元。

虽然统一从一开始就生产高级润滑油，在品质上与美孚、壳牌这些国际著名品牌没什么差别，但高端市场一直很难进入。与强势媒体携手，造就强势品牌，成为统一润滑油品牌调整的突破点。

三、经典创意，高端形象完美确立

2003 年 3 月 21 日，伊拉克战争爆发，中央电视台进行了前所未有的大规模直播报道。统一润滑油迅速作出了反应，在战争开始的当天，停掉了正热播的"众人片"，而改为播放一则五秒的广告片。广告片没有任何画面，只有一行字并配以雄浑的画外音："多一些润滑，少一些摩擦"（见图 8.4）。这则广告紧贴在《伊拉克战争报道》之后，和新闻浑然一体，非常有震撼力。这则广告的妙处就在于既准确地诉求了"多一些润滑"

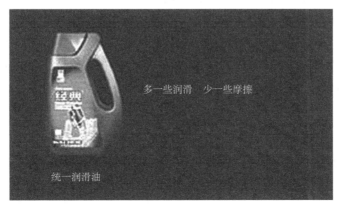

图 8.4　统一润滑油的电视广告标版
（图片资料来源：百度网）

的产品特点，又一语双关地道出了"少一些摩擦"的和平呼声，含蓄、隽永、耐人寻味。

统一为这则广告每天投入 25 万元，共播出 10 天。这次营销事件对统一石化提高企业形象起到了绝佳的效果。广告播出后，各大媒体纷纷对这次营销事件发表评论，认为统一"多一些润滑，少一些摩擦"的广告，创造了小预算、大效果的神话（制作这个广告仅花 1.8 万元）；统一公司自己的网站点击率提高了 4 倍；而且还经常有人打公司的服务电话与统一公司讨论战争进展的情况和战争与和平的话题，统一润滑油的品牌影响已经远远超出了产品销售和使用的范围。

广告播放后，很多经销商给"统一"打来电话，他们认为这条广告才像是高端产品品牌的广告，许多原来不卖统一产品的零售店主动联系，给经销商以足够的信心；许多看过此广告的观众都认为这个广告是国外广告公司的创意，还有一部分人认为统一是合资企业或者外资企业，许多司机则点名要加统一润滑油。

这则经典广告，形成了空前的品牌影响力，也为统一润滑油带来了优秀的销售成绩，当月出货量比 2002 年同期增加了 100%，销售额历史性地突破了亿元大关。

四、竞争加剧，统一任重道远

虽然统一先于竞争对手一步，建立了品牌优势，但却未树立起品牌壁垒。在统一投放央视广告以后，其他品牌的润滑油马上跟进，迅速加大了品牌宣传的力度，如昆仑润滑油在 2003 年就中标央视。这些竞争对手实力雄厚，而且已与一些专业咨询公司展开合作，只要它们加大广告投放力度，超过统一不是难事。而另一方面，市场上的润滑油品牌多，名称、包装相近的产品更多。一个新包装面世一个月就有仿造品跟着上市。遇见这种"孪生兄弟"，普通消费者往往以为是一家人。这对品牌的伤害是显而易见的，因此，统一的品牌保护工作需要加强。

在中国，大量的车辆故障是由于润滑不当造成的，而国内的润滑油市场却还处于盲目消费的阶段。越来越多的新车与国外同期上市，对润滑油的要求也越来越高，但是国家标准、用户对润滑油的认识却不能与国际同步，如马自达 6 要求润滑油的质量级别为 SL 级，但国标却还停留在 SF 级；私家车主也缺乏保养维护车辆的常识。

对于立志成为行业领袖品牌的"统一"来说，对消费者的关心、指导、教育应该成为统一的营销工作重点，知识营销、专业营销大有可为。虽然这也有可能让竞争品牌一同受益，但最大的受益者还是"统一"，消费者会感受到"统一"的关心，因此而与品牌更加亲近。

目前润滑油行业市场集中度普遍不高，市场分散，但现在已经走到重新洗牌的路口了，统一应该抓住时机，迅速扩大市场份额，在品牌形象及市场份额上都力争成为一个真正的强势品牌。[1]

---

[1] 曾朝晖. 剑走偏锋 统一润滑油高端突围 [J]. 有机硅氟资讯，2005(01).

【案例评析】

中国的汽车市场发展迅猛，润滑油市场是一个极有潜力的市场。而统一石化作为石油化工行业的佼佼者，产品一直保持健康、稳定、高速的增长趋势。润滑油产品覆盖众多石化领域，市场网络建设很完善，面向全国31个省市区建立了星罗棋布的销售网络，目标客户群为有车族及准备购车的人士。要实现企业品牌突围，打造国内行业第一品牌，就必须要有差异化的媒介策略，要占据一个传播强势，需要有一个新的传播手段。从2003年1月1日开始，统一润滑油的广告片第一次出现在中央电视台《新闻联播》后的黄金广告时段，揭开了统一润滑油迅速完成品牌突围的序幕。2003年3月20日10点40分，伊拉克战争爆发，统一润滑油的广告代理公司与中央电视台沟通后，迅速联系统一公司：电视报道可能在战争期间有比较新的传播手段，可能有广告插播的机会。统一公司认可了这一机会。当天下午，其广告代理公司与统一公司的广告创意方案"多一些润滑，少一些摩擦"被最终确定，立即开始制作新的广告片。3月21日，中央电视台对伊拉克战争进行了前所未有的大规模直播报道。21日下午，距伊拉克战争爆发不到24小时，统一润滑油"多一些润滑，少一些摩擦"的广告就第一个在中央电视台战争直播报道特别广告中播出，在战争报道中开始有了来自统一润滑油呼唤和平的声音。毫无疑问，统一润滑油当之无愧地成为中央电视台伊拉克战争特别报道的最大广告赢家。"多一些润滑，少一些摩擦"，当亿万中国民众以企盼和平的心态强烈关注伊拉克战争时，统一润滑油最善解人意地喊出了他们的心声。事后，来自央视-索福瑞媒介研究有限公司的收视监视数据证明了统一润滑油等品牌的广告在战争报道中的传播效果：3月20—23日伊拉克战争爆发的前4天里，CCTV一套、四套、九套节目的收视份额较平时提升400%，全国人均每天收视时间因此增加13分钟。统一润滑油因此快速形成了品牌传播方面的竞争壁垒，使得润滑油其他品牌无法企及和超越。在央视战争报道广告的刺激下，统一润滑油在3月下旬的出货量迅速蹿升，整个3月份的出货量比去年同期增加了100%以上，当月的销售额历史性地突破了亿元大关。统一润滑油此次的广告传播活动，无疑将成为中国企业广告策划史上的最为成功的案例之一。

经典案例8.4 "农夫山泉有点甜"——农夫山泉的体育赞助策划

【案例简介】

广告主：农夫山泉股份有限公司

广告内容：

在国内饮料行业，农夫山泉的广告策划一贯独特，创业初期当竞争对手不时甩出明星牌时，它亮出"农夫山泉有点甜"的独特主张；当竞争对手宣扬纯净主张之际，农夫山泉发起一轮"纯净水无益健康"的世纪论战，搅起水市狂澜。

这位"农夫"绝对是特立独行的"异类"。靠着具有创意的广告策划在水业竞争激烈的格局中占据了举足轻重的一席。综观农夫山泉品牌的成长史，体育一直是其有效的品牌识别。

农夫山泉 1997 年才投放市场，1998 年开始向全国铺货，当时娃哈哈、乐百氏以及其他众多饮用水的品牌大战已经打得不可开交。作为一个新的产品、新的品牌，借 1998 世界杯东风，农夫山泉从四月中旬开始在中央电视台体育频道和中央台一套少儿节目"大风车"栏目投放广告。在体育频道播放频率较高，使许多足球迷和体育爱好者对农夫山泉印象深刻。世界杯开幕后，农夫山泉又出巨资赞助世界杯足球赛中央电视台五套演播室，使品牌得以更好地宣传（见图 8.5）。农夫山泉也由此成为饮用水行业的一匹黑马，市场占有率从原来的十几位一跃上升到第三位，被业内人士戏称为 1998 世界杯的"大赢家"。 农夫山泉的"尖叫"系列平面广告，如图 8.6 所示。

图 8.5　农夫山泉的奥运赞助广告《美丽的大脚》片段
（图片资料来源：百度网）

图 8.6　农夫山泉的"尖叫"系列平面广告
（图片资料来源：百度网）

1999 年其传播主题从"农夫山泉有点甜"转化到"好水喝出健康来"和"千岛湖的源头活水"上来（见图 8.7）。

2000 年 4 月 24 日对外宣称停止生产纯净水，只生产矿泉水（见图 8.8）。

图 8.7　农夫山泉的早期广告口号及平面广告
（图片资料来源：贴贴网）

图 8.8　农夫山泉近期的平面广告
（图片资料来源：百度网）

2002 年是体育大年，世界杯、亚运会等大型国际赛事引得众多企业竞相投放广告。与其他企业不同的是，农夫山泉把注意力转移到贫困地区的基础体育上，向全国各地缺乏基础体育设施的中小学捐赠价值 500 多万元的体育器材。每销售一瓶农夫山泉饮用天然水（550 mL），农夫山泉公司代表消费者捐出一分钱，用于"阳光工程"，然后汇集所有的钱统一购置体育器材并发运到各地受赠学校。

2003 年 3 月，中央电视台播出这样一则公益广告：一群孩子在一起踢球、跳绳、比赛。画外音告诉我们："您的一分钱我们是这样花的，2002 年，农夫山泉阳光工程已为 24 个省的 377 所学校捐赠了 5 029 028 元的体育器材。您的一分钱，让 20 万孩子第一次感受到运动的快乐。"

这一广告的播出，引起人们对农夫山泉的又一次关注。按理说，这一分钱的账单太小，然而不得不承认，在这一分钱的背后，是数以万计的公众，是公众对于企业的信任。这种信任，很难用一个准确的数字来衡量，但可以肯定是极其巨大的。

　　一分钱换来了什么？农夫山泉公司提供了捐赠的清单：优质的乒乓球桌 764 张，乒乓球拍 3 770 副，乒乓球 7 540 个，羽毛球拍 3 770 支，羽毛球网 754 张，羽毛球 9 048 个，篮球 1 508 只，篮球架 754 个，足球 1 504 个，排球 754 个，跳绳 50 条，铅球 2 262 个，垒球 2 262 只。

　　这次体育器材的捐赠，云南、贵州、江西、四川、宁夏、广西、安徽等 22 个省份各有 16 所学校分别获赠 1 整套器材，内蒙古自治区有 12 所学校分别获得 1 整套器材、甘肃省有 13 所学校各获赠 1 整套器材。这些器材主要为满足缺乏器材的中小学校各项基础体育运动项目的普及，以便国家规定体育达标项目的顺利开展。图 8.9 为农夫山泉的"阳光工程"系列电视广告片段。

图 8.9　农夫山泉的"阳光工程"系列电视广告片段
（图片资料来源：百度网）

　　现在市场经济被称为"眼球经济"，关注重要赛事和奥运冠军会为企业赚足眼球。2000 年奥运会前后，农夫山泉有一个宣传片的广告语是"冠军的味道有点甜"，在很长时间里，农夫山泉的形象代言人是奥运冠军刘璇和孔令辉（见图 8.10）。体育是农夫

图 8.10　农夫山泉的"冠军的味道有点甜"电视广告片段
（图片资料来源：百度网）

山泉的品牌识别，可以说，体育赋予了农夫山泉全新的富有亲和力的品牌内涵，也在一定程度上促进了销量的增长，拉开了与其他饮用水的竞争距离。对于提升农夫山泉的品牌知名度来说可谓是锦上添花。

【案例评析】

透过农夫山泉的案例，我们可以得到一些对于企业发展的启示：企业在发展过程中要灵活运用差异化战略，从与竞争对手的对比中积极挖掘自己的特色和优势，"知己知彼，百战不殆"。现今社会已不再是以早期的科技、生产及创新就能改变消费者需要的时代，即使有真正的新产品上市，也会很快地被模仿。正因为如此，市场的成长不再迅速，企业想成长就必须抢其他品牌的消费者，正因为如此，管理者要致力于产出"特别的东西"，是这个产品有"特定族群"的附加价值，并防止竞争对手的模仿，以满足特定消费者的需要，这就是差异化。农夫山泉就是把差异化策略演绎的惟妙惟肖的典型。

另外，在农夫山泉的广告策划中，也体现出广告策划的整体性特征，早期的广告侧重于商品广告，重在提升品牌的知名度；后期的广告侧重于品牌形象广告，重在以人文广告的形式提升品牌的美誉度，全方位地打造农夫山泉的品牌形象。

经典案例 8.5　针锋相对的明星策略——"六神花露水"的广告策划

【案例简介】

广告主：上海家化

广告品牌：六神花露水

实施时间：2009 年至今

实施范围：全国

核心策略：创新广告，进一步巩固六神花露水的市场地位。

创新点：

情感营销，当红明星代言，并借助人文关怀推动品牌建设。调整明星策略，改为以老带家庭：斯琴高娃带蒋勤勤、陈建斌全家，从产品细分和明星阵容上全面超越竞争对手。

一、品牌背景

1990年第一瓶六神花露水上市，以"去痱止痒、提神醒脑"为明确产品诉求，通过"六神有主、一家无忧"的广告，迅速占领了花露水的市场份额。六神品牌早已成为上海家化夏令产品的主打品牌，并推出沐浴露等衍生产品，同样占有非常高的市场份额。

六神喷雾驱蚊花露水在2008年1—8月，市场份额达到4.6%，较去年同期的3.2%，同比提升了1.4%，成为六神市场份额排名第三的单品，增长迅速；公司销售数据2008年1—9月销售总额为5 313万元，较去年同期3 195万元，同比增长66%。

六神花露水系列在2008年1—8月，市场份额达到56.7%，较2007年同期的55.5%，同比提升了1.2%，市场份额仍然排名第一，占据垄断地位；公司销售数据2008年1—9月销售总额为6.25亿元，较去年同期5.56亿元，同比增长12%。

二、核心策略

六神作为花露水这个品类的领导者，在全国表现都非常优异，销售总额为数亿人民币之巨，但毕竟以往的TVC投放策略以华东地区和全国地区为主，因此在个别地区已经感受到来自隆力奇、宝宝金水的步步紧逼（见表8.1）。同时，六神在2009年推出了驱蚊喷雾花露水，并重点推出随身喷雾装，六神想要继续扮演市场的引领者，就需要改变以往的策略。

表8.1　六神花露水主要竞争产品分析

前十名表现	销量份额（%）		变化	前十名表现	金额份额（%）		变化
	AUG07	AUG08			AUG07	AUG08	
六神	55.50	56.70	1.20	六神	55.40	57.50	2.1
隆力奇	12.8	11.8	（1.0）	隆力奇	12.3	11.0	（1.3）
朗力福	2.8	2.0	（0.8）	立志美丽	5.4	4.3	（1.1）
立志美丽	1.7	1.4	（0.3）	朗力福	2.2	1.6	（0.6）
海派	1.1	1.5	0.4	邦迪	0.9	0.2	（0.7）
小叮当	1.0	0.8	（0.2）	小叮当	0.8	0.6	（0.2）
立白	0.7	0.4	（0.3）	小百羚	0.7	1.1	0.4
小百羚	0.5	0.8	0.3	郁美净	0.6	0.6	0.0
雪馥	0.5	0.7	0.2	德胜	0.6	0.4	（0.2）
青蛙王子	0.5	0.7	0.2	立白	0.6	0.4	（0.2）

资料来源：广告人案例库

六神在明星策略上也进行了有针对性的调整，隆力奇力邀前中央电视台著名主持人倪萍做代言，六神则修改了以往新带老（李冰冰带斯琴高娃）的模式，改为以老带家庭：

斯琴高娃带蒋勤勤、陈建斌全家，从产品细分和明星阵容上全面超越竞争对手。图8.11
为六神花露水主要产品线。

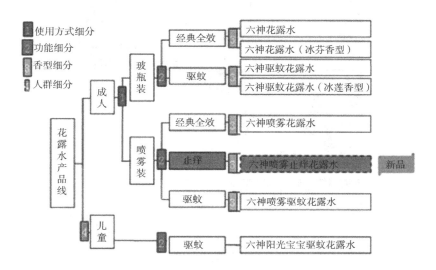

图 8.11　六神花露水主要产品线
（图片资料来源：广告人案例库）

三、创意表现

经过前期的策略总结和创意概念，广告主创人员也走访了身边的超市，询问消费者
和六神推销员，进行了几轮激烈的讨论和头脑风暴会议，最终和客户达成共识。通过美
好夏日午后，其乐融融的蒋勤勤一家快乐的出游前，偶遇斯琴高娃的关怀，带来如六神
般的无微不至的呵护与关切，最终把六神喷雾装放入汽车座位中间的杯槽内这个强记忆
点为结尾，突出出门必备六神喷雾装花露水的广告诉求（见图8.12和图8.13）。

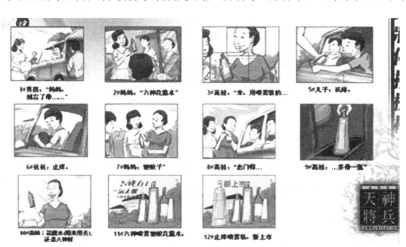

图 8.12　六神花露水广告构想图
（图片资料来源：广告人案例库）

图 8.13　六神花露水电视广告片段
（图片资料来源：广告人案例库）

[案例评析]

　　六神是个老品牌，其产品本身也是快速消费品，面对众多新生品牌的不断夹击，想要屹立市场不倒，除了产品创新之外，还需要优秀的广告策划来做保障。因此，六神需要在广告里有全新的情感诉求，不然很容易被竞争对手取代，特别是产品一旦拥有清凉、芳香、提神等附加值功能后。

　　在这里我们可以看到，六神还是比较清醒地意识到在品牌诉求上与竞争对手进行区分，尤其注意对广告片中人物的定位作了比较有策略的规划：以老带新，更具有说服力，强调了品牌在老顾客心目中的忠诚度。且斯琴高娃本身威信更高，具有强烈的标杆作用。"六神有主，全家无忧"也容易被记忆，不花哨，比较朴实。一个具有创意的广告策划也为六神带来了巨大的品牌效应和商业利益。

经典案例 8.6　上市彰显实力——中国"平安保险"海外上市广告运动

【案例简介】

广　告　主：中国平安保险（集团）股份有限公司

广告代理：上海灵狮广告公司

实施时间：2004 年 6—9 月

实施范围：中国、内地、香港地区

核心策略：

以"平安结"作为贯穿所有广告的形象，用现代家庭幸福的形象象征平安对客户永远不变的承诺。

创新点：

将"平安结"作为中国平安的代言，贯穿所有的广告，并利用现代家庭的幸福形象表现平安上市和消费者之间的关联，让每个家庭拥有平安。

案例内容：

通过寻找上市和消费者的关联、上市对消费者的意义和未来的承诺，平安确定了"平安结"作为贯穿所有广告的形象，并且用现代家庭幸福的形象象征着平安对客户永远不变的承诺。

2004 年 6 月 24 日，一个令人激动的日子——中国平安保险集团首次公开发行股票，在香港联合交易所正式挂牌交易。这一天标志着中国平安海外上市圆满成功，中国平安的发展步入了一个新的旦程。而在同一天，中国平安也正式启动了海外成功上市的广告运动。

一、上市广告运动前的思考

（一）消费者眼里的"海外上市"——实力的象征

为了更好地规划本次平安海外上市的广告运动，早在半年前我们就进行了消费者调研，主要了解保险购买核心驱动力、保险品牌形象认知和海外上市对保险公司认知的影响。

理论上讲，保险公司上市将带来三大好处：一是可以通过快速募集资金，充足资本金，提高偿付能力，扩大业务发展规模；二是通过上市成为公众企业后，保险公司的经营和治理会受到市场监督而趋于规范化，有利于保险业的良性发展；三是保险公司上市后出于业绩压力，会开发出更多贴近市场的保险产品，以增强市场竞争力。

这几点在测试中得到消费者的认同，并且消费者对海外上市的集中反映是——企业的实力，财务将更稳健，从而带来更全面、更可靠的保障。调研的核心发现是：消费者倾向于选择有实力的保险品牌，而海外上市在消费者眼里几乎完全是实力的验证。

这一点给我们很大的启发，消费者对海外上市的感性认识其实最终归结为让他们购买最安心的一点："保险公司的实力给我最可靠的保障。"

因此，我们认为，海外成功上市的广告必须想办法突出平安的实力。但怎样让消费者感觉"平安真有实力"？更进一步，这种实力有什么特别之处？

海外上市固然能够提高企业实力感，但是平安并非第一家在海外上市的中国保险公司。因此，在规划整个海外上市的广告运动时，关键是不能单纯就海外上市说海外上市，而是要找到平安海外上市与竞争品牌的差异性，并且突出这种差异性带给消费者的意义。

（二）寻找平安海外成功上市的独特点——十年国际化彰显实力

为了寻找这个独特点，我们内部展开了长时间的头脑风暴，后来终于提炼出"国际化征程"这个角度。尽管平安1988年才成立，但从1994年就已经开始了卓有远见的"国际化"进程，不少媒体甚至以此写过专题文章。在媒体看来，平安的国际化也一直是其相对于其他保险公司的显著优势。正因为这一点，平安的"实力"才显得大不相同。

也许是巧合，平安的资本、人才和管理国际化的开始时间都是1994年。这十年不正是一个蓄势、积累和不断努力的历程？十年国际化，淋漓尽致地体现了平安的远见和由此积蓄的实力基础。

对平安而言，海外上市是平安十年国际化战略的心血结晶，它绝非常人眼里的国际化起点。这就是平安海外上市的独特之处：海外上市并不是平安国际化的开始，而是阶段性的一个巨大成就，因为平安十年前就已经启动了国际化的进程。

（三）平安上市和消费者有什么关系

虽然找到了平安海外上市的独特点，但这对消费者有什么好处？怎样让他们觉得平安上市和他们有切身的关系？从确定上市广告的独特点后，我们就一直在思考这个问题。

消费者调研发现，海外上市令消费者认为公司有实力，但实力是一种很虚的感觉。怎样让这种感觉实在起来？

早在2001年，平安公司就制订了"中国平安，平安中国"的品牌远景，并通过包括《地名篇》《走过篇》等一系列广告运动，塑造了一个大气的、真正了解、尊重中国人民的现代企业形象。从以往的传播看，平安处处表现出对"人"的尊重与关怀。这一点在平面广告中，具化为历次广告都出现的家庭的形象。

这已经成为平安广告的惯例。因此，这次的上市广告我们最终还是确定借用平安原有广告的影响，继续利用消费者熟悉的幸福家庭广告，加进一些新鲜元素，让上市广告通过表现"对客户的价值"来表现平安的实力。虽然出发点是上市，但落脚点还是客户。

二、传播的几个难点

最后，我们将海外上市需要向消费者传达的核心信息定义为："让每个家庭拥有平安，无论是过去、现在，还是未来。"将平安海外上市的传播定义为："中国平安保险了解、尊重、关怀中国人对平安的无限渴求，从中资保险公司最先实现的资本国际化、人才国际化、管理国际化到平安的海外上市，无时无刻都在推动平安（保障）与国际同步，让每个家庭拥有平安。"

在考虑整个上市广告的策略时，有两个必须首先解决的问题：

（一）核心的表现元素是什么

一个整合的广告必须要有核心元素来进行具体的创意和设计。我们希望上市广告的核心元素有两个：客户和平安。客户要有家庭的感觉，幸福、现代、团圆，对未来充满期待；而"平安"要怎么化为一个元素？

平安结就此进入我们的视线。作为中国的传统祝福的象征，平安结又名"中国结"，不仅为中国人喜爱，外国人也非常热衷。在巴黎的中国节上，香榭里大道挂满了平安结，在宋祖英的海外演唱会上也用鲜红的平安结做装饰。中国平安对客户的祝福和承诺就是这个平安结。平安的海外上市，正式承诺着新的国际化历程将给客户带来更可信赖的保障。

（二）各种广告怎么分工

我们认为要有效传播"中国平安海外成功上市"的信息，必须通过多种传播方式的整合，但各自有传播的重点。

电视广告：表现平安上市和消费者的关系，重在传播平安上市对客户的价值。通过展现平安多年来带给中国家庭的幸福和平安来传达这个价值。

报纸广告和杂志广告：最适合讲述平安十年国际化的蓄势历程。

户外广告：简单明了，突出一句话"中国平安海外成功上市"。

恭贺广告：衬托平安的实力。

三、创意执行

我们委托了上海灵狮来进行创意执行，经过多次沟通，最终诞生了这个广告运动的多项成果。

（一）电视广告

1. 创意：让上市与客户和代理人相关

首先，在电视广告创意表现手法上，我们保留了《地名篇》电视广告首创的大气、悠远、充满中国传统意境的表现手法——因为这是平安最有价值的品牌资产之一，最大限度地保持创意风格的延续性。

其次，在电视广告内容方面，开头和结尾处特别值得一提。开头是白茫茫的大雪中，蓦然一个穿红衣服的小姑娘推开窗，下一个镜头就是平安结，有点蒙太奇的手法，很好地突出了"平安结"。之后则表现了不同家庭的每个人生阶段都享受到的平安生活。

另一个值得一提的就是保险代理人首次以非常专业、积极、可亲的形象出现在保险公司的电视形象广告里。中国平安保险的七位代理人，身着职业套装，面向观众微笑。这不仅在平安是第一次，在国内的保险业也是第一次在品牌广告中展示代理人的形象。我们力求让观众知道正是平安专业的代理人为我们的客户带来了家庭平安的保障。

在配乐方面，我们选用了相对单纯的、具有中国传统喜庆特色的鼓声。随着整个人生历程，鼓点由弱到强，当鼓点最强时"中国平安海外成功上市"更是铿锵有力。

2. 投放

平安《海外上市篇》采取了"辐射全国，区域重点投放"的投放策略（见图 8.14）。为了让投放更有效果，平安委托实力媒体进行投放的排期策划。"辐射全国"选择了中央电视台和凤凰卫视，前者面向全国范围的大众消费者，后者主要针对部分重点城市的中高档收入者。"区域重点投放"则选择了北京、上海、广东、山东和江苏的省级台，在地方台上也各有投放。

图 8.14 平安保险的形象广告《海外上市篇》情节片段
（图片资料来源：中国广告人网）

（二）平面广告

紧扣"让每个家庭拥有平安"的核心传播策略，以"平安结"为象征，挂在世界各地的窗户上，表明平安海外上市后对世界的祝福（见图8.15）。

1. 文案

国际化征程　蓄势十年

中国平安海外成功上市

1994年，中国平安引入外资股东——国际知名金融企业摩根斯坦利和高盛，成为国内首家引入外资的金融机构；2002年，中国平安再度吸引世界最大的金融集团之一的汇丰集团入股。资本国际化为中国平安带来国际化的视野和管理体系。

1994年，海外人才开始加盟中国平安。2001年，总精算师斯蒂芬·迈尔荣膺国家"友谊奖"。目前平安高层管理团队1/2来自海外，人才的国际化使平安直接嫁接国际化管理标准。

1994年，中国平安开始聘请国际会计师事务所按国际标准出具财务报告。管理国际化带来产品及服务的不断创新。

2004年6月24日，中国平安于香港联合交易所主板成功上市。

中国平安新的国际化征程将为客户提供更加稳健的保障和更加专业的服务。

2. 投放

我们根据不同的客户群，进行了大量的投放。

针对中高收入群，我们选用了《21世纪经济报道》《经济观察报》《中国企业家》和《财经》杂志。

针对普通大众，我们在各省的分公司纷纷在当地发行量最大的报纸上投放广告。如深圳的《深圳特区报》、广州的《羊城晚报》、上海的《新闻晨报》。

户外广告：仍然根据平安结和现代家庭做了两款创意。

中国平安海外上市户外广告A版（见图8.16）。

中国平安海外上市户外广告B版（见图8.17）。

图8.15　平安保险的平面广告　图8.16　平安保险的户外广告　图8.17　平安保险的户外广告
（图片资料来源：中国广告人网）（图片资料来源：中国广告人网）（图片资料来源：中国广告人网）

（三）恭贺广告

海外上市是平安的一件大事，引来不少公司的祝贺。这些祝贺的公司都是国内外非常知名的企业，有些是平安的供应商，有些是平安的客户。它们的品牌如果能放在一起，对平安的实力也是极好的衬托。因此，它们在香港和内地刊登了恭贺广告。

香港的恭贺广告：中银国际、高盛、摩根士丹利和汇丰四个金融巨头共同恭贺平安。投放在《香港经济日报》和《南华早报》上，如图 8.18 所示。

内地的恭贺广告：投放在《人民日报》《南方周末》等，如图 8.19 所示。

图 8.18　平安保险的香港恭贺广告
（图片资料来源：中国广告人网）

图 8.19　平安保险的内地恭贺广告
（图片资料来源：中国广告人网）

除了这些对外发布的广告外，平安在公司内部还开发了平安结礼品，并设计了上市专用的礼品袋。

为了有效地评估此次上市广告运动的传播效果，我们同时也委托北京华通现代进行了电视广告的效果评估。效果评估分为前测和后测，我们希望通过投放广告前后的数据对比来了解上市广告的影响。

从执行上看，这次上市广告运动的运作模式非常成功。由平安团队确定广告策略，上海灵狮创意执行，实力媒体负责电视广告的投放，专业的调研公司进行效果评估。

从传播上看，广告中不断出现统一的平安结，使得"平安结和中国平安"形成固定的联想，这也是我们此次广告运动的目的：让平安结成为中国平安的独有代言品。

平安海外上市后，中国平安通过代理人送出的平安结、上市纪念银章、上市特刊等礼品近百万件。

我们认为一个成功的广告运动，除了有好的创意，还必须有科学的投放和事后的效果评估才叫真正的成功。

让每个家庭拥有平安！这永远是平安对客户的祝福，也将指导着我们和客户的沟通。[1]

【案例分析】

事件营销主要有两种模式，即"借力模式"和"主动模式"。前者是组织将组织的议题向社会热点话题靠拢，从而实现公众对热点话题的关注向组织议题的关注的转变；后者是指组织主动设置一些结合自身发展需要的议题，通过传播，使之成为公众所关注的公共热点。例如，奥克斯的《空调制造成本白皮书》在成本白皮书上，奥克斯毫不含糊地一一列举了 1.5 匹冷暖型空调 1 880 元零售价的几大组成部分——生产成本 1 378 元，销售费用 370 元，商家利润 80 元，厂家利润 52 元。话不讲透心不休的奥克斯，还将几大部分成本条分缕析地予以解密，成了事件营销主动模式的典范。显然，平安保险的海外上市广告运动也是以"造势"为主要特征的"主动模式"的典型事件营销。

世界知名广告公司日本电通广告公司提出的"电通蜂窝模型"理论认为：品牌的核心价值可以通过符号、情感利益、个性、典型顾客形象、功能利益和权威基础六个层面的信息点传播得以彰显，从而使广告受众达成对品牌的认同。该广告运动策划的目的是强化受众对平安保险的品牌形象的认识，通过十年国际化彰显实力为突破口，突出品牌的权威基础；同时在广告创意中从传统文化的角度入手，凝练出"平安结"的文化象征符号，以受众的安全需要为出发点，以建立在传统文化"家意识"基础上的"家庭平安吉祥"为诉求重点，彰显品牌带给广告受众的情感利益。"平安结"的意象也与平安保险早期广告的"葫芦""长命锁""祥云"意象一脉相承，延续了平安保险广告的整体性。

但是，与平安保险早期巧借中国第二大街——平安大道的经典策划相比创意性就显得不足，而且在整个策划中对媒体策略的选择集中于传统媒体，忽略了新媒体的强大传播功能，从而削弱了广告的传播效果。

第三节　专论：广告策划中的常见问题及策略

广告的成功与否，关键在于广告策划。在现代商品经济活动中，市场情况极为复杂，搞好广告策划的前提条件就是要对各种市场情况了如指掌，通过广告，让消费者了解企业的产品，对企业形成积极认可的态度，最终提高企业的销售业绩。广告策划已成为企业实践科学经营管理的重要组成部分。

---

[1] 中国平安保险海外上市广告运动 [EB/OL]. (2011-09-07) [2015-06-12]. http://www.chinaadren.com/html/file/2011-9-7/201197154623.html.

一、广告策划的前提和目的

（一）广告策划的前提

抓住消费者的优势需要在消费者购买商品时，头脑中会形成一个购买决策路径，即我们常说的 CDP 模型（消费者购买决策模型），其中需求的产生是第一步。只有当消费者产生了相关的需求，才会进一步地展开后续的购买行为。因此，对于企业的广告策划来讲，了解消费者的需求是所有策划的前提与基石，否则所有的策划都似空中楼阁。

马斯洛把人的需求分为：生理需求、安全需求、社交需求、尊重需求和自我实现需求五类。他同时也认为尽管人存在多种需求，但在同一时间、地点条件下，总是有一种需求占优势地位并且决定着人们的行为。因此能否满足这种优势需要，将直接影响消费者对该商品的态度和购买行为。在广告策划中，对准消费者的优势需要进行定位就犹如射击瞄准了靶心。比面面俱到地罗列产品的所有优势，企图满足消费者的所有需求更能发挥广告传播的效果。比如，爱立信早期的手机广告："一切尽在掌握"，把消费者的优势需求定位在"自我实现"的层次上，广告诉求的主题是为了突出手机对人们身份地位的象征意义。后来，随着人们生活水平的提高，手机逐渐普及，成了生活必需品，公司则适时地改变了广告主题："关机是一种美德！"可见爱立信公司意识到手机的泛滥激发了公众的另一个优势需求——对于安全的需求。

所以，一个好的广告策划，不仅要抓住消费者的优势需求还要敏锐的观察消费者的需求的动态变化，激发消费者的潜在需求。

（二）广告策划的目的

获得并引导消费者的认识过程是指消费者通过感觉、知觉、注意、记忆、思维和想象等形式对商品及服务的属性以及各方面的联系的综合性反应。认识过程是消费者心理活动的起点，也是消费者行为的心理基础和必要条件。在心理学上，消费者的认识过程可以分为认识的形成阶段和认识的发展阶段，在不同的阶段就需要策划不同创意的广告来更好地宣传企业的产品或服务，以成功的获得并引导消费者的认识。

二、广告策划中常见的问题

（一）定位不准确或广告诉求主题过多

广告定位即广告给产品确定什么样的位置，突出宣传产品哪一方面的特点、功效以及优势，能解决消费者哪些方面的问题等。广告应尽可能的创造出产品在市场上有别于竞争对手的独特定位，而不是模棱两可或随处可见的定位。

广告要清清楚楚地告诉消费者，产品会给你带来什么好处，这就是我们通常说的广告诉求，有的产品花了大量的广告费，把广告做得美轮美奂，但广告诉求却与产品本身的优势以及定位相脱节。消费者记住了广告，却不了解产品是干什么用的。不知道产品对于自己有什么好处，当然也不会去购买这个产品。也有一些企业为了展示自己产品的功效，在有限的篇幅或时间内把产品所有的功效和针对的人群全部罗列出来，唯恐消费者不知。事实上消费者的心理研究表明：人们在观看广告时只选择性地注意很小一部分与自己的需求或兴趣有某些联系的信息。所以过于复杂的广告诉求很难有好的效果。广告之父大卫·奥格威一直告诫广告主说："广告一定要谨守单一诉求。"不仅节约企业的成本，而且提高效率，何乐而不为呢？

（二）广告策划缺乏创意、过分创意或盲目创意

不少广告策划平淡无奇、千篇一律毫无创意可言，因此也根本无法吸引消费者。创意被称为广告的灵魂，广告创意的生命在于"创"，一个好的创意可以提高消费者对广告的记忆度和关注度，最忌人云亦云，模仿抄袭。当前的实际情况是，只要有一条好广告出台，马上就有一则甚至数则雷同的广告出现。最近几年酒类广告铺天盖地，然而像"孔府家酒，叫人想家"这样让人回味无穷的广告语却不多。许多广告为求通俗上口，陷入了模式化的窠臼，比如说："可以喝一点儿；或者，不要贪杯哦！"等毫无新意的广告语。看了这样的广告，消费者难免会觉得酒就像他们的广告一样淡而无味、毫无特色。这样的酒，谁还会去喝呢？

相反，有些广告为了吸引消费者的注意力，过分创意，甚至根本是本末倒置，忽略了产品本身，以至于消费者记住了广告的故事、情节、表现手法却忘记了广告的产品，更不要谈产品的独特卖点和其他因素了。这样的广告吃力不讨好，对企业来说更是致命的。事实上，广告创意应该与产品相吻合，并不是所有产品的广告都需要过度地吸引注意。对于一些极度理性的商品就应采用理性诉求的广告手法。哗众取宠地在吸引消费者注意力上大做文章，只会浪费金钱和时间。比如说药品，本身便是一个理性商品，而且受众性很强。只有当消费者出现某种病症或者得到医生推荐的情况下才会去注意药品广告。现在很多药品类广告，企图用一些感性诉求的方式去影响消费者，却忽略了介绍产品本身的药效，反而会得不偿失。

（三）广告策划与媒体策划不配套

媒体是传播广告信息的载体。广告要通过一定的媒体才可以表现出来，现在可供选择的媒体越来越多，这里面就一定有取舍的问题。在媒体选择上，很多企业通常是一个媒体坚持到底，采用单一媒体，必然减弱企业宣传的有效性、缩小广告辐射的范围。每一种媒体都有其长处和短处，将两种或两种以上的媒体组合起来使用，发挥其优势，克服其弱点，才能使广告达到最佳效果，如果采用错误的媒体去传递广告信息，就无法将信息全面传导给目标受众，感动、说服目标消费者来购买产品的目的也不能实现。

在媒体投放上，也要注意时机的把握。在适当的时候做适当的事，时机把握不当，

就会花大钱办小事。不少企业通常是将电视广告、广播广告、报纸广告、杂志广告、POP 和促销等放在一个盘子里搅拌，然后一起撒向市场，强行向消费者灌输信息，认为这样就会产生叠加效应。殊不知，不同的媒体具有不同的作用，虽然不分青红皂白的广告轰炸多少也能带动销售，但广告费的浪费却不容忽视。

三、广告策划的策略

消费者的态度是消费者在购买过程中对商品或劳务等表现出的心理反应的倾向，可以是良好的反应，如赞成、支持、欣赏等，也可以是不良的反应，如反对、拒绝、厌恶等。大量的研究结果验证了，消费者的态度与其购买行为、购买意图成正相关的关系。凡对商品的商标、质量外观抱有好感或持肯定态度的消费者，在产生购买需要时，必定首先将意念集中于该商品。但是，消费者的态度是不断变化的，对企业来说是机遇也是挑战，企业可通过有效的广告沟通技巧来影响和改变消费者的态度。

（一）用双向沟通来代替单向沟通

不同的消费者的认识能力是不同的。针对知识水平较高，理解判断能力较强的消费者，广告应采用双向沟通的方式较好，即把商品的优劣两方面都告诉消费者，让他们感到广告的客观公正，由他们自己来拿主意。因为这些消费者普遍对自己的判断能力非常确信，不喜欢别人替自己作判断。如果广告武断地左右他们的态度，会适得其反引起逆反现象，拒绝接受广告内容。但对判断力较差、知识狭窄、依赖性较强的消费者，采用单向沟通信息的方式，广告应明确指出商品的优势，它给使用者带来什么好处。直接劝告他们应该购买此物，效果更明显。

（二）用感性诉求来代替理性诉求

消费者态度由认知、情感和行为倾向三种因素构成，其中感情成分在态度的改变上起主要作用。消费者购买某一产品，往往并不一定都是先从认识上了解它的功能特性，而是从感情上对它有好感，看着它顺眼，有愉快的体验。因而广告如果能从消费者的感情入手，往往能取得意想不到的效果。前几年有个电视广告：女儿为年迈的老母洗脚，孩童见此，转身端来一盆水，稚嫩地说："妈妈，您洗脚"……，画面与语言的配合，烘托出一个感人的主题：献给母亲的爱。虽然整个广告只字未提产品的优点，但却给人以强烈的情感体验。这个广告巧妙地把对母亲的爱与产品相连，诱发了消费者爱的需要，产生了感情上的共鸣，在心中留下深刻美好的印象。因此，在广告有限的时空中以理服人地呈递信息，固然显得公正客观。但以情动人的方式，更容易感染消费者，打动他们的心。

广告策划不仅具有科学性，更具有独特的艺术性。但无论广告信息呈递的方式如何，其基本原则都是要了解消费者的真正需求，找到消费者心理和态度变化的新特点。这样才能有的放矢地选准广告诉求点，策划出成功的广告。

练习题

一、思考题

1. 什么是广告策划，广告策划的特性有哪些？

2. 简述广告策划的具体工作流程。

3. 广告策划书的撰写应包括哪些内容？

4. 宝洁公司是目前世界上最大的广告主之一，他们在实施市场细分化策略方面有很多宝贵经验，其中一条就是：同一产品向多品牌发展，以适应不同的消费类型。请举例谈谈你对此的理解。

二、案例分析

请同学在"中国大学生广告艺术节学院奖"网站上收集历届策划书的金奖作品，并仔细研读后写一份关于广告策划的心得体会。

三、案例分享

以"我心目中最具有创意性的广告策划"为题，请同学们收集一项广告策划案，并与同学们分享其创意特色。

推荐网站

1. 广告人案例库
2. 中国广告人网

▼

第九章

整合营销传播

整合营销传播（IMC）这一观点是在 20 世纪 80 年代中期由美国营销大师唐·舒尔茨提出和发展的。IMC 的核心思想是：以整合企业内外部所有资源为手段，再造企业的生产行为与市场行为，充分调动一切积极因素以实现企业统一的传播目标。IMC 从广告心理学入手，强调与顾客进行多方面的接触，并通过接触点向消费者传播一致的清晰的企业形象。麦斯威尔是一个运用整合营销传播策略的成功者，麦斯威尔咖啡自 1982 年在台湾市场发售以来，一直以"分享"的广告策略塑造品牌，1986 年到 1988 年，麦斯威尔通过随身包咖啡的上市，延伸"分享"的概念，并运用广告、公共关系、促销活动等手段，由形象代言人孙越发起"爱、分享、行动"的街头义卖活动，同年麦斯威尔随身包咖啡销量同上年相比增长 50%。麦斯威尔通过不同的传播媒体传达"分享"这一核心概念，运用的就是典型的整合营销传播策略。

第一节　整合营销概述

一、整合营销的概念

整合营销传播（Integrated Marketing Communication，IMC），是指将与企业进行市场营销有关的一切传播活动一元化的过程。整合营销传播一方面把广告、促销、公关、直销、CI、包装、新闻媒体等一切传播活动都涵盖于营销活动的范围之内，即传播活动一元化；另一方面则使企业能够将统一的传播资讯传达给顾客，即统一的传播资讯，建立统一的品牌形象。其中心思想是在实现与利害关系者的沟通中，以统一的传播目标来运用和协调各种不同的传播手段，使不同的传播手段在每一阶段发挥出最佳的、统一的、集中的作用。追求与消费者建立起长期的、双向的、维系不散的关系。

整合营销传播有广义和狭义之分，广义的整合营销传播是指企业或品牌通过发展与协调战略传播活动，使自己借助各种媒介或其他接触方式与员工、顾客、其他利益相关者以及普通公众建立建设性的关系，从而建立和加强与他们之间互利关系的过程；狭义的整合营销传播是营销传播计划，也就是确认评估各种传播方法战略作用的一个增加价值的综合计划，并且组合这些方法，通过对分散信息的无缝结合，以提供明确的、连续一致的和最大的传播影响力。

整合营销传播的理论经历了不断地丰富和发展，需要特别提出的是科罗拉多大学的汤姆·邓肯博士引入了"关系利益人"的概念来解释整合营销传播，对整合营销传播理论作出了进一步卓越贡献。他认为："整合营销传播是一个运用品牌价值管理客户关系的过程。具体而言，整合营销传播是一个交叉作用过程，一方面通过战略性地传递信息、运用数据库操作和有目的的对话来影响顾客和关系利益人，与此同时也创造和培养可获利的关系。"[1]

整合营销传播的具体执行过程是一门科学，有不同的方面，从广告主的角度看IMC，即以广告、推销、公共关系等多种手段传播一贯的信息，整合传播战略，以便提高品牌和产品形象；从媒体机构上看IMC，大型的媒体公司在20世纪80年代并吞了别的媒体机构成为庞大的多媒体机构。所以不是个别的媒体实施运动，而是以多种媒体组成一个系统，给广告主提供更好的服务；从广告公司的角度看IMC，不仅是广告，而且灵活运用必要的推销、公共关系、包装等诸多传播方法，把它们整合起来，给广告主提供服务；从企业研究者或经营战略研究者的角度看IMC，即使用资料库，以争取更多的消费者。从消费者立场出发进行企业活动，并构筑传播方式，以容易接受的方法提供消费者必要的信息。关注消费者的购买行为，实施能够促进与顾客良好关系的传播活动。

二、整合营销传播的关键特征

根据对整合营销传播概念的理解，整合营销传播的实质是运用品牌价值管理客户关系的过程，该管理过程体现了五大关键特征。

（一）传播过程始于消费者

传播的过程开始于顾客和潜在消费者，最后再回到品牌传播者，以决定采用什么形式的信息和媒介来告知、说服、引导顾客和潜在消费者采取对所代表品牌的有力行动。

---

[1] Tom Duncan.IMC:Using Advertising and Promotion to Build Brands[M].New York:McGraw-Hill Companies,2002:8.

（二）使用各种形式的方法和消费者接触

接触代表任何信息媒介，它能够为目标消费群所接触并以一种令人愉悦的方式展示品牌。

（三）营销传播要素协同发挥作用

一个品牌的分类传播要素（广告、销售促进、活动赞助等）必须代表相同的品牌信息，并通过不同的信息渠道或接触方法传递一致的信息。

（四）和消费者建立关系

关系的建立是现代市场营销的关键，整合营销传播又是建立关系的关键。关系就是品牌和消费者之间的持久联系。

（五）最终影响消费者行为

营销传播不仅影响消费者对品牌的认知度或是加强消费者对品牌的态度，而且成功的 IMC 应该得到消费者行为方面的回应。

三、整合营销传播的整合层级

整合营销传播是一个战略的概念，核心是"整合"，它包含多重的意义：首先是不同工具的整合，各种营销传播工具用"一个声音"，互相配合，实现传播的整合。其次是不同时间的整合，在与消费者建立关系的各个不同时期、不同阶段，传播的信息应协调一致；再次是不同空间的整合——品牌强求化，即全球品牌在不同国家和地区，应传达统一的定位、形象和个性；最后是不同利害关系者的传播整合，在向公司各种不同的利害关系者（中间商、零售商、客户、股东、政府……）传播时，应保持公司统一的形象。

在对整合营销传播"整合"实质的理解基础上，汤姆·邓肯博士提出了著名的整合营销传播"整合层级模式"。

其一，形象的整合：一个外观、一个声音、强烈的品牌形象焦点。

其二，持续一致的声音：一致的声调与外观、对不同的受众保持协调一致的讯息，包括客户、同行、供应商等。

其三，良好的倾听者：诱发双向沟通，透过免费电话、调查、商展等促进回馈，焦点是长期关系。

其四，世界级公民：社会、环境意识、强烈公司文化、焦点在更广的社区。

四、整合营销传播的基本方法

（一）建立消费者资料库

该方法的起点是建立消费者和潜在消费者的资料库，资料库的内容至少应包括人员统计资料心理、统计消费者态度的信息和以往购买记录等。整合营销传播和传播营销沟通的最大不同在于整合营销传播是将整个焦点置于消费者或潜在消费者身上的，因为所有的厂商、营销组织，无论是在销售量或利润上的成果，最终都依赖于消费者的购买行为。

（二）洞察消费者

洞察消费者是第二个重要的步骤，就是要尽可能将消费者及潜在消费者的行为方面的资料作为市场划分的依据，相信消费者"行为"资讯比起其他资料如"态度与意想"测量结果更能够清楚地显现消费者在未来将会采取什么行动，因为用过去的行为推论未来的行为更为直接有效。在整合营销传播中，可将消费者分为三类：对本品牌的忠诚消费者、他品牌的忠诚消费者和游离不定的消费者。很明显这三类消费者有着各自不同的"品牌网路"，而想要了解消费者的品牌网路就必须借助消费者行为资讯才行。

（三）接触管理

所谓接触管理就是企业可以在某一时间、某一地点或某一场合与消费者进行沟通，这是 20 世纪 90 年代市场营销中一个非常重要的课题，在以往消费者自己会主动找寻产品信息的年代里，决定"说什么"要比"什么时候与消费者接触"重要。然而，现在的市场由于资讯超载、媒体繁多，干扰的"噪声"大为增大。目前最重的是决定如何、何时与消费者接触，以及采用什么样的方式与消费者接触。

（四）发展传播沟通策略

这意味着什么样的接触管理之下该传播什么样的信息，为整合营销传播计划制订明确的营销目标，对大多数的企业来说，营销目标必须非常准确，同时在本质上也必须是数字化的目标。例如，对一个擅长竞争的品牌来说，营销目标就可能是以下三个方面：激发消费者试用本品牌产品；消费者试用过后积极鼓励继续使用并增加用量；促使其他品牌的消费者转换品牌并建立起本品牌的忠诚度。

（五）营销工具的创新

营销目标一旦确定之后，第五步就是决定要用什么营销工具来完成此目标，显而易见，如果我们将产品、价格、通路都视为是和消费者沟通的要素，整合营销传播企划人将拥有更多样、广泛的营销工具来完成企划，其关键在于哪些工具、哪种结合最能够协助企业达成传播目标。

（六）传播手段的组合

最后一步就是选择有助于达成营销目标的传播手段，这里所用的传播手段可以无限宽广，除了广告、直销、公关及事件营销以外。事实上，产品包装、商品展示、店面促销活动等，只要能协助达成营销及传播目标的方法，都是整合营销传播中的有力手段。

总之，整合营销传播是以整合企业内外部所有资源为手段，重组再造企业的生产行为与市场行为，充分调动一切积极因素，以实现企业目标的、全面的、一致化营销。简而言之，就是一体化营销。整合营销主张把一切企业活动，如采购、生产、外联、公关、产品开发等，不管是企业经营的战略策略、方式方法，还是具体的实际操作，都要进行一元化整合重组，使企业在各个环节上达到高度协调一致，紧密配合，共同进行组合化营销。整合营销传播以整合为中心，讲求系统化管理，强调协调与统一。

第二节 整合营销传播案例及评析

经典案例 9.1 线上的多层次整合营销传播——康宝莱"永葆青春"整合营销案例

【案例简介】

策划客户：康宝莱（中国）保健品有限公司

品牌商品：康宝莱保健品

执行时间：2013 年 3—12 月

主创单位：上海珍岛信息技术有限公司

案例内容：

一、营销背景

康宝莱是一家全球领先的营养和体重管理直销公司，它的独立经销商网络遍布世界 80 多个国家，通过 200 多万个独立经销商进行销售。在品牌营销方面，康宝莱一直沿用传统的品牌营销方式，注重传统广告渠道的营销。康宝莱一直在保健品行业中占据着强势的品牌地位和很高的品牌美誉度，这与其熟稔的线下品牌传播活动有着莫大的关系。

但数字时代的到来也使这家传统的保健品牌大鳄开始警醒，受众已开始改变关注媒体的习惯和方式。上网查看信息和了解新闻已成为每个人生活中不可缺少的一部分，而传统传播方式所影响的受众，与康宝莱"青春活力"的品牌受众已经出现了一些偏差。

如果一次品牌传播活动不能"打中"品牌的受众，那这次品牌传播活动自然是不成功的。品牌在网络数字平台的沟通已成为一种不可逆的确实，于是有了此次康宝莱"永葆青春"的整合营销案例。"青春"是此次传播活动的主题，也是对有着多年历史的康宝莱品牌形象的一次强势的青春再现。

二、营销困境

（1）线下精彩，线上式微，宣传断层。康宝莱的线下活动很精彩但几乎没有开展线上品牌活动，更在社交媒体中沉默不语。

（2）线上负面信息泛滥，很多存在于知识平台和论坛的页面信息，缘于对"直销"公司模式与滥用产品的误解。

（3）消费者大多只能从经销商处获得品牌产品信息，而经销商线上的参与度也不高。

三、营销目标

塑造康宝莱"青春"的品牌形象，提高品牌美誉度。通过网络舆情监测与网络公关减少人们对于康宝莱直销模式的误解。增加康宝莱在年轻群体中的知名度，通过微信、微博等社会化渠道加强品牌与消费者的黏性。

四、策略与创意

加强康宝莱在线上的品牌宣传推广力度，加大品牌知名度，加深品牌认知度。

（一）媒体策略

制定康宝莱线上的传播策略，立体化、全方位的互动营销。采用搜索、社交媒体和EPR[1]等相结合的营销组合策略。同时根据"品牌的知名度""品牌的认知度""品牌的忠诚度"等不同需求选取不同的营销渠道。

（二）品牌策略

通过线上活动传递康宝莱的核心理念（营养与体重管理），推出康宝莱明星产品（瘦身奶昔）；搭建一条连接线下与线上的桥梁，让康宝莱线下精彩的声音传播到线上；实现与康宝莱的经销商在线上的互动，共同塑造品牌。

（三）公关策略

舆情监测，清理或压制负面的声音，覆盖传播正能量，打造康宝莱健康的网络环境。

五、执行过程／媒体表现

珍岛对康宝莱采用的是整合网络营销方式，结合了所有康宝莱在线下的优质资源，线上的适时热点，使用最综合、全面的网络营销方式，进行交互式、立体化的营销。

（一）搜索营销

在搜索引擎端建立"康宝莱"百度品牌专区，使搜索者能第一时间全面了解康宝莱品牌及产品的相关信息，如图9.1所示。

SEO[2]与SEM[3]结合做搜索，制定科学的搜索营销策略，有机结合SEO与SEM。SEM周期短、见效快，有品牌权威效应，SEO内容营销起到引导性作用。SEO与SEM有机结合，RO1达到最大化。

---

[1] EPR(Electronic Public Relationsystem 的缩写，中文意译为"网络公关系统"或"E 公关系统"）系统：它利用互联网的高科技表达手段营造企业形象，为现代公共关系提供了新的思维方式、策划思路和传播媒介。

[2] SEO（英文 Search Engine Optimization 的缩写，中文意译为"搜索引擎优化"）：是指从自然搜索结果获得网站流量的技术和过程，是在了解搜索引擎自然排名机制的基础上，对网站进行内部及外部的调整优化，改进网站在搜索引擎中的关键词自然排名，获得更多流量，从而达成网站销售及品牌建设的目标。

[3] 搜索引擎营销（英文 Search Engine Marketing，通常简称为 SEM）：其基本思想是让用户发现信息，并通过（搜索引擎）搜索点击进入网站／网页进一步了解他所需要的信息。

图 9.1　康宝莱的搜索营销
（图片资料来源：营销家）

（二）社会化媒体营销

以真实人物孟皮皮的减肥生活为蓝本，在论坛中设计"孟皮皮减肥生活"的连环帖，以此为内容源，利用微博、开心、人人等传播渠道进行扩散式传播。同时打造一系列与康宝莱相关的论坛置顶精华帖（见图 9.2）。

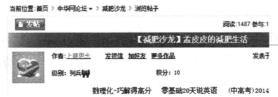

图 9.2　康宝莱的论坛营销
（图片资料来源：营销家）

把握时事热点进行微博营销，如雅安地震、康宝莱新签 C 罗为代言人、母亲节等，如图 9.3 所示。

建立康宝莱微信公众号，并运营推广，设置 3 000 个高频核心关键词的自动回复。通过线上线下的活动，并结合庞大的经销商体系进行二维码的推广，如图 9.4 所示。

图 9.3　康宝莱的微博营销
（图片资料来源：营销家）

图 9.4　康宝莱的微信营销
（图片资料来源：营销家）

（三）网络公关

应用珍岛自主知识产权的舆情监测系统查找负面信息，进行正面回复、舆论导向、名誉恢复及正面的口碑宣传，如图 9.5 所示。

图 9.5　康宝莱的舆情监测
（图片资料来源：营销家）

结合《美丽俏佳人》节目及康宝莱线下的视频，运用整合网络营销方式，在视频网站上做二次传播与营销，如图 9.6 所示。

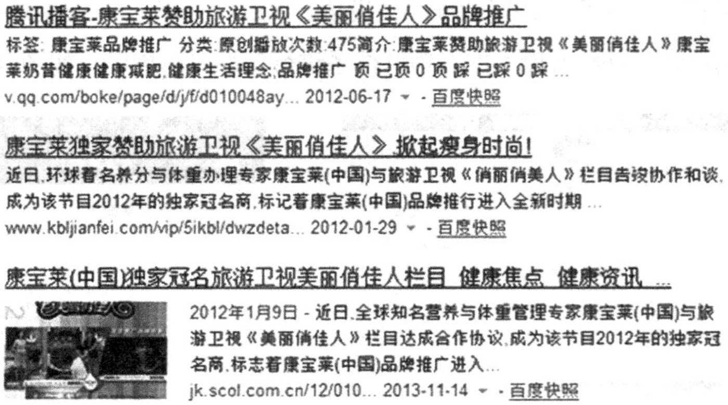

腾讯播客-康宝莱赞助旅游卫视《美丽俏佳人》品牌推广
标签：康宝莱品牌推广 分类：原创播放次数:475简介:康宝莱赞助旅游卫视《美丽俏佳人》康宝莱奶昔健康健康减肥,健康生活理念,品牌推广 页 已顶 0 顶 踩 0 踩
v.qq.com/boke/page/d/j/f/d010048ay... 2012-06-17 ▾ · 百度快照

康宝莱独家赞助旅游卫视《美丽俏佳人》掀起瘦身时尚！
近日,环球著名养分与体重办理专家康宝莱(中国)与旅游卫视《俏丽俏美人》栏目告谈协作和谈,成为该节目2012年的独家冠名商,标记着康宝莱(中国)品牌推广进入全新时期...
www.kbljianfei.com/vip/5ikbl/dwzdeta... 2012-01-29 ▾ · 百度快照

康宝莱(中国)独家冠名旅游卫视美丽俏佳人栏目 健康焦点 健康资讯 ...
2012年1月9日 - 近日,全球知名营养与体重管理专家康宝莱(中国)与旅游卫视《美丽俏佳人》栏目达成合作协议,成为该节目2012年的独家冠名商,标志着康宝莱(中国)品牌推广进入...
jk.scol.com.cn/12/010... 2013-11-14 ▾ · 百度快照

图 9.6 康宝莱的视频营销
（图片资料来源：营销家）

运用知识平台营销的方式，设置可能的问答并利用机会营销，解决现有的提问。

六、营销效果与市场反馈

通过一系列的整合网络营销方式，康宝莱在互联网上有了一个全面立体的品牌形象，同时也在不同的平台发挥着自己的品牌影响力。康宝莱线下的资源得以在线上发挥更大的价值，品牌的知名度和美誉度都得到了提升。

（一）搜索营销

alexa 排名稳步上升，根据 alexa 数据显示，网站的日均访问 IP 平均为 27 000，门户网站流量激增。

（二）论坛营销

各种设计的相关论坛帖长期置顶精华推荐；"孟皮皮减重连环帖"发布于各大主流论坛，由于楼主和网友的充分互动并能及时帮助网友解决问题，多次被各大论坛评为热帖。截至目前，康宝莱论坛营销所获得的浏览量累计已超过 5 000 000 次。

（三）微播营销

康宝莱并未开通官方微博账号，而是经常及时把握热点事件，利用 KOL 在微博上造势。在康宝莱更换代言人的事件中，邀请 10 位微博红人对此事件进行了巧妙的传播，累计转发量超过了 10 000 次，累计评论量达到了 1 000 多次。

（四）微信营销

有效联动线上线下，结合 O2O[1] 的模式，最大限度地曝光二维码来推广康宝莱微

---

[1] O2O 即 Online To Offline（在线离线／线上到线下）：是指将线下的商务机会与互联网结合，让互联网成为线下交易的前台，该概念最早来源于美国，概念非常广泛，既可涉及线上，又可涉及线下，可以通称为 O2O。

信公众号。微信后台数据显示：该微信公众账号上线仅 5 天便获得了 6 000 多个关注，
1 500 多条留言。

（五）舆情监测与危机公关

每日舆情监测发现负面信息及时预警并提出解决方案，化解危机。服务期间，搜索
引擎前十页无负面信息。同时，全屏覆盖与品牌、产品相关的科普信息或新闻。

（六）视频营销

康宝莱所上传的视频总观看量超过 30 万。

（七）知识平台营销

创造了 50 个以上分别针对品牌、产品、营销方式等的科普问答，所有问答的浏览
量超过百万。[1]

【案例评析】

在本次康宝莱的整合营销案例中，首先营销人员对康宝莱所面临的现状进行了精准
的分析，并提出目前产品营销存在的几个困境，比如线下精彩，线上式微，宣传断层。
并详细提到康宝莱的线下活动很精彩：资助康宝莱家庭基金会（HFF）及康宝莱之家计
划，将优质的营养品带给有需要的孩子们，做各种公益活动。同时也赞助了很多世界顶
级运动员、运动队以及多项赛事，包括洛杉矶银河队和巴塞罗那足球俱乐部，还有超过
15 个运动项目的冠军获得者。冠名了《美丽俏佳人的》电视节目等。但线上品牌活动
几乎没有开展，更在社交媒体中沉默不语。另外，也说到目前线上负面信息泛滥，很多
存在于知识平台和论坛，消费者大多只能从经销商处获得品牌产品信息，而经销商对线
上的参与度也不高等问题。

在这个基础上，塑造"青春的品牌形象，提高品牌美誉度"成为当务之急。为了减
少人们对康宝莱直销模式的误解。增加康宝莱在年轻群体中的知名度，通过微信、微博
等社会化渠道加强品牌与消费者的黏性。本案例中加强了康宝莱在线上的品牌宣传推广
力度，制定了康宝莱线上的传播策略，立体化、全方位的互动营销。采用搜索、社交媒
体和 EPR 等相结合的营销组合策略。同时根据"品牌的知名度""品牌的认知度""品
牌的忠诚度"等不同需求对应选取不同的营销渠道。不仅通过线上活动传递康宝莱核心
理念（营养与体重管理），推出康宝莱明星产品（瘦身奶昔）；搭建一条连接线下与线上
的桥梁，让康宝莱线下精彩的声音传播到线上，实现与康宝莱的经销商在线上的互动，
共同塑造品牌。还运用公关手段：舆情监测，清理或压制负面的声音，覆盖传播正能量，
打造康宝莱健康的网络环境。在本整合营销案例中可总结出的创新之处主要有以下两点：

第一，线上品牌推广活动，巧妙设计康宝莱减重大赛，全民狂减十万斤！通过红人

---

[1] 康宝莱"永葆青春"整合营销案例 [EB/OL]. (2015-07-02) [2015-09-15]. http://www.ad-cn.net/read/4183.html.

意见领袖等号召更多的人参与康宝莱减重大赛，提升品牌知名度；同时对活动结果在网络二次传播，扩大品牌影响力！

第二，透过 SEO 与 SEM 结合做搜索的营销模式，提升搜索性价比的同时，起到口碑宣传作用。应用珍岛自主产权的舆情监测系统，进行危机公关。

足球永远是"青春""激情"的象征！利用品牌代言人 C 罗的红人效应，结合体育热点，传递康宝莱"青春"的年轻品牌形象。利用社会化媒体，打造康宝莱减肥真人秀活动，持续跟踪报道，透过社会化媒体营销的口碑效应，真实可信地传递康宝莱的产品，让消费者保持青春活动力。

经典案例 9.2 线上线下以及消费现场有机整合——"东鹏特饮"整合营销案例

【案例简介】

策划客户：深圳市东鹏饮料实业有限公司

品牌商品：东鹏特饮

案例内容：

硝烟四起的春节营销随着 2015 年元宵节的过去而落下序幕。从来春节黄金期都是品牌营销战役的炮火集中地，在竞争最为激烈的快消市场，各家品牌也并非只是围观，东鹏特饮更是结合春节热点通过整合创意大营销玩出更多新花样。

作为一家有将近 30 年历史的本土功能饮料的先行品牌，东鹏特饮在品牌数字化营销领域一直勇于寻求突破。在对核心消费者的洞察中发现：过年回家难已成为蓝领的最大痛点。那么，如何在羊年新春到来之前，帮助他们安全舒适的回家？东鹏特饮从这个热点切入，借势黄金传播期力推线上活动并举行大力度的线下公益行动，深入击中了目标消费群体的痛点并打通他们对品牌的情感纽带。

当前的整合营销，最大的优势在于"内容为王"并用多种媒介形式呈现，调动消费者参与品牌的建设，如同一部大戏，有主线、有故事内容，观众不仅仅只是看戏的人，还能过一把编剧瘾。

东鹏特饮提出"助力回家梦，一路有鹏友"这个创意大主题，在线上搭建主题平台，调动消费者参与度。从助力蓝领回家过年的小梦想上升到 2015 年东鹏特饮梦想起飞的这条主线上。与此同时，东鹏特饮利用新媒体、HTML5、线上大平台等横跨全媒体的数字化营销为品牌造势，全面提升东鹏特饮在全国范围的影响力。基于对年轻消费者的深度洞察，东鹏特饮在移动端做了一个 HTML5 的梦想互动体验活动，通过在羊年晒出你的梦想来赢得大奖。通过新的演绎互动方式，每一个参与者打开 HTML5 页面，即可填写分享你的新年梦想。

经过线上的传播发酵和线下的公益落地的协同效应，东鹏特饮与目标消费者进行了一场全方位、立体化的友好互动，直接拉动在年轻消费者心中的好感度。根据 AC 尼尔森的零售数据显示，能量饮料市场 2013 年同比增长仅 36%，而东鹏特饮则以 100% 的年增长率创下了华南销售支数第一、全国销量领先的市场业绩，让业界刮目。

在全民被互联网思维逆袭的时代，更年轻的一代成为功能饮料的主力消费者，泛娱乐化和品牌人格化的消费模式逐步凸显。东鹏特饮作为一家有将近 30 年历史的本土饮料的先行品牌，在移动互联网大潮袭来时，是如何通过品牌数字娱乐营销触及核心目标消费者，又是如何抓住春节黄金期让品牌切入蓝领阶层的？

东鹏饮料成立于 1987 年，是深圳一家国有老字号饮料企业，以生产、销售凉茶与饮用水为主。早在 1997 年，东鹏饮料便组建了专属的能量饮料青年研发团队，在承袭传统饮料研发经验基础上，成功推出了国内第一瓶能量饮料——东鹏特饮维生素功能饮料。但受限于国企体制的制约，东鹏特饮迟迟没有提出走向全国市场的计划。

2003 年，在国企改革思路大背景下，东鹏饮料迎来了新的发展契机，公司通过"员工集资持股"的方式实现了"国有转民营"的变身，为东鹏特饮的腾飞打下了坚实的基础。据介绍，从 2003 年到 2008 年，东鹏特饮一直都是处于包装研发及技术革新阶段，蓄势待发。正如董事长林木勤所说："东鹏特饮作为东鹏饮料的拳头产品战略，公司绝不打没有准备的仗，若要出手，即出手不凡。"

2009 年，东鹏特饮迎来其发展历程中最重要的一年，打着"同样的品质，零售价只有别人一半"的旗号，瓶装东鹏特饮作为一匹大黑马杀入了竞争异常激烈的功能饮料市场。根据 AC 尼尔森的零售数据显示，能量饮料市场 2013 年同比增长仅 36%。而东鹏特饮则以 100% 的年增长率创下了华南销售支数第一、全国销量领先的市场业绩，让业界刮目。

2014 年，东鹏特饮在安徽建立第三个大型生产基地，同步扩展北方市场。这是在向众人宣告：东鹏特饮在能量饮料领域正以野心勃勃的姿态欲占领更多的市场份额。

2015 年是东鹏特饮的"梦想"年（见图 9.7）。在全国的强势扩张中，东鹏特饮除了更换全新的设计包装，对品牌进行更精准聚焦的定位以外，还整合了优质资源进行品牌深耕。在能量饮料品牌中，东鹏特饮和红牛开始进行核心人群差异化区隔。区别于红牛打高端人群精准化的路线，东鹏特饮更聚焦于社会基层——一线劳动者群体。在东鹏特饮重新定制自己的品牌整合传播之路后，面对功能饮料市场异常激烈的竞争和日益挑剔的消费者，企业是如何通过数字化整合营销在春节这个黄金传播周期全面的融入目标消费人群的呢？

图 9.7　东鹏特饮的平面广告
（图片资料来源：新快网）

　　新的一年，东鹏特饮续签了超级偶像巨星谢霆锋为品牌代言。在消费者日渐年轻化、品牌选择多元化的时代，东鹏特饮还展开了全网数字化营销的阵势。东鹏特饮在春节间打响 2015 年第一波传播，采用了"社会化创意传播＋线下公益行动落地＋消费场景再现"三者有机联动的方式，打破常规的"豪掷千金的广告打法"，实行数字化整合营销。即在春节黄金时段：借"天时地利"，通过"线上话题发酵形成关注——梦想助力线下公益行动落地——全媒体带动品牌升华"唤起目标消费群体对东鹏特饮的情感共鸣和品牌认同。这是一种性价比超高的方式。聚焦东鹏特饮的目标群体注意力，唤起品牌记忆；后通过公益行动带动他们参与形成口碑传播，进而对品牌产生好感并主动消费。[1]

【案例评析】

　　通过东鹏特饮在春节黄金期的整合营销案例，我们可以获得哪些营销启示呢？

一、在春节黄金期如何借势进行创意整合传播

　　随着新媒体的诞生和消费者多元化渠道的信息获取，数字化营销和品牌消费者的交互性越来越强，营销人触及消费者的路径也更加丰富。

　　对于东鹏特饮这种勇于突破的传统企业，在对核心消费者的深度洞察中发现：春节对于一线劳动者而言，无疑是一年当中最为重要的节日，而"回家过年"之难又是他们难解的心病。在即将到来的羊年新春，东鹏特饮决定帮助他们安全舒适的回家！东鹏特饮从"助力回家梦，一路有鹏友"这个公益行动切入，借势黄金传播期，在线上搭建主题平台，调动消费者线上参与度。从帮助一线劳动者群体回家过年的小梦想上升到东鹏

---

[1] Admin. 整合营销揭秘：东鹏特饮如何走入蓝领目标消费者 [EB/OL]. (2015-03-05) [2015-09-15]. http://news.xkb.com.cn/life/qiye/2015/0305/33446.html.

特饮 2015 年梦想起飞的品牌大主线上。与此同时，东鹏特饮在线上通过微博、微信话题的热议，以及图文漫画的推广、HTML5 游戏的互动、公益视频的升华、新闻扩散的曝光，利用横跨全媒体的数字化营销为品牌造势，全面提升东鹏特饮在全国范围的品牌影响力。在线下，东鹏特饮通过公益行动走进工业区、汽车站等多个场所，切实与一线劳动者深入接触，倾听他们的心声，了解他们的梦想，助力他们的回家之路。通过线上传播发酵和线下公益落地的协同效应，东鹏特饮与目标消费者进行了一场全方位、立体化的友好互动，实实在在的助力行动，直接拉升了品牌在消费者心中的好感度。

二、整合营销本质：消费者和品牌的互动盛宴

我们看到不少品牌在与消费者进行营销互动时往往是自娱自乐沉浸在品牌自己的传统经验中，对消费者隔空喊话或干脆把消费者晾在一边。而对当前快消品竞争激烈的买方市场，整合营销最大的优势在于内容为王，依托多种媒介形式呈现，调动消费者的互动参与性，潜移默化的塑造品牌形象，拉动销售。

首先，东鹏特饮此次公益行动整合营销清晰地选择了一线消费者，并走入他们之中。一切的落地活动都围绕着这一个目标群体传播和调动，充分利用各种多媒体形式，将东鹏特饮推送到这群相对精准的消费群体中。在以市场为导向、消费者为中心的营销新时代，要想获得品牌收益，企业就必须关注消费者的价值。"助力回家梦，一路有鹏友"公益行动，东鹏特饮通过走入目标群体倾听他们的心声，实实在在的帮助满足了一线劳动者心中的所盼所想。

其次，在新技术融合营销方面，必须提升消费者互动参与的良好体验。东鹏特饮在移动端推出 HTML5 的梦想互动体验活动，在羊年分享你新年梦想，通过晒出梦想的行动引导一种积极向上的正能量。参与用户还有机会获赠东鹏特饮精心准备的 iPhone6 等新年大礼的奖品，也赋予了参与者极高的互动热情。

东鹏特饮春节公益行动整合传播策略更看重这样一条循环链：通过线上线下整合营销——调动核心消费者的高度参与（助力回家梦和他们每个人回家难的痛点相关联，带有情感需求）——自发传播影响他们的社群圈子——形成口碑传播扩大品牌影响力。

三、整合营销的难点在于：品牌主如何突破常规，守正出奇

品牌的整合营销，能带给消费者惊喜，帮助渠道的扩展，引入新媒体及新营销技术让品牌和消费者拉得更近，最终产生爆炸性的化学反应。如果只是单点传播，事件的营销会显得单薄，没有可持续发酵力，只有多点多面的联动传播，才能让品牌深入人心。2015 年，东鹏特饮用"梦想"主题贯穿整体，从线上全媒体的创意互动传播发酵到线下走入核心消费者助力他们实现回家梦，确实在目标消费群体中形成病毒式的口碑效应。

全案整合营销最让营销人兴奋的就是无限创新力的自由发挥。尽管每一次营销策略不一定尽善尽美，但东鹏特饮首届春节借势整合营销是一次传统企业在新媒体和新思维上的新型尝试，品牌从平面到立体、由表层入纵深、从被动接受转为主动认可，由视觉、听觉的实践体验到互动参与，使企业整体品牌形象和品牌联想更具张力，让品牌在目标消费群体中得到一致的认可，实现"1+1 > 2"的效益。

经典案例 9.3　媒体的时空覆盖——蒙牛特仑苏电影媒体整合营销案例

【案例简介】

策划客户：内蒙古蒙牛乳业（集团）股份有限公司

品牌商品：蒙牛"特仑苏"牛奶

案例内容：

"特仑苏"是蒙牛率先在全国推出的一款高端牛奶品牌，因此，更加强调精神层面的东西。这就需要策划出以充满互动性、创意性和人情味的线下公关活动配合线上广告投放的营销方案，以期传递特仑苏独特的品牌文化，使传播效果最大化。

一、线上投放：银幕巨阵广告

线上方面仍然是常规的银幕巨阵媒体广告投放（见图9.8），特仑苏选择北京、上海、广州、深圳、成都、武汉、南京、杭州 8 个重点城市投放 30 秒版本产品广告，投放周期：2008 年 4 月 24 日—5 月 10 日，共覆盖 72 家高端影院。

二、线下活动：问卷调查、影票互动、客户包场观影答谢会

问卷调查：选择北京、广州、深圳、成都、武汉、福州 6 个城市共 14 家高端影院，进行"特仑苏人生——'我最爱的电影'"现场有奖问卷调查活动。调查时间是 2008 年 3 月 21 日—4 月 10 日。问卷调查的目的在于为下一阶段客户答谢会选择影片提供依据，传播特仑苏品牌文化的同时积累消费者资料。

影票互动：通过"特仑苏人生——'我最爱的电影'"有奖调研活动遴选出部分热门影片作为下一阶段客户观影答谢会的影片，从所收集消费者资料中随机抽取部分中奖幸运观众，奖品即为观影答谢会的影票一张。通过邮寄的形式将影票派送到中奖观众手中。

客户包场观影答谢会：在有问卷调查活动的北京、广州、深圳、成都、武汉、福州 6 个城市选择数家高端影院，进行包场放映经典影片的客户答谢活动，此活动为最后一个环节，为历时两个半月的蒙牛特仑苏电影整合传播画上了完美的句号。[1]

---

[1] 电影媒体整合营销案例·蒙牛特仑苏演绎"经典人生"[J]. 广告人，2009（05）.

蒙牛特仑苏 30 秒广告截图

图 9.8　蒙牛特仑苏电影广告情节片段
（图片资料来源：《广告人》）

【案例评析】

　　蒙牛特仑苏电影整合传播活动，从 2008 年 3 月中旬开始，至 5 月底结束，历时两个半月之久。通过银幕巨阵线上投放、影院阵地线下投放以及线下不间断进行的公关互动活动，以电影这种时尚而经典的媒体形式为载体，向目标受众进行了连续的、反复的产品信息传达和品牌文化传输。就广告传播活动而言，一般的媒体投放要么是从时间上覆盖受众（如电视、广播），要么是从空间上覆盖受众（如各种户外媒体），而鲜有一种媒体能从时间和空间上同时覆盖受众；并且在投放周期内继续以该媒体为平台进行公关活动，持续不断地强化这种覆盖，传达产品信息、宣扬品牌文化，形成深度互动，反复刺激受众。

　　蒙牛特仑苏的案例已经不再是一次单纯的媒体投放，而是以银幕巨阵这种电影媒体为平台，把一次媒体广告投放演变成了一次声势浩大的主题公关活动。虽然在这个案例上，银幕巨阵已经远远超出了一般媒体所能承载的传播功能，但它的价值还并未就此穷尽。

经典案例 9.4　经典动漫品牌的塑造——《喜羊羊与灰太狼》的整合营销传播

【案例简介】

　　策划客户：上海文广集团、广东原创动力文化传播有限公司、北京优扬文化传媒有限公司

　　策划品牌：喜羊羊与灰太狼

　　策划内容：

一、品牌简介

《喜羊羊与灰太狼》是一部中国大陆动画（见图9.9），以其超高的人气深受小朋友的喜爱，创造了大陆动画收视率奇迹。

图9.9　《喜羊羊与灰太狼》的主要人物形象
（图片资料来源：百度网）

二、背景介绍

从过去的国家统筹到产业化转型，中国动漫人一直在孜孜探索原创动漫的合理发展道路及经营模式。自2005年至今，《喜羊羊与灰太狼》系列动画以小成本制作收获了巨大的成功，不仅实现了以动漫作品为核心的盈利，同时以幽默的剧情与生动的形象受到了大众的欢迎，制造了广泛的社会话题，这些都与该作品成功整合营销策略选择密不可分。

三、品牌营销

（一）内容经营：大众化锁定"全年龄"受众群体

1. 成人与儿童的寄托式心理效应

从《喜羊羊与灰太狼》最终形成的全年龄话题效应来看，内容供应方在设计之初就将大众化的标准融入形象设计和剧本拟写中来。为了构建以儿童为主要市场的多层次受众体系，必须找到儿童与成人受众审美取向的拟合点，如何将形象审美与内容需求结合起来，成为《喜羊羊与灰太狼》设计者考虑的关键。

西方传播学者诺柏对儿童接触电视媒介的行为进行了研究，他指出，受众对于电视人物往往带有强烈情感，对于儿童而言，电视形象具有仿真的特性："这些（电视）人物是一种荧幕上的社群，观众会有规律地和他们进行交谈以及互动……对于许多人来说，他们就像是长久存在的家族团体一样。"诺柏的研究结果呈现出人们对于媒介人物和角色的不同介入程度，其中一种情感类型可以描述为"认知"（Cognition），这一层面的受众对于平面形象有着非常积极的情感，但并未丧失对现实的感知；另外一种心理机制则被称为"认同"（Identification），会使得受众与电视角色的喜怒哀乐连成一体，并丧失对现实的感知。《喜羊羊与灰太狼》的全年龄认同即建立在以情感寄托为核心的心理连锁效应上。从儿童的心理"寄托效应"来看，《喜羊羊与灰太狼》的成功正是基于儿童受众对于拟人化超现实设定的情感依托性，无论是正义一方的"喜羊羊"还是处心积虑要吞噬正义的"灰太狼"，动画形象的设定表现出了角色性格的多样化和生活化，体现了普通人的性格特点，使观众自然会在内心深处产生一种不自觉的认同，从而产生"移情"的心理寄托。而对于成人而言，这种"寄托"主要体现在怀旧与亲子关系的维系上：一方面，成人寄望于通过动漫的形式与孩子实现有效沟通，通过为孩子购买动漫读物、与孩子一起观看动漫作品获得话题上的一致性，享受亲子情感上的共融；另一方面，很多成年人认为自己孩提时代的所感、所想、各种经历与经验都是值得纪念的，尤其是对于从小接触动漫，将"读图"融入生活方式的培养型受众而言，这些人在长大后依然维持着观看动漫的习惯，借助动漫与卡通的形式，成人社会中现实的紧张和焦虑暂时得到了缓解，由色彩与文字构筑的平面空间为这些人搭建起了一个可供情感栖息的安全角落，从而满足了其心理需求。

　　2.《喜羊羊与灰太狼》的全年龄娱乐消费本质

　　在故事设计方面，《喜羊羊与灰太狼》走的是以娱乐消费为中心的道路。动漫产业从本质上看实际是一种文化娱乐业。动漫的娱乐本质是社会发展的必然，它满足了大众基于"游戏"天性对娱乐消费品的需求。弗洛伊德明确指出"人们总是寻求快乐，制止不快乐"。随着社会生活节奏的加快，人们心理的承受负担日益加重，为了缓解心理压力，就会寻求合理的疏导宣泄渠道。对于具备游戏天性的儿童而言，娱乐更是构成其童年生活的重要部分。在《喜羊羊与灰太郎》动画系列中，羊族群与狼族较量的叙事结构实际上展现的是善与恶之间永恒的冲突与斗争，这是一种运用广泛的类型文本叙事框架，但在丰富框架表现力的过程中，制作者加入了创意的元素，包括对灰太狼有勇无谋与"妻管严"的多面性格刻画，以流行语影射当下发生的主流话题事件，如"弟弟，最近白牛和黑牛的奶都不能喝了"（影射毒奶粉事件）、"反正升级以后就能黑屏，现在超流行的"（影射微软黑屏事件）等，从而使成人与儿童在观看的过程中从不同的角度获取了包含幽默元素的信息，扩大了娱乐效应。另一方面《喜羊羊与灰太狼》在坚持娱乐本质的基础上以自然非说教的方式实现了"寓教于乐"的文化教育功能，通过羊与狼的对立表现了种族冲突与和平共处、个人欲望与群体利益的衡量及处理，使受众在单纯的娱乐后留有思考和回味的空间，从儿童的角度做到了"启蒙"，从成人的角度则兼顾了"反思"，从而使该剧赢得了大众的喜爱。

　　（二）产业经营："点辐射"式的扩散结构——从核心产品到衍生周边

　　我国动漫产业链长期以来一般采用的是"动漫创作→播出→衍生产品开发→收益→再生产"的模式，而随着《喜羊羊与灰太狼》系列的"空降"则走出了一条新的道路，形成了"市场互动→动画制作→动画播放→动画衍生产品→动画电影化→品牌与消费者培养"的产业链模式，推动了以核心产品为中心的动漫营销网络的发展。

《喜羊羊与灰太狼》在创作之初就考虑了市场的反应和受众的需求。针对该剧主角形象的设计，《喜羊羊与灰太狼》的团队进行了详细的市场调查和沟通，对临近公司的中小学、幼儿园的主体受众进行了调查和分析，同时征求了玩具生产商的意见。在形象设计和剧本架构完成后，广州原创动力影视公司开始了对 TV 版动画连续剧的创作，自 2005 年 6 月首播后，陆续在全国近 50 家电视台掀起了热播的高潮，培育了强大的收视基础。同时期，喜羊羊的周边产品授权及开发开始启动，除了在图书出版行业与童趣出版社强强联合外，原创动力还陆续将喜羊羊的形象授权给文具商、食品商、服饰商等厂家，进一步扩大衍生市场范围，现在由"喜羊羊"衍生出来的产品已涵盖几大类、数十个品种，包括了音像图书、毛绒玩具、文具服装等，产业链得到迅速延伸。通过 TV 版积累了品牌基础和人气并收回部分成本后，原创动力果断地作出了进军电影市场的决策。经过几年时间的积累，喜羊羊系列在电视平台、电影平台、手机平台、网络平台完成了四网合一的联合播出，并通过一系列小成本的营销活动（如主题乐园、舞台剧等）稳定了受众群体，扩大了消费市场，最终实现了以品牌为核心的持续盈利。从盈利情况来看，《喜羊羊与灰太狼》的赢利组成中，出售播映权约占 40%，图书音像约占 10%，衍生产品授权约占 20%，其他约占 30%。目前图书销量超过百万册，销售产值超过 2 000 万元。

由此可见，科学的产业营销模式是所有产品营销的关键，《喜羊羊与灰太狼》的成功正是基于对完整营销链条建构的积极探索和实践，从电视动画到图书出版，从周边产品到电影创作，有产品为中心的"链头"，有播映、周边、活动为支撑的"链身"，整体的运作效果才会如此显著。

（三）媒介经营

整合营销传播下的品牌攻势以《喜羊羊与灰太狼》系列动画产品为核心，在营销上，该片走的是纵横网络式品牌营销的道路。对于《喜羊羊与灰太狼》及中国原创动漫而言，当下重要的已不仅局限于优质的内容，在产业化道路上，更重要的是树立品牌，培养品牌忠诚客户。Jacoby 曾经提出，定义品牌忠诚必须注意六个必要和充分条件：偏向性（非随机），行为反应（即购买过程），持续性，群体决定。在一系列品牌中对一个或多个品牌的选择行为，是一个心理过程。一般而言，消费者偏向是普遍存在的，包括品牌偏好及购买意图等方面，这是品牌忠诚者的特征之一，但还不足以充分说明品牌忠诚的概念，要构成品牌忠诚，还必须有购买行为，忠诚的消费者必须是实际的购买者。对《喜羊羊与灰太狼》来说，如何将潜在消费者通过品牌转化为忠诚客户，是该片营销中的核心要点。

1. 渠道：三网合一"轰炸"受众市场

在信息技术时代，电信网、计算机网和有线电视网的"强强联合"已经是大势所趋，为了达到最佳的宣传效果，三网一体的营销渠道成为《喜羊羊与灰太狼》的最终选择。任何动漫节目实现节目形象的优质化、品牌化都需要完成一个播出周期，《喜羊羊与灰太狼》首先在电视播出平台打响了第一战，2005年，《喜羊羊与灰太狼》在杭州少儿频道首播，少儿频道新开辟的《动漫火车》栏目在一定程度上确保了系列动画以集中而稳定的周期滚动方式重复播出，获得了良好的受众反响，完成了第一圈传播效应，树立了节目口碑。接下来，从电视到电影，《喜羊羊与灰太狼》完成了播出平台的平移，形成了多平台平行播出的态势。通过"电视—电影"这样的发展路径，《喜羊羊与灰太狼》实现了由量到质的升华，这可以说是品牌构建中的一个规律。除了电影、电视网络，《喜羊羊与灰太狼》也没有放过迅速蹿升的新媒体平台。2011年，喜羊羊系列第三部《喜羊羊与灰太狼之兔年顶呱呱》刚一推出，其新媒体版权就由盛大集团旗下盛世骄阳公司独家揽获，此后，盛世骄阳同几十家新媒体影视播出平台达成了发行合作意向，喜羊羊大面积登录计算机网络平台。借助网络媒体，喜羊羊不仅扩大了品牌知名度，增强了媒体与受众的互动，同时又开辟了一条运营渠道，通过广告位售卖和B2C业务实现了增值。

2. 供应链：形象授权下周边开发与内容创作的同步沟通

动漫周边通常都以动漫创意及动漫形象为中心，对其潜在的市场资源进行深入挖掘，包括各种公仔玩具、饰品、服饰、食品、影视、书籍等，以动漫为核心构成了一个庞大的衍生市场，并与人们的日常生活形成多方面的联系。好的动漫形象不一定意味着周边产品的顺利诞生，动漫形象不仅要符合受众审美需求、符合市场规则，还要符合制作商的要求。作为动漫周边产品，要具有形象上的辨识力，线条要简洁流畅，用色要鲜明突出，同时要考虑制作成本和批量生产的需要，故而在动漫形象创作之初就应考虑与周边商的沟通，在这一点上，《喜羊羊与灰太狼》走在了前面。塑造和推广卡通品牌形象是需要时间和资金的，很多内容供应商往往由于规模限制难以做到，于是品牌授权的经营方式应运而生。在品牌授权的运作上，《喜羊羊与灰太狼》从一开始就将授权和周边纳入产品的开发设计流程中，严格控制了形象授权的数量和产业辐射范围，为产业链源头的盈利提供了保障。原创动力通过选择性合作，实现了多领域有重点的周边开发，在服装、玩具、食品等周边生产商的洽谈。从而成了周边质量的间接"把关人"，反过来维护了品牌形象。同时，原创动力公司通过与银行、快餐连锁店等企业合作举办一些主题活动，在有效推广动漫品牌形象的同时，也促进了授权衍生产品的市场推广，这是《喜羊羊与灰太狼》营销模式中的创新，即推广授权。例如，原创动力与中信银行合作，在全国多家分行开展信用卡礼品积分换购活动，同时以"喜羊羊"为主题与招商银行等企业同步开展品牌推广活动等。在这个过程中，企业借助活动的举办有效扩大了动漫品牌的认知度，同时通过这些活动的广泛影响，对授权商的衍生产品也起到了宣传与引导消费的作用。

3. 宣传：多媒体集成宣传与受众体验活动策划

在《喜羊羊与灰太狼》的宣传过程中，大量的广告投放为扩大品牌的知名度奠定了基础，其中"公交宣传"起到了良好的功效，成为宣传中的一大亮点。为了用最少的宣传费达到最大的宣传效果，发行方筛选了两条贯穿广州主要城区的公交线，在公交视频上滚动播出。不管感不感兴趣，乘车人已经感受到"喜羊羊"现在是一个热门话题，达到了《喜羊羊与灰太狼》话题性炒作。在户外广告方面，由于先期"公交宣传"试水市场的明显效果，宣传部门在后期又增加了地铁电视渠道的宣传，进一步扩大了受众覆盖面。同时，"喜羊羊""灰太狼"两款海报也在全国各影院张贴，公交车站、地铁车站、公交车身也增加了喷绘广告。从平面媒体来看，发行方在利用网络进行推广的同时，选择了以影视动漫报刊为核心的广泛媒体进行突击宣传，在《中国电影报》《新民晚报》等杂志上刊载了系列宣传报道，起到了较好的宣传效果。另外，《喜羊羊与灰太狼》还推出了其定位于5—9岁观众群的特刊杂志，一方面作为产品推广平台巩固了原创动漫的品牌价值，另一方面为喜羊羊受众与主创的交流沟通提供了无障碍对接，观众可以通过它和主创方联系，可以通过投信把他们的创作理念和新想法传递给创作人员，从而使创作人员切合市场需求再继续发挥下去，通过双向的反馈加强了互动效果，有利于形成品牌忠诚。[1]

【案例评析】

《喜羊羊与灰太狼》品牌整合营销传播的成功对于文化产品品牌的整合营销传播具有以下借鉴意义和价值：

首先是文化产品品牌塑造的个性化和创新性，再次验证了创意是品牌的灵魂，也是品牌传播的根本。《喜羊羊与灰太狼》动画片中人物形象可爱，角色性格鲜明。设计的小羊形象都是毛茸茸的、圆圆的、胖嘟嘟的，可爱的样子很讨人喜欢。即使像灰太狼这样的反面角色，也有不少人喜欢。在角色塑造上，主人公们的个性都是十分鲜明的，喜羊羊聪明机智；懒羊羊好吃懒做，又笨笨的；沸羊羊勇敢仗义，但有些鲁莽；美羊羊美丽善良，又很柔弱。灰太狼虽然是大坏蛋的形象，但是他对老婆百依百顺、温柔体贴，可谓"新好男人"的代表，在网络上还流传着"做人要做懒羊羊，找老公要找灰太狼"的流行语。可见《喜羊羊与灰太狼》中主人公的形象深入人心。《喜羊羊与灰太狼》的故事新颖，情节夸张搞笑。故事讲述的是羊群与狼正反两派斗智斗勇的传统童话故事，

[1] 朱丹. 《喜羊羊与灰太狼》整合营销模式探究 [J]. 今传媒，2011（9）.

但是在传统的基础上创作者又为故事情节注入了新的活力。动画不再走传统国产动画的"寓教于乐"路线，取而代之的是夸张搞笑的情节，以及充满时尚流行的元素。比如在《喜羊羊与灰太狼之牛气冲天》影片中就出现了"山寨""排毒"这样的流行语，还有针对社会热门话题而设计的台词，如"最近白牛和黑牛的奶都不能喝了，咱黄牛的能源啫喱绝对没有添加剂"，这句话显然是针对"奶粉门"设计的台词。在剧本上的创意使得这部动画电影不仅成了低龄小朋友的最爱，也受到大量年轻白领的热捧。而且羊群与灰太狼斗智斗勇的故事让很多的"大朋友"都联想到了小时候看过的比利时动画《蓝精灵》，使他们又重温了童年的快乐经历。

其次是品牌产品衍生整合的多行业性。《喜羊羊与灰太狼》这个品牌的产品，以TV版动画连续剧为核心产品进行衍生扩散，从图书、电影等文化产品到玩具、饰品、服饰、食品等实体衍生产品，特别是创新性的"推广授权"的营销模式，这种双赢式的营销模式，极大地拓展了衍生产品的种类。

再次是播出平台的整合具有目标受众的延伸性。《喜羊羊与灰太狼》电信网、计算机网和有线电视网三网一体的营销渠道最大限度地覆盖到目标受众群。特别是电影版的推出以及对网络新媒体的关注，有利于目标受众群从低龄化的核心受众群向高龄化的受众群延伸。

最后是自身品牌宣传手段的整合具有特色。各种媒体形式的广告以及网络中的话题性营销，极大地提升了《喜羊羊与灰太狼》这个品牌的知名度，同时与受众互动式的沟通也为进一步丰富完善品牌内涵，延伸产品的生命周期提供了信息支撑。

但是，在《喜羊羊与灰太狼》品牌整合营销传播中也存在一些争议和值得改进的地方。在内容故事的创意上，"暴力"问题一度成为社会热点，极大地伤害了该品牌的美誉度。在整合营销层面，内容延伸上如何做到突破"低幼化"局限；产业延伸上如何构建成熟的产业链及版权交易市场；渠道延伸如何开发以手机漫画为代表的新媒体市场都是需要关注和解决的问题。

经典案例 9.5　奥运营销的经典——阿迪达斯 2008 运动国度广告运动

【案例简介】

广告主：阿迪达斯（中国）

广告代理：上海腾迈广告有限公司

实施时间：2008 年

实施范围：全国

核心策略：让每一个中国人都有机会为奥运会的成功贡献自己的一份力量

创新点：当所有中国人聚集在一起，就没有不可能

从激励中国人到加油奥运，让所有中国人都感受到自己是奥运会的一分子。我们的核心主题就是：当所有中国人聚集到一起，没有不可能！

没有不可能——"阿迪达斯 2008 奥运会运动国度"活动策略

一、活动背景

2008 年，整个世界都在关注中国，中国成为无可争议的焦点。有史以来第一次在中国举办的奥林匹克运动会，使国家的荣誉和骄傲达到了一个历史性的高度。几乎所有的品牌都竭尽全力希望借此契机一显身手，以爱国支持为核心，争取大众的注目。阿迪达斯从另一个角度，将目光从旁观者的角度转移，集中在真正体现奥林匹克精神的参与者身上。核心主题就是：当所有中国人聚集到一起，没有不可能！阿迪达斯整个奥林匹克活动为期 10 个月，从激励中国人到加油奥运，让所有的中国人感受到他们自己就是奥运会的一分子。

二、市场环境

（一）机遇

国家：加强国家团结，并向全世界展示中国多年来稳步发展成果的宝贵机会。

品牌：向世界直观地展现自己，在相对短的时间内在不同的市场实现不同的利益。根据对奥运会的研究发现，人们更愿意从他们喜欢的奥运会赞助商那里购买商品。

（二）挑战

在奥运会期间，众多的市场活动让人眼花缭乱。

相同的声音：支持爱国的号召。

一定要找到一个与众不同的观点。

三、活动策略

（一）传统思想

体育运动：赢得国家荣誉

奥运：国家实力与成功的代表

（二）阿迪达斯的理念

奥运会不仅属于运动员，同样属于所有的人。运动员不是夺取奖牌的机器，他们也是普通的人，他们的胜利是建立在所有中国人的理解和支持之上的。奥运会更是中国文化的全面体现。中国人真诚地相信，成功不是一个人的，而是整个国家努力的结果。可当人们兴奋地期待着这场盛会的时候，很多人还只是持一种旁观者的心态，并不很了解应该如何成为一名参与者。

四、目标市场

对奥运会有着高度热情的人以及爱国之人，他们主动地收集信息并坚持自己的独立判断。在一线城市之外的二三线甚至更低端的城市中，存在着一个已经有相当规模的正在成长的市场。

目标市场共性：年轻；以团队形式出现，能够为了共同喜爱的事务而付诸行动；并且能够迅速且富有激情地集合在一起，在任何可能的机会中展示他们对国家的支持。

五、策略

（一）愿景

让每一个中国人都有机会为2008北京奥运会的成功举行贡献自己的一份力量。

（二）核心理念

运动国度——当所有中国人聚集在一起，没有不可能！

（三）创意

整个创意分四个阶段来实现：

1. 阶段1&2：激励国度

号召人们聚集在一起，通过"没有不可能"的故事来支持运动员，向人们展示运动员们对运动的热情。

更重要的是，我们将运动员还原成真正的普通人，他们也有害怕、怀疑、希望和梦想。希望和梦想的实现要靠同胞的支持。

2. 阶段2&3：为国度加油

作为支持运动员的一种方式，创造空间和机会让人们积极参与各项活动，走上街头，走进互联网，组织长跑活动，并在全国2 500多家阿迪达斯店铺进行推广。

人们一定能找到他们喜欢的一个途径，来积极地参加与运动相关的活动以示他们的支持（见图9.10和图9.11）。

图9.10　"为国度加油"活动现场
（图片资料来源：百度网）

3. 阶段 4：与运动国度共同欢庆

在主要零售店和奥林匹克运动村可以看到"运动国度"令人瞩目的宣传，阿迪达斯与"运动国度"相关联的奥运会产品的销售达到了一个高峰，购买意向达到了以往的 7 倍。

一个亚洲最大的、崭新的阿迪达斯零售和概念店在北京三里屯开业（见图 9.12），这一店铺成为本次活动值得纪念的终点。

图 9.11　阿迪达斯电视广告《一起 2008》片段
（图片资料来源：百度网）

图 9.12　阿迪达斯概念店
（图片资料来源：百度网）

六、效果

（一）销售业绩

（1）销售了 34 000 套中国奥运会训练套装，在两个星期内销售了 84 000 件中国奥林匹克 T 恤。

（2）阿迪达斯的产品销售量占了所有奥运会配件销售量的 55%，这一成绩在奥林匹克授权品牌销售上是史无前例的。

（二）广告实效

（1）在 2008 年底，根据追踪调查显示，阿迪达斯在进驻中国 15 年后，成了中国第一的运动品牌。2008 年 10 月，R3 胜三咨询管理北京有限公司调研发现，阿迪达斯在同类产品中达到 18.6% 的主动认知，消费者的购买意向相对活动之前翻了 7 倍。

（2）在 7 个样本城市的品牌跟踪调研中发现，阿迪达斯在足球、跑步、篮球、网球和健身／训练五个运动类别中保持领先，高于耐克、李宁。

【案例评析】

该整合营销传播全案曾荣获 2008 年度实效广告艾菲奖全场大奖，是 2008 年奥运营销的成功典范，与当年李宁非奥运营销的成功一样，同属事件营销的典型传播案例。

从整合营销传播的角度分析，该案例具有以下四个显著的特色：

一、以奥运的社会热点为契机，以借势的方式进行成功的事件营销

所谓事件营销是指企业通过策划、组织和利用具有新闻价值、社会影响以及名人效应的人物或事件，吸引媒体、社会团体和消费者的兴趣与关注，以求提高企业或产品的知名度、美誉度，树立良好品牌形象，并最终促成产品或服务的销售的手段和方式。事件营销成功的要素包括：重要性，即事件内容的重要程度；显著性，即越是心理上、利益上和地理上与受众接近和相关的事实，新闻价值越大；显著性，新闻中的人物、地点和事件的知名程度越是著名，新闻价值也越大；趣味性，即大多数受众对新奇、反常、变态、有人情味的东西比较感兴趣。2008 年奥运会是整个中国甚至世界关注的焦点，阿迪达斯作为奥运会的合作伙伴，牢牢把握住事件营销的四大成功要素，推出"运动国度——当所有中国人聚集在一起，没有不可能！"的策划主题，既与奥运盛事相关联，又彰显出阿迪达斯一贯的品牌个性特性——没有不可能（Impossible is nothing）。

二、整合方案的参与性与体验性特色，拉近品牌与消费者之间的关系，实现关系营销

整合营销传播的目的是追求与消费者建立起长期的、双向的、维系不散的关系，即关系营销。阿迪达斯以强调运动的参与性和体验性为特色的四个阶段的活动方案，让所有的中国人感受到他们自己就是奥运会的一分子，而不仅仅是旁观者，以运动为渠道，有效建立起消费者与品牌之间的联系。四个阶段的活动方案设计围绕主题，从激励到加油，再到欢庆，环环相扣、层层推进，最后以概念店的开业达到高潮。

三、极具特色的广告创意，彰显实效广告的传播价值

广告运动期间推出的电视广告中，女篮运动员隋菲菲、国足名将郑智、雅典奥运会跳水冠军胡佳以及中国女排的姑娘们分别被千万双国人的手掌托起，在由千千万万国人

组成的赛场上奋力拼搏。阿迪达斯的这则奥运电视广告采用了真人拍摄和电脑动画合成的制作方式：镜头中的每一个场景都由真实人群、近景的手绘人群和远景的通过电脑程序制作出来的虚拟人群组成。广告中为了凸显运动员的主体地位，出现的人群都用了特殊的素描一样的做旧效果，身着鲜艳红衣的运动员和灰白色的背景人群产生了较为强烈的反差对比，这让所有主角都可以被一眼从黑、白、灰中认出来，从而给观众深刻印象。该广告也终于圆了中国广告人冲击戛纳广告节获奖的多年梦想。

四、线上、线下，各种促销活动方式的全面整合，传递品牌形象统一的声音

"当所有中国人聚集在一起，没有不可能！"实现传播效果和销售效果的奇迹。

第三节 专论：新媒体时代的整合营销传播之道

在被人们称为信息化社会的今天，如果你还不知道什么是微博，什么是博客，那你可能真是有点"OUT"了。在被人们称为多媒体时代的今天，如果企业还没有利用不断翻新的新媒体手段进行营销传播，那么企业也有点"OUT"了。曾几何时，我们所处的世界"忽如一夜春风来"，各式各样的新媒体就"千树万树梨花开"。我们在不知不觉中，已经进入了一个新媒体大量涌现并蓬勃发展的时代。不断革新的新媒体不仅以排山倒海之势充斥着我们的眼球，并且在竞争激烈的营销市场上激起一层层巨浪。那么，企业该如何有效利用各种新媒体提高营销传播的效果呢？这正是我们需要探讨的问题。

一、从传统媒体到新媒体

在互联网出现之前，营销传播的主要方式是以电视、广播和报纸为主，因此，以这三种媒体为代表的传播媒介被称为传统媒体。传统媒体相对于新媒体的缺憾是信息量的局限性和经营模式的单一性。近些年，随着互联网和移动通信的快速发展，使得信息传播具有无限的可扩展性和接受的便利性，各种新兴的传播媒体不断涌现。

新媒体是相对于传统媒体而言的，新媒体主要是指在计算机及网络等新科技基础之上出现和被影响的媒体形态，是相对于报纸、杂志、广播、电视等传统媒体而言的。新媒体的种类很多，但目前以网络新媒体、移动新媒体、数字新媒体等为主。在具体分类上，新媒体可细分为门户网站、搜索引擎、虚拟社区、电子邮件/即时通信、博客/播客、网络杂志/广播/电视、手机短信/彩信、手机报纸/电视/广播、数字电视、移动电视等。

近年来，新媒体发展迅猛、覆盖率高、增量庞大，已经日渐显示出其在传播方面的巨大威力。它以无限增多的传播主题和海量的传播内容瓜分着受众的注意力。它使传播的门槛降低，将传统媒体环境的单纯性打破并使之逐渐复杂。企业信息传播的需求在不断发生变化，市场环境、服务模式也日新月异，新媒体为营销传播中的呈现形式与互动交流提供更立体、多样的思路。在新媒体中，企业的营销传播不是单纯的广告、公关，而是一个整体性的问题。然而目前在中国，还有很多企业不了解它，没有认识到它对于企业营销传播的影响和机遇所在。

21世纪是市场经济发展的高速腾飞阶段，经济模式将有天翻地覆的变化。在信息爆炸式高速发展、互联网络快速普及的新时代，仍旧抱着"酒香不怕巷子深"的观念，将面临被市场所遗弃的危机。21世纪的市场，将是更加理性化的市场，市场竞争的游戏规则将更加科学合理，对不具备竞争优势的企业将更加残酷，消费者的消费行为将更加理智，企业需要不断丰富产品和服务，并通过有效的传播方式及时把最好的产品信息传播给消费者，才能赢取市场主动权。

二、新媒体时代对整合营销传播带来的挑战

整合营销传播（IMC）在现代企业运行中已经成为必不可少的一部分。传播在产品营销方案中扮演着重要角色，成为与消费者沟通的重要桥梁。在传统的大众传播阶段，广告是被企业广泛采用的、行之有效的营销传播手段，但在当前新媒体突飞猛进的传播环境下，企业的营销传播也面临着全新的挑战。

新媒体环境下传播主体的无限增多、传播内容的海量化导致消费者注意力高度分散。在新媒体环境中，传播门槛降低，传播主体数量的飞速增长带来的直接后果是信息绝对量的增加，然而过量的信息极大地分散了受众的注意力，反而不利于受众有效便捷地接收有用信息。

新媒体的异军突起使传统媒体的强势地位正在分化瓦解，企业营销传播不可避免地面临转型。新媒体不同于以往的信息传播方式，造就了受众新的信息接触行为与信息接触习惯，即人们在信息获取与传播过程中根据自身的需求与喜好不断发生分化，从而造成"大众媒体"地位的衰落，"小众媒体"和"个性化媒体"地位的提升；同时，由于现阶段人们对新媒体的认识还不够透彻，企业的整合营销传播面临着前所未有的困境。

随着消费者需求的复杂化，消费者选择主导性增强，营销传播过程风险增大。新媒体环境下，消费者正积极主动地获取信息。消费者的媒介选择行为和购买行为在某种程度上不再是为了产品的功能属性，而是为了体验，为了产品和服务背后的文化价值。在这个意义上，企业的整合营销传播由于消费者需求的复杂性就会受到许多不可控因素的影响。

三、新媒体时代为整合营销传播带来的机遇

由于新的媒体环境正在逐渐形成，新媒体自身也正处于迅速发展的过程中，所以新媒体时代的营销传播模式尚不成熟。但是即便如此，新媒体还是为整合营销传播的发展

带来了前所未有的机遇。

新媒体使品牌传播和品牌建构更加精准有效。新媒体的"精准",使得它可以大胆地宣布"按效果"收取广告费用,这在传统媒体的品牌传播中几乎不可为。越来越多的企业开始选择新媒体,也是因为传统媒体的广告效果实在难以评估。传统媒体在线上、线下结合进行品牌传播上远远落后于新媒体。新媒体在帮助企业构建品牌的同时,越来越多地参与企业的决策和经营。在未来的新媒体品牌构建整合策略中,我们将越来越多地看到这一情形的发生。

新媒体使得与消费者沟通的互动性增强,有利于取得更有效的传播效果。在这个崇尚体验、参与和个性化的时代,毫无疑问,新媒体营销迎合了现代营销观念的宗旨,与消费者的沟通更加便捷,更容易构建关系营销,使得精确营销和数据库营销成为可能,消费者的个性化需求容易得到满足,从而获得更好的营销传播效果。新媒体使整合营销传播的手段多样化。新媒体的营销传播中,口碑营销成为营销传播结构中不可缺少的一环。数据库营销、公众传播、精准营销、形象营销和口碑营销等不是相互孤立的,企业只有对上述营销手段进行整合,才能实现营销传播效果的最大化。因此,在新媒体的平台上,整合营销传播更加复杂化,其实现手段也更加多样化。

四、新媒体的整合营销传播策略

新媒体不是传统媒体的延伸,新媒体营销传播也不是传统营销传播平移到新媒体这一平台。由于现阶段新的媒体环境尚未成熟,所以,新媒体时代的营销传播也处在萌芽阶段。随着创意经济和体验式经济正逐渐成为潮流和趋势,传统的营销传播模式已经开始转型。企业必须正视这种转型,并加以调整。

首先,要正确把握新媒体的特性和规律,充分挖掘新媒体带来的机遇,有效规避风险和挑战。新媒体正在拥有越来越多的受众,这就意味着它的影响力越来越大,要想充分利用新媒体完善和发展整合营销传播,要做的就是深入细致地研究新媒体,掌握其发展规律和特点。新媒体传播是一种高度复杂的传播形式,是一个全新的融合的平台,自我传播、人际传播、组织传播、大众传播等都能够在这个平台上找到自己的空间。在没有掌握其规律和特点的前提下贸然出击,只会造成杂乱无章和效果甚微。因此,在利用新媒体前要认清新媒体的一系列特点,如受众范围广、直观性强、交互性强、高效性、高技术性等。

其次,在体验式经济、创意经济蓬勃发展的背景下,要及时利用新媒体不断拓展新的营销传播方式和手段。新媒体的发展使病毒营销、社区营销、数据库营销、反向沟通、互动体验、口碑传播、精准营销、焦点渗透、事件营销等各种新的广告形式和营销方法不断出现。新营销传播手段的要旨就是企业如何充分利用新媒体的特点,加强与潜在消费者之间的互动和沟通，从而更好地了解他们，更好地服务于他们，更好地与他们建立关系，并在此基础上满足消费者的体验和文化需求。

最后，要促进新媒体与传统媒体的有效整合和互补，为整合营销传播价值最大化的实现拓宽渠道。新媒体具有传统媒体无可比拟的传播优势，但这并不代表传统媒体就要退出历史舞台。相反，新媒体可以通过与传统媒体的融合，做到优势互补，整合现有传播资源，拓展现有传播渠道，从而促成整合营销传播价值的最大化。此外，在正确掌握新媒体和传统媒体各自特性的基础上，有效地将二者整合互补，有助于制定合理的媒介组合策略，这对企业的整合营销传播的发展具有深远的意义。

在市场竞争异常激烈的情况下，如何摆脱"红海"中的血腥厮杀而畅游"蓝海"是大多数企业的期望。有效利用新媒体，将创新元素融入整合营销传播之中，为产品差异化和低成本搭建起沟通的桥梁，对于企业战略转型和整合营销传播的完善和发展都具有十分重要的意义。新媒体已经在不知不觉中"随风潜入夜"，同时也在整合营销传播中"润物细无声"。[1]

练习题

一、思考题

1. 整合营销传播的内涵和关键特征是什么？

2. 简述整合营销传播的整合层级。

3. 东鹏特饮是通过哪些具体措施来实施其整合营销传播计划的？

4. 你在广告宣传、营业推广和公共关系方面，对康宝莱有什么建议？

5. 为什么建立消费者数据库对整合营销传播来说非常重要？

二、案例分析

请运用整合营销传播的理论知识评析下面这份学生为腾讯新闻客户端所做的广告策划书，分析其成功之处和不足之处。

信息卫士——腾讯新闻客户端广告策划书

一、内容提要

面对日益发展的新闻客户端市场，腾讯新闻客户端独树一帜，定位大学生群体，推出"事实派"的产品新理念。

---

[1] 何高波 . 新媒体时代的整合营销传播之道 [J]. 现代营销，2011(11). （有改动）

（一）细分目标受众，体现品牌价值

本次提案将市场定位在有资讯需求的大学生人群，以他们对新闻资讯及时、专业、求真的要求为诉求点，核心展现腾讯新闻客户端作为无线资讯平台的新闻服务价值以及事实派的专业媒体价值。

（二）创造产品新形象，突出产品理念

本案将腾讯客户端定位为"信息卫士"，意在说明腾讯新闻客户端作为一款为用户提供及时、专业的全球新闻资讯的无线App，能够充分地保证新闻资讯的真实性，从而向消费者传达其"事实派"的产品理念，形成品牌忠诚。

（三）卫士捍卫新闻事实活动

围绕腾讯新闻所倡导的 "多维""客观""深入"的"事实派"新理念，充分利用口碑营销，在各种SNS网站上开展"争当信息卫士、捍卫新闻事实"营销活动。

二、市场环境分析

（一）竞争对手分析

网易新闻客户端——互动跟帖、要闻推送、图集、话题、投票，可以订制个性栏目、离线阅读功能、本地新闻、夜间模式。

搜狐新闻客户端——早晚报设计、"神吐槽"、直播间、娱乐性强，活跃用户数量大，吸引大电商合作。

随着大学生这个群体的壮大，现在各大新闻客户端都在针对大学生这个群体，争取吸引住他们持久的目光，拓展自己的领域。现在虽没有明确的表现大学生的数据，但是大学生会成为有文化的高收入人群，高收入群体对互联网媒体的使用率较高。

在几大新闻客户端中，腾讯新闻占有率不算太高，受到其他品牌的冲击较大，但是也可以看出它占据第二的位置（见图9.13），自己的发展空间还是有的，市场这个大蛋糕的潜力很大。

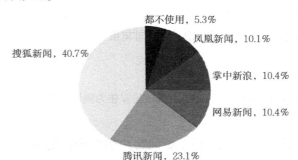

图9.13　各大新闻客户端的市场份额
（图片资料来源：中国信息产业网）

（二）自身分析

腾讯新闻客户端自上线以来，以快速的推送速度、界面友好、内容专业原创、视频图片优势得到了用户普遍认可。但是随着现代信息的发展迅速，各个新闻客户端的不断创新，腾讯面临的形式较严峻。

1. 优势

观点评论是一特色，可以吸引大学生的参与互动。分享平台多样，如腾讯微博、微信、QQ、空间、邮箱等。

2. 劣势

栏目设置一般，在同类的竞争中没有特别的优势。没有很好地利用自家其他的客户端提高知名度。

3. 机会

把它定义为我们身边的新闻卫士，更体现事实。通过同学之间的口碑相传，更有优势。

4. 威胁

各竞争品牌的影响都很大，而腾讯自己创造性的东西则比较少。

另寻出路——腾讯新闻客户端针对大学生，做专属的品牌价值传递。大学生需要安全的需求，推出卫士保护着我们需求信息的安全性，带给我们信息的事实性，吸引他们的眼球，引起他们的口口相传，从而引起品牌的口碑化。

（三）宏观市场环境分析

STP 模式：

1. 市场细分（Segmentation）

现在的新闻媒体总是把事情的事实扭曲，以为这样可以吸引人们的眼球。而腾讯的主张就是事实派，而现在是谁在保证我们吸收到的新闻是真实的呢？新闻客户端作为网络传播的重要形式，也存在传播假新闻的情况。

网络作为"第四媒体"是网民获取信息的重要渠道。但是，网络新闻存在着真实性和可信度低、重量轻质的问题。——《当前网络新闻存在的问题及对策》

那么对于新闻的把关就是一个重要的问题，而腾讯新闻客户端作为我们身边的安全卫士，就可以每天把真实的新闻传递给我们。

2. 目标市场（Targeting）

大学生的闲暇时间比较多，大家有很多时间关注新闻，也有自己喜欢的方向，但是对于真实的追求是不变的。作为其中的一员，我们随时随地都会关注着新闻，但是对于虚假的新闻，我们也会吐槽，对于新闻卫士的需求就比较重要了。

3. 定位（Positioning）

通过微博、微信、QQ 等方式随时随地关注新闻的大学生。方便我们了解社会上的大小事，同学之间可以交流，可以在自己周围引起话题性，更好地使用腾讯新闻客户端。可以通过大学生对于网络的需求，和其他的网上电商合作。

三、营销策略提案

（一）营销策划目标

（1）让用户更形象深入地感受到腾讯新闻所倡导的"多维""客观""深入"的"事实派"新理念，让受众了解、思考、认同腾讯新闻完整呈现事实全貌的品牌精神，塑造"腾讯新闻=事实派"的形象。

（2）针对大学生群体特性，做专属的品牌价值传达，核心展现腾讯新闻客户端作为无线资讯平台的新闻服务价值以及事实派的专业媒体价值。

（3）利用口碑渠道（如微博、豆瓣、SNS等），引起目标用户群口碑效应，辅助产品，刺激装机量的提升。

（二）营销策划

1. 核心策略

（1）品牌形象——结合腾讯新闻客户端倡导的"事实派"产品理念，本案引入"信息卫士"的概念，将其作为品牌形象，体现腾讯新闻客户端以卫士形象打破新闻的蒙蔽，捍卫新闻客观真实性的品牌精神。

（2）信息卫士的形象个性——专业、公正、良知、勇气、智慧、执着坚守，他的形象正如被大家关注却又不断被遗忘的"事实"。

2. 口碑营销推广方案

（1）品牌引入期：以"信息卫士"作为腾讯新闻客户端的新型品牌形象，同时升级产品功能，改善交互设计、内容框架，创建王牌栏目，营造别样讨论氛围，开创双向沟通形式等。借此制作腾讯新闻客户端功能全面升级的网络广告，发布在微博、微信、QQ、人人、淘宝等手机客户端上，拓展品牌价值，提升美誉度和认知度。

（2）品牌预热期：品牌预热期分线上预热、媒体宣传、构建用户群体三种。

①线上预热：发起"争当信息卫士，捍卫新闻事实"的话题讨论活动。在SNS社区、豆瓣、微博上发布与"争当信息卫士，捍卫新闻事实"相关的观点、文章或创意图片等，频繁引发"捍卫新闻事实"的话题。

②媒体宣传：在校园网、校园广告栏、食堂（寝室）电视，校园微博、微信、空间上发布"争当信息卫士，捍卫新闻事实"讨论活动宣传广告。

③构建用户群体：在腾讯新闻客户端引发对活动的讨论、参与，同时通过活动追踪报道吸引更多的用户参与"争当信息卫士，捍卫新闻事实"讨论活动。

（3）品牌推广期

①通过新浪、腾讯微博和QQ空间发起话题，用户转发话题即可获得下载安装客户端后的抽奖机会。

②与网络运营商（移动）合作。在校园移动营业厅进行宣传，在自动充值处张贴海报。可用移动MM下载，同时移动公司可以宣传移动MM，达到节约成本的目

的。安装可能获取的奖励：0.5～100充值卡、流量、校园 V 网 /wlan 免费体验。

③在腾讯新闻微信版和手机 QQ 版的新闻内容下方，附上腾讯新闻事实派活动网站，注明下载腾讯新闻客户端后参与讨论，有机会获得 iPhone、iPad 或者话费充值卡。注：与经济利益挂钩能达到口碑推广的目的。

④在前期活动基础上，通过客户端上传事实新闻及图片（校园发现）进行微博人气支持率评比获奖。从而鼓励大学生参与，体验客户端。

⑤创立助学金等公益项目以引发大学生关注。

（三）方案实施

对象：在校大学生

地点：一线城市和部分二线城市高校

四、创意设计提案

（一）创意综述

广告定位侧重于"多维""客观""深入"的事实派理念。在表现上力求凸显腾讯新闻客户端作为资讯平台的新闻服务价值以及事实派的专业媒介价值，建立与消费者的有效沟通，达到具象化理解事实派理念。

（二）平面广告

1."星星"篇（见图 9.14）

2."叶子"篇（见图 9.15）

图 9.14　　　　　　　　　　　　　　图 9.15

3. 创意说明

借助杨桃的多角度视角形象变化的特点，展现腾讯新闻客户端"多维""客观""深入"的事实派理念。

（三）影视广告

1. 号召令一（5″）

镜号	景别	画面描述	音效	时间
1	全景	手机腾讯新闻客户端登录扉页		1″
2	中景	代言人（李宇春）手拿苹果4S，面对观众	声音：即刻下载安装腾讯新闻客户端，百万话费大赠送	4″

2. 号召令二（7″）

镜号	景别	画面描述	音效	时间
1	全景	手机腾讯新闻客户端登录扉页		1″
2	近景	一只手拿着手机，单击确认上传	叮咚	2″
3	中景	代言人（黄晓明）手拿手机，面对观众	声音：即刻上传你身边的新闻，参与事实大调查有奖竞争	4″

（四）网络投放

将平面广告投放至腾讯空间、腾讯微博、SNS 等学生常用社交网站。图 9.16 为腾讯空间投放效果。

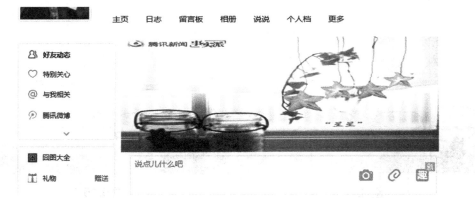

图9.16

（五）室内广告投放

图 9.17 为学校食堂餐桌广告投放效果。

（六）户外广告投放效果

图 9.18 为校园广告粘贴栏广告效果。

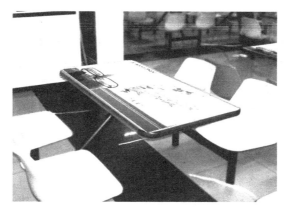

图 9.17

图 9.18

五、媒介提案

充分利用口碑营销可信度高、传播速度快且成功概率高的特点，结合网络等新媒体，通过以点带面的方式，达到提升产品装机量的目的。

（一）媒介策略目标

传播腾讯新闻所倡导的"多维、客观、深入"的事实派新理念，让受众了解、思考、认同腾讯新闻完整呈现事实全貌的品牌精神，塑造"腾讯新闻＝事实派"的形象。

（二）媒介策略目标受众

有资讯需求的大学生。该部分人群年轻、时尚新潮、充满好奇心，因此渴望看到及时、专业、趣味性强的新闻资讯，但又拒绝新闻事实的不真。

目标受众的媒体接触习惯见下表。

网络媒体	接触率高，是获取资讯的主要方式，上网时间不均
户外媒体	被动接触率高，记忆率高
传统媒体	接触率低，但可控性强

（三）媒介选择策略及细分

网络：SNS 网站（人人网、腾讯网、微博、微信、豆瓣）

　　　网络运营商——移动

　　　其他（淘宝网等）

传统：户外（校园广告栏、食堂餐桌）

　　　电视

（四）媒介排期

针对目标受众接触各种媒介获取资讯的习惯及时间的不同，采用持续排期法，使得消费群体全方位的接触品牌信息。

（五）媒介排期表

针对一二线目标市场，媒介投放选择北京、上海、广州、成都、重庆五座城市的高等院校。媒介选择及投放频次见下表。

媒体	媒体选择	内容	投放频次
网络	人人网、淘宝网	首页横幅广告	持续投放
	腾讯网	首页横幅广告、话题讨论	
	网络运营商（移动）	安装客户端可能获取的奖励	每月一次
户外	校园广告栏、食堂餐桌	平面广告	持续投放
电视	湖南卫视	视频广告	持续投放

六、广告预算

广告预算方案见下表。

预算项目	预算内容		开支（万元）	合计（万元）
广告设计制作	平面广告		0.05	1.25
	网络广告		0.4	
	电视广告		0.8	
媒介预算	网络	微博	4	38
		网络运营商（移动）	8	
		腾讯网	8	
		人人网	12	
		淘宝网	6	
	户外	校园广告栏	1	12
		食堂餐桌	3	
	传统	电视	8	

预算项目	预算内容	开支（万元）	合计（万元）
营销活动	网络话题传播	0.8	4.8
	校园移动公司宣传	3	
	图文或时事新闻拼人气	1	
共计：56.05 万元			

三、案例分享

请收集一项关于非奥运营销的经典整合营销传播案例作评析后与同学们分享。

推荐网站

1. 第一赢销网

2. 中国营销传播网

参考文献

[1] 李巍 . 广告设计 [M]. 成都 : 西南师范大学出版社，1996.

[2] 梅格斯 . 二十世纪视觉传达设计史 [M]. 柴常佩，译 . 武汉 : 湖北美术出版社，1989.

[3] 大卫·奥格威 . 一个广告人的自白 [M]. 林桦，译 . 北京 : 中国友谊出版公司 ,1991.

[4] 鲁道夫·阿恩海姆 . 视觉思维 [M]. 腾守尧，译 . 成都 : 四川人民出版社 ,1998.

[5] 钟敬文 . 民俗学概论 [M]. 上海：上海文艺出版社，2005.

[6] 中国广告杂志社 .2006—2007 中国影视广告案例年鉴 [M]. 北京：东方出版社，
    2007.

[7] 陈卓，王亚冰 . 影视广告创意与制作 [M]. 沈阳：辽宁美术出版社，2014.

[8] 崔银河 . 广告文案写作 [M]. 北京：中国传媒大学出版社，2012.

[9] 金定海，吴冰冰 . 中国广告经典案例评析 [M]. 北京：高等教育出版社，2013.

[10] 琼斯 . 微电影制作人手册 [M]. 北京：中国广播电视出版社，2013.

[11] 陈祖继，刘彤，于宁 . 微影筑梦——微故事片创作初探 [M]. 北京：电子工业出版社，
    2013.

[12] 林景新 . 创意营销传播 [M]. 沈阳：辽宁科学技术出版社，2008.

[13] 彭兰 . 中国网络媒体的第一个十年 [M]. 北京：清华大学出版社，2005.

[14] 高丽华 . 新媒体经营 [M]. 北京：机械工业出版社，2009.

[15] 谢尔·以色列 . 微博力 [M]. 北京：中国人民大学出版社，2010.

[16] 周锡冰 . 博客营销技巧 [M]. 北京：中国经济出版社，2010.

[17] 吴柏林 . 广告策划与策略 [M]. 广州：广东经济出版社，2006.

[18] 李凤燕 . 消费心理学 [M]. 北京：清华大学出版社，2007.

[19] 任丽华 . 广播广告传播不应放弃的媒体 [J]. 辽宁科技学院学报，2008(1).

[20] 郭云霞 . 对报纸中软文广告的思考 [J]. 新闻世界，2011（12）.

[21] 李良 . 中小企业软文营销推广探析 [J]. 现代经济信息，2010（8）.

[22] 范正利 . "软文" 痼疾与救赎 [J]. 中国记者，2009（1）.

[23] 吴晔 . 对当下媒体 "软文" 的思考 [J]. 新闻战线，2008（2）.

[24] 余义虎 . 杂志广告形式审美与特征 [J]. 社科纵横，2006（12）.

[25] 肖红 . 浅析微电影广告作品的特点 [J]. 东南传播，2013（3）.

[26] 许娅 . 微电影广告的类型研究 [J]. 广告研究，2012（7）.

［27］董晔 . 不可阻挡的微电影广告趋势——谈益达无糖口香糖《酸甜苦辣》系列广告 [J]. 中国广告，2011（10）.

［28］张超 . 谈微电影的产生原因以及发展趋势 [J]. 经济研究导刊，2012（25）.

［29］马玫瑰 . 电影与广告的美丽"邂逅" [J]. 中国电影市场，2011（12）.

［30］郑晓君 . 微电影——"微"时代广告模式初探 [J]. 北京电影学院学报，2011（6）.

［31］唐锐 . 从博客广告到博客营销 [J]. 公关世界，2006（2）.

［32］冯智敏 . 博客的广告价值 [J]. 当代传播，2006（3）.

［33］周萍 . 浅析博客广告的现状 [J]. 商业文化：学术版，2008（10）.

［34］白晓晴 . 微博应用于新闻传播的优势与意义分析 [J]. 现代商贸工业，2010（13）.

［35］何高波 . 新媒体时代的整合营销传播之道 [J]. 现代营销，2011（11）.

［36］李晓慧 . 新媒体的整合营销价值探析 [J]. 华东经济管理，2009（10）.

［37］陈刚 . 新媒体时代营销传播的有关问题探析 [J]. 国际新闻界，2007（9）.

［38］黄健 . 网络时代背景下新媒体传播业的基本现状和发展趋势 [J]. 沿海企业与科技，2009（3）.

［39］肖明超 . 新媒体时代的精准营销之道 [J]. 新生代市场监测机构，2011（5）.

后 记

《现代广告经典案例评析》终于要付梓了，本书得以出版要感谢重庆大学出版社的支持，感谢责任编辑陈曦的帮助与指点，感谢陈卓教授在百忙中对该书进行最终的审定，感谢辛勤耕耘的各位同仁。

《广告案例分析》是广告学专业必开的一门专业课程，由于媒介技术的飞速发展，新兴的广告类型不断涌现，新颖、典型的广告案例也随之出现，这就需要我们在教学中不断更新广告案例以适应广告业的最新发展，教材的选定成为较为突出的难题。多年来的教学实践以及对广告业前沿发展的关注，让我们积累了丰富的经典广告案例，撰写了大量的教案，本书的出版可以说是我们教学和科研的结晶。

本书的具体分工如下：吕晖负责拟定写作大纲、统一体例、负责 1～5 章的统稿及全书文字的修改、润色，撰写序言、绪论、第六章、第七章、后记；杜仕勇负责 6～9 章的统稿；张冰撰写第一章、第二章、第三章；陈卓、杜仕勇撰写第四章、第五章；苏畅、杜仕勇撰写第八章、第九章；曾恒撰写了绪论中的一部分，并负责案例的收集整理工作。同时传播学广告文化方向硕士生王玉琪、刘伯瑾、沈芮妃同学参加了案例资料的收集、整理工作；广告学专业的唐婷婷同学对书中的图片资料进行了收集和整理。

本书撰写过程中，参考了大量的影视广告、网络广告的视频资料，并从许多书籍、杂志、报纸及网站上摘引了不少广告案例及图片，因为资料辗转引用，无法与广告作者取得联系，深感不安，在此除表达衷心的感谢之外，同时郑重声明引用资料只供学习研究使用，不作任何商业性用途。

由于学识、时间的限制，以及广告业的飞速发展，经典广告案例不断涌现，本书对案例的选取和评析难免有疏漏之处，敬请专家赐教，读者指正。

吕　晖

2015 年 5 月 20 日